실리콘밸리의 실험실

EXPERIMENTATION WORKS

하버드 경영대학원 교수가 찾은 최고 기업들의 혁신 비결

실리콘밸리의 실험실

스테판 H. 톰키 지음 | 안진환 옮김

한국경제신문

나의 인생 여정을 시작하게 해주신 부모님께,
그리고 그것을 이어가도록 도와준
사비타, 아르준, 비크람, 안잘리에게 이 책을 바칩니다.

오늘날 유능한 리더가 된다는 것은 위기의식을 지니고 움직여야 한다는 것을 의미한다. 불확실성이 큰 상황에서 리더는 많은 결정을 신속하게 내려야 한다. 이 책은 그 중요한 등식에서 비이성적 광기를 제거하고 당신과 당신 조직을 성공으로 이끄는 비즈니스 실험을 강력히 말한다.

아제이 방가(Ajay Banga), 마스터카드(Mastercard) 회장 겸 CEO

점점 더 디지털화하는 세상에서 경영자들은 비즈니스 실험을 주도해야 한다. 그렇지 않으면 당신의 회사는 살아남지 못할 것이다. 강력한 실험 시스템 및 문화를 가진 회사는 언제나 승리한다. 이에 관한 모든 것을 알고 싶다면, 이 책을 읽어야 한다. 관리와 의사 결정에 대한 생각을 바꿀 것이다.

마크 오커스트롬(Mark Okerstrom), 익스피디아 그룹(Expedia Group) 회장 겸 CEO

실험 없이 비즈니스에 대한 결정을 내리는 것은 줄을 테스트하지 않고 번지 점프를 하는 것과 같다. 아마존이나 구글, 넷플릭스 같은 기업이 실험을 통해 어떻게 승리하고 성공하는지 알고 싶다면 반드시 읽어야 할 책이다. 그럼에도 너무 많은 조직이 여전히 실험을 거치지 않고 결정을 내린다. 톰키의 명확한 설명과 예시를 접한 조직은 그런 실수를 저지르지 않게 될 것이다.

스콧 쿡(Scott Cook), 인튜이트(Intuit) 공동창업자 겸 집행위원회 회장

스테판 톰키는 사고를 일깨우며 유익한 정보를 제공하는 매우 놀라운 책을 저술했다. 조직의 리더로서 나는 비즈니스 실험을 다루는 그의 연구가 어떻게 혁신 문화를 더 나은 방향으로 바꾸는지 보았다. 실험은 실제로 효과가 있다! 이 책을 강력히 추천한다.

마린 데커스(Marijn Dekkers), 유닐레버(Unilever) 회장

이 책은 비즈니스 종사자라면 누구나 읽어야 할 걸작이다. 심오하고 실용적인 통찰력을 지닌 최고의 학계 권위자인 톰키는 비즈니스 모델에서 고객 경험에 이르기까지 기업의 모든 것을 설계하는 방식에 비즈니스 실험이 어떻게 혁명을 일으키는지 설명한다. 혁신을 관리하는 과학 및 관행에 대한 생각을 완전히 바꿀 것이다.

에릭 폰 히펠(Eric von Hippel), MIT 교수 · 《혁신의 민주화(Democratizing Innovation)》 저자

고도의 영향력과 실험 역량을 구축하는 방법에 대한 안내서로, 경영진에 도움이 되는 현명한 조언까지 포함한다. 실험하지 않으면 망한다. 디지털화한 세상의 시의적절한 메시지가 아닐 수 없다.

제이 라슨(Jay Larson), 옵티마이즐리(Optimizely) CEO

비즈니스 혁신은 훌륭한 아이디어와 효과적인 구현의 조합으로 달성된다. 내가 CEO로 재임하는 동안 열정적으로 적용한 스테판 톰키의 원리는 올바른 실험 프로세스가 혁신을 추진하고 지속적인 경쟁 우위를 확보하는 최선의 방법임을 보여준다.

개리 러브맨(Gary Loveman), 시저스 엔터테인먼트(Caesars Entertainment Corporation) 전 회장 겸 CEO

이 책은 기업이 과학적 방법을 활용하여 혁신을 추진하고 지속 가능한 성장을 위해 비즈니스 모델을 재창조할 수 있는 방법에 대한 매우 강력한 논거를 제시한다. 변화와 혼란이 가속화되는 시대에 B2C 및 B2B 기업의 리더들에게 대단히 귀중한 안내서가 될 것이다.

로친화(Loh Chin-Hua), 케펠 코퍼레이션(Keppel Corporation) CEO

스테판 톰키는 깊고 독창적인 통찰력과 훌륭한 실용적인 조언이 결합된 보기 드문 역작을 저술했다. 이 책을 통해 우리는 혁신을 관리하고 의사를 결정하며 조직을 이끄는 방식에 혁명적인 변화를 꾀할 수 있다. 톰키는 비즈니스 실험으로 혁신을 촉진하는 방법과 기업이 대규모 실험을 수행해야 하는 이유를 보여준다. 한마디로 획기적인 책이다.

아난드 마힌드라(Anand Mahindra), 마힌드라 그룹(Mahindra Group) 회장

실리콘밸리의 실험실
차례

추천의 글   006
서문: 비즈니스에는 실험이 필요하다   012
프롤로그: 실험하는 조직만이 살아남는다   016

| 1장 | 세계 최고의 기업들은 왜 실험하는가

직관에 기대지 않는 확실한 비즈니스 전략   040
실험의 성공과 실패에서 배우기   043
기업이 혁신에 어려움을 겪는 이유   046
'디지털 실험 툴'이 가져온 변화   050
단계별 비즈니스 실험 프로세스   053
빠르게 학습하고 성장하는 법   061

| 2장 | 비즈니스 실험을 위한 질문들

질문 1: 테스트 가능한 가설이 있는가?   089
질문 2: 모든 이해관계자가 결과를 준수하기로 약속했는가? 095
질문 3: 현실적으로 실행 가능한 실험인가?   097
질문 4: 신뢰할 결과를 얻을 방법이 있는가?   100
질문 5: 원인과 결과를 이해하고 있는가?   108
질문 6: 실험에서 최대의 가치를 얻고 있는가?   115
질문 7: 실험이 결정에 가장 큰 영향을 미치는가?   117

| 3장 | 온라인 실험실 사용법

테스트, 테스트, 그리고 테스트 129

작은 변화의 거대한 힘을 생각하라 134

대규모 실험 시스템에 투자하라 139

실험조직 모델을 구상하라 142

성공의 메트릭스를 정의하라 147

시스템에 대한 신뢰를 쌓아라 150

단순하게 가라 158

나만의 학습 실험실 만들기 161

| 4장 | 성공하는 조직의 실험은 무엇이 다른가

첫 번째, 학습 사고방식 171

두 번째, 가치 및 목표와 일치하는 보상 180

세 번째, 오만을 이기는 리더의 지적 겸손 186

네 번째, 신뢰라는 자산을 쌓는다 195

다섯 번째, 실험 도구를 적극적으로 활용한다 199

여섯 번째, 혁신 창출과 혁신 활용의 균형을 유지한다 203

일곱 번째, 새로운 리더십 모델을 받아들인다 207

| 5장 | 실험으로 혁신에 성공한 조직들

부킹닷컴 들어가기　　　　　　　　　　　　　　　　219

실험의 힘　　　　　　　　　　　　　　　　　　　　224

실험조직은 어떻게 움직이는가　　　　　　　　　　232

부킹닷컴을 뛰어넘는 실험조직들　　　　　　　　　263

| 6장 | 당신의 조직을 실험조직으로

모든 것은 시스템에서 출발한다　　　　　　　　　270

실험조직으로 변모하기　　　　　　　　　　　　　275

조직의 변화 5단계　　　　　　　　　　　　　　　284

핵심 열쇠, 실험 툴을 활용하라　　　　　　　　　294

| 7장 | 비즈니스 실험의 일곱 가지 그릇된 신화

신화 1: 실험이 주도하는 혁신은 직감과 판단력을 무력화한다　　308

신화 2: 온라인 실험은 획기적이지 않고 점진적 혁신으로 이어진다　309

신화 3: 대규모 실험을 할 수 있는 충분한 가설이 없다　　　　　311

신화 4: 오프라인 기업은 실험을 할 정도의 거래량을 갖고 있지 않다　312

신화 5: A/B 테스트가 성과에 미치는 영향은 크지 않다　　　　314

신화 6: 빅데이터 시대에는 실험에 시간을 허비할 이유가 없다　　316

신화 7: 사전 동의 없는 고객 대상 실험은 비윤리적이다　　317

에필로그: 비즈니스 실험의 미래　　320

감사의 글　　327

주　　331

참고문헌　　367

EXPERIMENTATION
WORKS

비즈니스에는 실험이 필요하다

2003년 《실험의 중요성(Experimentation Matters)》을 출간하면서 나는 한 가지 예언을 했다. 디지털 실험 툴들이 기업의 R&D(연구·개발)를 혁명적으로 바꿀 뿐만 아니라 실험 자체를 유저와 고객으로 이동시킴으로써 산업 전반에 변혁을 가져오리라고.

5년 후 애플(Apple)은 앱스토어(App Store)를 열었고, 세계 어느 곳의 어떤 사람이든 새로운 애플리케이션을 설계해 배포할 수 있도록 권한을 부여했다. 2017년 초, iOS 유저들은 약 2,200만 개의 앱을 이용할 수 있었으며, 같은 해 앱스토어는 애플에 약 100억 달러의 수입을 안겨줬다. 매출총이익도 상당했을 것으로 추정된다. 애플은 앱스토어 오픈 이후 2017년 중반까지 700억 달러가 넘는 돈을 앱 개발자들에게 나눠줬다. 그 시점까지 전체 다운로드 횟수는 약 1,800억 회로 추산됐다.[1] 시뮬레이션 툴이나 프로토타이핑 툴을 면밀히 추적해온 관계자라면 누구나 알고 있듯이, 그런 툴의 용도는 이미 제조 부문으로도 확산됐다. 기업들은 여전히 내가 2003년 저서에서 다뤘던 통합 및 관리의 문제를 해결하고자 애쓰고 있지만 말이다. 예언이 실현되는 것을 뿌듯한 마음으로 지켜보며 나는 이제 새로운 주제를 연구해야 할 시점이 됐다고 생각했다.

하지만 그것은 잘못된 판단이었다! 2003년이라면 구글(Google)이 막 창립 5주년을 넘긴 해였고, 아마존(Amazon)은 아홉 살이었으며, 부킹닷컴(Booking.com)은 암스테르담에서 갓 출범한 독립 스타트업 기업이었다. 당시 나는 실험의 핵심인 통계 및 관리의 원칙을 연구했지만, 그 원칙들이 고객의 경험과 비즈니스 모델을 설계하는 데 어떤 역할을 하는지 세밀히 검토하지 못했다. 그것들이 오늘날의 온라인 비즈니스에 어떻게 연료를 공급하는지에 대해서는 아무런 생각이 없었던 것이다. 마침내 거기에 관심이 쏠리자마자 나는 대규모의 대조실험이 실로 '모든' 기업의 비즈니스 운영 방식과 경영진의 의사결정 방식을 혁명적으로 바꿀 수 있다는 사실을 깨닫게 됐다. 내가 이해한 것은 '조직 내부에 완전히 전개되고 강화된 과학적 방법의 힘'이었다. 인상적이게도, 이는 과거 R&D 부문에서 발생한 현상과 매우 비슷했다. 이 두 가지 혁명에서는 새로운 실험 툴과 프로세스, 조직 문화 그리고 기업의 수행력이 갖는 잠재력이 핵심이었다. 2003년에는 모든 기업이 조직에 새로운 툴을 갖추고 《실험의 중요성》에 설명된 원칙을 적극적으로 따르는 상황은 아니었다. 그로부터 몇 년이 지난 후에야 기업들은 경쟁력을 유지하려면 전력을 다해 쫓아가야만 한다는 사실을 인식했다.

만약 당신이 대규모 비즈니스 실험은 오직 디지털 중심의 B2C(Business to Consumer) 비즈니스, 그러니까 소비자를 상대로 하는 인터넷 비즈니스에만 유용하다고 생각해왔다면 이 책을 읽어가는 동안 생각이 바뀔 것이다. 그 이유는 다음 세 가지다.

첫째, 디지털에 뿌리를 두지 않은 기업들도 고객과 온라인 상호작용을 확대하고 있다는 점이다. 방대한 수의 디지털 접점과 설계 선택, 비즈니스 의사결정을 활용하려면 대규모 테스트에 접근해야만 한다.

둘째, 이 책에서 다루는 아이디어와 원칙은 어떤 비즈니스에서도 이용할 수 있다는 점이다. 오프라인이든 온라인이든, B2C든 B2B (Business to Business)든, 제조업이든 소매업이든, 금융 서비스든 물류든 여행업이든 미디어든 연예 오락이든 보건이든, 형태나 유형을 불문하고 모든 비즈니스가 해당한다. 이 책은 불확실성을 포함하는, 테스트 가능한 혁신 결정을 다룬다. 철저한 실험을 하는 것은 이제 과학 및 공학 프로젝트에서 결코 빼놓을 수 없는 요소가 됐다. 이 책에서 소개하는 '모든 것에 대한 실험' 사례 연구는 처음에는 극단적으로 보일지 모르지만, 이미 우리 곁에 다가온 혁신의 미래에 대한 미리 보기를 제공할 것이다.

그리고 마지막으로, 소프트웨어에 뿌리를 두지 않은 기업들은 벤처 캐피털리스트 마크 앤드리슨(Marc Andreessen)의 금언을 따라야 한다. "소프트웨어가 세계를 집어삼키고 있다."

나는 하드웨어 개발 프로젝트에서 소프트웨어가 자원의 반 이상을 잡아먹는 상황들을 지켜봤다. 소프트웨어 개발의 베스트 프랙티스(Best Practice: 판매, 제품 혁신 등 특정 경영 활동 분야에서 세계 최고의 성과를 창출해 낸 운영 방식 – 옮긴이)가 지난 10년 사이에 극적으로 변했다는 사실을 고려할 필요가 있다. 마이크로소프트(Microsoft)의 빙(Bing)에서는 변화 제안의 약 80퍼센트가 먼저 대조실험의 대상이 된다(리스크가 크지 않은 일부 버그 수정이나 OS 업그레이드 같은 기계 수준의 변화는 예외다).[2] 전통적으로 선형 방법론(시작과 끝이 있는)을 따르던 소프트웨어 프로젝트는 이제 그 제품이 대체될 때까지 멈추지 않는 지속형 테스트 주기를 따른다.

400년 전인 1620년, 프랜시스 베이컨(Francis Bacon)은 《신기관 (Novum Organum)》을 출간했다. 지식을 정리하는 데 쓰이는 새로운 도구의 전통적 공식을 체계화한 책으로, 과학적 방법을 정립한 셈이다. 과학적인 사고와 행위는 이후 전 세계에 지대한 영향을 끼쳤다. 우리 인류는 그렇게 수 세기 동안 테스트 가능한 설명과 예측을 통해 과학적·기술적 지식을 축적하고 체계화했으며, 이는 다시 현대적 기계·식량·에너지·운송·커뮤니케이션 등을 우리에게 안겨줬다. 그런 과학적 방법에 동력을 제공한 엔진이 바로 그 소박한 실험이었다.

이 책은 바로 그런 맥락에서 쓰였다. 나는 지난 25년 동안 비즈니스 실험을 연구하면서 많은 학자와 전문가들의 연구에서 실로 엄청난 도움을 받았다. 나는 그들 모두가 기업이 번영하는 데 실험이 필수적이라는 나의 의견에 동의할 것으로 믿는다. 하지만 비즈니스 실험의 놀라운 힘으로 완전한 이득을 얻으려면 기업의 경영자들이 시스템과 툴, 체계화 원칙, 가치, 행동 방식 등에 투자해야 한다. 그래야만 빠르고 정확하며, 기업의 규모에 걸맞은 과학적 사고와 행위를 할 수 있기 때문이다. 이 책이 그 방법을 보여줄 것이다.

실험하는 조직만이 살아남는다

> E pur si muove(그래도 그것은 움직인다).
>
> *갈릴레오 갈릴레이(Galileo Galilei), 과학자*

이 책의 주제는 비즈니스 실험을 통해 지속적으로 혁신하는 방법이다. 혁신이 중요한 이유는 내실의 성장을 촉진하고 주주 가치를 창출할 수 있기 때문이다. 다만 여기에는 딜레마가 있다. 오늘날의 경영인들은 넘쳐나는 정보를 사방에서 받고 있음에도 정작 전략적·전술적 의사결정에 도움이 되는 적절한 데이터는 부족한, 불확실성의 세계에서 회사를 운영하고 있다.[1] 따라서 결과적으로, 좋든 싫든 경험과 직관과 신념에 의존하는 경향이 있다. 하지만 효과가 없는 경우가 흔하다. 진정으로 혁신적인 아이디어는 그 너머에 있기 때문이다.

고객 경험을 개선할 때든 새로운 비즈니스 모델을 시험할 때든 새로운 제품이나 서비스를 개발할 때든, 가장 경험 많은 경영인조차 종종 실수를 저지른다. 본문에서 그와 관련된 상황과 인물들을 소개할 것이다. 비즈니스 실험이 그들의 혁신 게임을 얼마나 극적으로 바꾸었는지도 보게 될 것이다. 우선 3장에서 소개하는 다음 사례를 간략히 살펴보자.

2012년 마이크로소프트의 검색 서비스 빙에서 일하는 직원 한 명이 검색엔진에서 광고 헤드라인을 띄우는 방식을 바꿔보자는 아이디어를 냈다.[2] 어려울 건 없었지만 수백 개의 제안 중 하나였던 터라 프로그램 매니저는 우선순위에서 그 아이디어를 뒤로 밀었다. 그래서 그 아이디어는 6개월이 넘도록 구현되지 못한 채 시들어갔다. 그러던 어느 날, 한 엔지니어가 그 아이디어의 영향력을 평가하는 간단한 온라인 대조실험을 실시했다. 몇 시간도 지나지 않아 새로 바뀐 헤드라인은 비정상적으로 높은 매출 값을 내놓았고, '너무 좋아서 사실일 수 없다'는 경고음까지 울렸다. 분석을 해보니 그 변화가 사용자 경험의 핵심 메트릭스(metrics: 성과에 대한 계량적 분석 또는 성과를 보여주는 지표 – 옮긴이)에 아무런 해를 끼치지 않으면서 매출을 무려 12퍼센트나 올렸다는 결과가 나왔다. 이는 연간 실적으로 따지면 미국 시장 한 곳에서만 1억 달러의 매출 증대를 의미했다. 빙의 역사상 매출 기여도가 가장 높은 아이디어였던 것이다.

이 스토리는 새로운 아이디어의 잠재력을 평가하는 일이 얼마나 어려운지를 잘 보여준다. 처음에 그것을 언뜻 본 매니저는 별로 중요하지 않은 아이디어로 치부하고 무시해버렸다. 그렇다면 그 아이디어의 생사를 바꾼 것은 무엇이었을까? 그 영향력을 진단하기 위해 실험을 시작한 한 직원의 능력이었다.

이 책은 그런 실험의 힘을 조직 내에 전개해 더 많고 더 나은 질문을 제기하는 방법도 다룬다. 빠른 속도로 많은 테스트를 해낼 역량을 키우는 방법 말이다. 실험조직이란 최고 경영진에서 말단 직원에 이르기까지 모든 임직원이 실험을 적극적으로 받아들이는 회사를 의미한다. 실험은 단순히 특정 부서나 R&D 실험실, 전문가 그룹의 책임이 아니다. 모든 조직은 실험을 회계만큼 중요시하고 전 임직원을 어떤 식으로든 참여시켜야 한다. 이제 조직의 기풍은 '늘 실험하라'가 되어야 한다는 뜻이다.[3]

이 책 전반에 걸쳐 연간 1만 건 이상의 실험을 실시하는 기업들을 살펴볼 것이다. 이 실험들은 통상 수백만 명의 유저를 대상으로 한다. 이들 조직은 '모든 것을 실험한다'는 사고방식이 놀랍도록 큰 이득과 경쟁우위를 안겨주고, 심지어 주가 상승에도 도움이 된다는 사실을 발견했다(그림 0-1).

이 기업들이 사실상 추가 비용 없이 매주 수백 건의 실험을 실시하기 위한 인프라와 문화를 구축하는 데에는 여러 해가 걸렸다. 하지만 오늘날에는 제삼자 툴의 발전 덕분에 온라인 세계에서든 오프라인 세계에서든 이런 실험 역량을 모든 기업이 갖출 수 있는 단계에 와 있다. 소프트웨어의 힘에 엄격한 대조실험을 결합하면 어떤 기업이든 학습조직으로 변모할 수 있다는 뜻이다. 그러나 그런 파워를 촉발하려면 우선 테스트의 과학에 숙달하고 업계의 가치 통념에 반하는 문화와

그림 0-1 주도적인 실험조직의 주가 변동(2008년 1월 2일 = 100)*

아마존과 엣시, 페이스북, 구글, 마이크로소프트, 넷플릭스, 부킹홀딩스로 구성해 동일한 가중치를 부여한 지수. 이 기업들은 각기 수년의 시간을 투자해 대규모 실험을 위한 인프라와 문화를 구축했다.

출처: 블룸버그 2019

* 물론 상관관계는 인과관계가 아니다. 주가는 많은 요인에 영향을 받으며 표본은 상장기업에 국한돼 있다. 그러나 이 기업들의 성장이 온라인 비즈니스 실험에 영향을 받았다는 사실은 분명하다. 이 분석은 하버드 경영대학원 베이커 리서치 서비스의 제임스 차이틀러(James Zeitler)가 <블룸버그>에서 축적한 S&P500 데이터를 이용해 이뤄졌다. 그는 2008년 1월 2일을 기준일로 하여 100을 기준 지수로 잡은 후, 구성 요소의 수익을 일별로 뽑아서 평균 수익을 산출했다. 가중치를 부여한 지수에 대해(예를 들어 전일의 시가총액을 기준으로) 수익에도 가중치를 주지만 지수에는 동일한 가중치를 부여하는 방식이었다. 특정 일자 t에 특정 구성 요소의 수익 평균을 R(t), 해당 일자 t의 지수 수준을 I(t)라고 하면, 각 일자의 지수 수준은 다음과 같이 산출된다. I(t) = I(t − 1) × (1 + R(t)).

프로세스, 관리 체계를 보유한 실험조직을 구축해야 한다.

예를 들어 세계의 선도적인 숙박 플랫폼인 부킹닷컴에서는 어떤 직원이든 경영진의 승인 없이도 가설을 세우고 수백만의 유저를 대상으로 실험을 할 수 있다. 그 회사는 10여 년에 걸쳐 그렇게 민주적인 문화를 구축했고, 그 덕에 B2B 및 B2C 실험이 일상 업무에 깊이 뿌리내렸다. 오늘날 부킹닷컴의 직원들은 고객 경험을 최적화하기 위해 웹사이트나 서버, 앱에 대한 엄격하고 동시다발적인 실험을 일상적으로 1,000건 이상씩 진행한다. 랜딩페이지의 조합이 1,000조 개에 달하기 때문에 부킹닷컴 웹사이트에서 방을 예약하는 고객은 모두 회사 실험 생태계의 일부가 되는 셈이다.

IBM은 전 세계 비즈니스 고객과의 상호작용 방식에 대규모 실험을 적용하는 것을 필수적인 일로 여긴다. 이 회사는 2015년에서 2018년 사이에 테스트의 수를 대략 100건에서 거의 3,000건으로, 관여하는 직원을 14명에서 2,130명으로 늘렸다. 월마트(Walmart)나 스테이트팜인슈런스(State Farm Insurance), 다우존스앤드컴퍼니(Dow Jones & Company), BBC, 스카이UK(Sky UK), 나이키(Nike), 페덱스(FedEx), 콜스(Kohl's), 퍼블릭스슈퍼마켓(Publix Super Markets), 펫코(Petco) 등 디지털 뿌리가 없는 기업들은 온라인이나 매장에서 라이브 실험을 진행하고 있다. 물론 실험 규모는 훨씬 작다. 산업별 R&D 부문에서도 모델링 및 시뮬레이션 기술의 발전에 힘입어 실험 수가 급증했으며, 그런 실험은 대개 실제 현장에서 실시하는 물리적 시제품에 대한 테스트로 보완된다.

이 책은 실험이 사업체 전체의 핵심활동으로 정착되려면 어떤 특징을 가져야 하는지 방대한 사례와 함께 상세히 설명한다. 왜 '모든' 기업이 실험조직이 되어야 하는지, 그리고 그것이 왜 혁신에 중요한지 살펴볼 것이다. 또한 실험을 제대로 통제하며 진행하는 방식(그리고 해서는 안 되는 일)과 실험의 진행을 위해 기술적·조직적으로 요구되는 핵심 사항도 구체적으로 파헤친다. 이를 통해 당신은 실험을 핵심 비즈니스 프랙티스로 온전히 수용하는 조직을 구축하는 방법을 배우게 될 것이다. 오늘날은 사업 운영에 툴이 활용되는 디지털 세상이기에 어떤 조직에서든 빠르고 저렴하고 적합한 규모로 실험을 고안해 수행할 수 있다. 실험의 결과도 빨리 알 수 있고, 실험의 성패 또한 신속하게 진단할 수 있다.

영화 〈제리 맥과이어〉를 보면, 주인공인 스포츠 에이전트(톰 크루즈 분)가 의뢰인과 함께 "Show me the money!(돈을 보여줘!)"라고 외치는 장면이 나온다.[4] 지속적인 혁신을 수용하는 조직에서는 이제 경영진이 경험에서 얻은 지혜나 포커스그룹 또는 데이터 분석에 의존하는 대신 "실험 결과를 보여줘!"라고 외친다. 명확히 말하자면 모든 혁신 결정을 테스트할 수 있는 것은 아니며, 모든 테스트 결과를 맹목적으로 따라서도 안 된다. 윤리적·법적·전략적 고려에 따라 다른 행동 경로를 취할 수도 있다는 뜻이다. 그런 경우에도 훌륭한 실험은 왜 그런 의사결정이 내려지는지에 명확한 근거가 된다.

사업체를 지속적인 실험을 하는 조직으로 변모시킨다고 해서 모든 실험이 매번 성공작이 되거나 1회차부터 완벽해지지는 않는다. 어쩌면 실패율이 90퍼센트를 넘을 수도 있다. 한 과학자 개인이 진행하든, 세계적인 실험실이나 마케팅 부서 또는 비즈니스 전략가들이 수행하든 마찬가지다. 이 책에 소개하는 조직 다수에서도 발생한 일이다. 그러나 특정 실험이 실패로 끝나는 경우에도 정보는 생성된다. 왜 효과를 내지 못했는가? 무엇이 잘못 추정됐는가? 설계나 이행 과정의 어디에서 빗나갔는가? 그리고 가장 중요하게는 '다음 실험을 위해 얻을 수 있는 교훈은 무엇인가?' 등을 배울 수 있다. 성공이나 실패에서 교훈을 배우는 것은 당연히 실험의 본질에 속한다. 그동안 변화가 있었다면, 이제 우리에게 혁신 성과(새로운 제품, 고객 경험, 비즈니스 모델 등)에 대해 빠르고 저렴하게 그리고 전례 없는 규모로 배울 수 있는 툴들이 생겼다는 것이다. 대규모 실험은 곧 기업이 왕자를 찾기 위해 수많은 개구리에게 키스해볼 수 있다는 의미다.[5]

실험조직은 그런 왕자를 찾기 위해 '고속 점진주의(high-velocity incrementalism)', 즉 빠른 속도로 점진적으로 나아가는 방법을 활용할 수 있다. 비즈니스 세계에서는 파괴적인 아이디어를 찬양하지만, 사실 대부분의 진보는 수백에서 수천 번의 작은 향상을 반복함으로써 달성된다. 소소한 향상이 쌓여서 거대한 영향력을 발휘하는 것이다. 빙의 사례에서 봤듯이, 거의 즉각적으로 규모를 확대할 수 있는 디지털 세상에서는 작은 변화도 큰 수익을 가져올 수 있다. 5퍼센트의 향상은 별로 대단해 보이지 않겠지만, 시간이 가면서 10억 회의 클릭이 이뤄진다고 생각해보라. 그리고 중요한 것은 규모만이 아니다. 과학적 정확성 역시 그 못지않게 중요하다. 많은 경영자가 실험을 '다양한 아이디어를 소문난 벽에 던져보고 달라붙는 것을 찾는 과정'이라고 여긴다. 이른바 '던져놓고 기도하기(spray and pray)'라는 기법이다. 하지만 잘 통제된 실험에서는 절대 이렇게 하지 않으며, 변수를 분리해 원인과 결과를 밝혀낸다. 실험조직은 진정으로 중요한 부분에 날카롭게 초점을 맞출 수 있다. 경험이나 과거의 데이터, 직감, 모방 또는 이른바 베스트 프랙티스 등에 그다지 의존하지 않는다는 뜻이다. 그렇게 초점을 맞추는 방법에 대한 규칙과 프랙티스를 이 책에서 배울 수 있음은 물론이다.

부킹닷컴의 예를 한 번 더 살펴보자. 이 회사는 창업 초기부터 직감과 추정에 의존할 수 없다는 사실을 발견했으며, 추정의 위험성을 이해하고 실험의 힘을 깨닫는 것이 무엇보다 중요함을 알게 됐다. 한 경영자는 내게 이렇게 말했다.

"우리는 우리 자신이 추측을 끔찍하게 못 한다는 증거를 매일 확인합니다. 고객의 행동 방식에 대한 우리의 예측은 십중팔구 빗나갑니다."[6]

예를 들어 그들은 고객들이 다른 상품과 패키지로 묶인 호텔 할인을 선호할 것으로 추정했다. 어째서? 여행사에서 흔히 나눠주는 여행 안내 책자를 보면 그런 패키지가 많이 나와 있으니까. 하지만 부킹닷컴은 온라인 서비스다. 여행사에 효과 있는 것이 웹사이트에서도 효과가 있을까? 그들은 또 고객들이 온라인 예약 프로세스를 밟아나가는 중에 채트라인(chatline: 대화 상대를 구할 수 있는 전화 서비스 – 옮긴이)을 이용할 수 있으면 좋아할 것으로 추정했다. 어째서? 다른 회사들이 그런 서비스를 운용하고 있으니까. 또 고객들이 웹사이트를 둘러보는 중에 염두에 두고 있는 여행지의 동영상을 찾아볼 것으로 추정하기도 했다. 어째서? 그저 직관적으로 그럴 것 같아서. 하지만 이것들 모두가 실제와 거리가 먼 것으로 드러났다. 그걸 어떻게 알았을까? 그 회사의 '실험 권한을 부여받은' 직원들이 움직여서 알아냈다. 그들은 문서화된 프로세스를 통해 그런 추정에 도전하는 실험을 설계했다. 이

에 대해서는 5장에서 자세히 살펴볼 것이다

부킹닷컴의 사례는 비즈니스 실험에 대한 흥미롭고 계몽적인 통찰을 제공한다. 비즈니스 실험은 수 세기에 걸쳐 다듬어졌으며, 내가 지난 25년 이상 연구하고 발표한 과학적 방법을 토대로 한다. 하지만 비즈니스 기회의 '퍼펙트 스톰(perfect storm: 크고 작은 여러 요인이 동시다발적으로 작용해 초대형 영향력을 일으키는 현상 - 옮긴이)'에서 원칙들을 결합하고, 오늘날의 혁신팀을 위한 툴에서 극적인 발전을 이끈 것은 디지털 혁명이다. 이런 진보는 현재 다시 원점으로 회귀하고 있다. 오늘날의 디지털 기술은 이를 만들어내는 데 바탕이 되는 툴들이 없으면 설계 및 창조가 불가능하다는 의미다. 이 책에서는 당신이 그런 툴의 배치 및 전개 방법을 이해할 수 있도록 아이디어와 구조, 사례, 혁신 연구 등을 자세히 소개한다.

또한 당신은 비즈니스 실험이 회사의 경쟁력에 절대적으로 중요한 이유가 무엇인지도 알게 될 것이다. 실험은 모든 조직이 맞닥뜨리는 다양한 의문에 답을 제공한다. 어떤 제품을 만들어야 하고, 어떤 고객 경험을 제공해야 하며, 그에 관한 결정을 내리는 데 어떤 정보가 필요한지 어떻게 알 수 있을까? 고객이 무엇을 원하고 무엇에 기꺼이 돈을 낼 의사가 있는지 모르는 경우, 어떻게 혁신을 시작할 수 있을까? 어떻게 해야 조직의 자원이 현명하게 배분될 수 있을까? 원인과 결과는 어떻게 구별할 수 있을까? 의사결정에서 불확실성은 어떻게 줄일 수 있을까?

1장에서는 비즈니스 실험의 필수 요소를 큰 틀에서 살펴본다. 당신은 운영상의 다양한 동인이 실험의 성공에 얼마나 중요한지 이해하게 될 것이다(여기서 '성공'은 의사결정권자가 특정 아이디어나 가설을 받아들이거나 거부할 수 있도록 유용한 학습 기회를 생성하는 것을 의미한다). 또한 통제가 제대로 되지 않는 실험(예를 들어 맹목적인 시행착오 테스트)을 식별하는 방법과 실험을 해서는 안 되거나 실행에 옮길 수 없는 경우(예를 들어 비용이 너무 많이 드는 경우)도 배우게 될 것이다. 나아가 진정한 실험이 아닌데도 '실험'이라는 꼬리표가 붙는 다양한 활동도 알아볼 것이다.

실제적인 실험 프로세스는 어떻게 보이는지 이해하기 위해, 1995년 아메리카컵 요트대회에서 팀뉴질랜드(Team New Zealand)가 거둔 뜻밖의 승리를 자세히 들여다볼 것이다. 이 팀은 작은 변화를 통한 반복적인 실험에 중점을 두는 표준화 프로세스를 따랐는데, 이는 한 실험에서 수집된 것을 다음 실험에 적용했음을 의미한다. 그들은 먼저 테스트 가능한 가설을 생성한 다음 대조실험을 통해 분석했으며, 그 결과에서 학습한 내용으로 가설을 수정했고, 이 과정을 매번 빠르고 정확하게 24시간 주기로 반복했다.

디지털 툴의 발전으로 이런 식의 주기적 반복을 신속하고도 저렴하게 수행할 수 있게 됐다(이는 경쟁이 치열한 오늘날의 환경에서 필수적인 부분이기도 하다). 1장의 나머지 부분에서는 팀뉴질랜드는 물론이고 다른 조직의 경험을 토대로 그 점을 고찰할 것이다. 궁극적으로 학습의 속도를 높이는 필수적인 실험 요소에 익숙해지도록 돕기 위해서다. 동시에 학습을 방해하는 요소, 즉 주로 실험의 속도 자체를 방해하는 경영 및 조직상의 요소도 엿볼 것이다.

2장은 1장의 연장선상에서 주로 어떤 요인(운영상의 동인)이 실험을 통한 학습에 기여하는지(그리고 그 속도를 높이는지) 고찰한다. 하지만 이런 학습이 좋은 의사결정이 내려지도록 보장한다는 의미는 아니다. 때로는 많은 나쁜 결정을 빠르게 내리는 결과가 나올 수도 있다. 그렇다면 의사결정과 실험은 어떤 관계에 놓일까? 좋은 실험이란 무엇을 말할까? 이런 질문에 답하기 위해 일련의 범용 관리 프랙티스를 숙고할 것이다. 다음은 이와 밀접한 관계가 있는 일련의 질문으로, 외관상 명백해 보이지만 종종 제기되지 않거나 제기되더라도 답하기 쉽지 않은 부류에 속한다.

- 그 실험은 테스트 가능한 가설을 토대로 하는가? 다시 말해서, 테스트할 수 있으며 테스트해야 마땅한 질문을 던지고 있느냐는 얘기다. 여기서 중요한 역할을 하는 것은 창의성과 기술, 상상력이다. 결국 예술과 과학이 핵심이다.
- 결과가 어떻게 나오든 그에 따르겠다는 약속이 되어 있는가? 이 것은 대단히 중요한 문제다. 만약 제안된 이니셔티브의 실행 여부가 이미 확정된 상황이라면, 테스트에 시간과 비용이 낭비되고 가정이 잘못됐음이 드러날지도 모르는 리스크를 무엇 때문에 감수하는가?
- 우리 조직은 이 실험을 진행할 수 있는가? 특정 종류의 실험을 할 수 있거나 없는 이유에는 여러 가지가 있다. 그 실험이 정확히 어떤 것인지 사전에 파악하는 일은 그래서 매우 중요하다.

- 결과의 신뢰성은 어떻게 확보할 수 있는가? 실험을 개선할 수 있고, 어려운 조건(예를 들어 표본이 적은 경우)에서도 도움을 얻을 수 있는 원칙과 방법이 있다. 조직에 신뢰가 만들어지려면 신뢰할 수 있는 실험이 필요하다.

- 원인과 결과를 이해하는가? 실험 설계에서 종속변수(관측된 결과)에 대한 독립변수(추정된 원인)가 무엇인지 명확하게 확인했는가? 행동을 취하기에 충분한 상관관계가 있는가? 아니면 더 깊이 들어갈 필요가 있는가?

- 실험으로 최대한의 가치를 도출했는가? 한 번의 실험으로 더욱 많은 학습을 성취할 수 있는가? 테이블 위에 남겨둔 것은 없는가? 가치공학을 이용하여 실험의 투자수익률(Return On Investment, ROI)을 극대화할 수는 없는가?

- 조직 차원에서 실제로 실험 결과에 따른 결정을 내리고 있는가? 거의 자기성찰적인 수준에서 자신에게 물어봐야 한다.

3장에서는 이 일곱 가지 질문을 바탕으로 온라인 실험 역량을 창출하는 데 무엇이 필요한지를 탐구한다. 이 분야의 진정한 프로들(예를 들어 마이크로소프트)을 추적하면서 가장 기본적인 종류의 대조실험(즉 A/B 테스트)에서 시작하여 그들이 어떻게 작업을 수행하는지 자세히 살펴볼 것이다. 이들에게서 배우는 내용은 디지털 뿌리가 없더라도 디지털로 가기 위해 진지한 노력을 기울이는 기업을 포함해 모든 조직에 적용할 수 있다. 그리고 그런 학습은 다시 일련의 필수 원칙으로 자리 잡을 수 있다.

무엇보다, 테스트할 수 있는 모든 것을 테스트하라!

또한 작은 혁신도 매우 가치가 높을 수 있다는 사실을 인식해야 한다. 때로는 웹사이트에서 색상이나 버튼 배치의 작은 변화가 트래픽의 발생과 해당 트래픽의 판매 전환에서 극적인 결과를 낳을 수도 있다. 대규모 실험 시스템에 투자하는 것도 중요하다. 이 장에서는 그런 투자가 어떻게 실제적 실험 역량으로 전환되는지 살펴볼 것이다. 이것은 외견상 어떻게 보이고 어떻게 작용하는가? 실험을 위한 체계를 갖추는 것이 가장 중요한데, 그런 체계는 저절로 갖춰지지 않는다. 어떨 때 성공했다고 판단할 수 있는가? 우리는 그것을 어떻게 아는가? 어떤 측정 기준을 이용해야 하는가? 그리고 그것을 어떻게 공식화할 것인가?

그리고 결정적인 질문으로, 그 '시스템'을 신뢰할 수 있는가? 의심할 여지 없이 아무리 결과가 설득력 있게(긍정적이든 부정적이든) 나오더라도 모든 사람이 그 결과를 받아들이리라는 보장은 없다. 추정과 습성, 개인적 신념, 심지어 단순한 무지 등의 저항을 받을 수도 있다.

마지막 원칙은 결과를 쉽게 이해할 필요가 있다는 것이다. 실험이 잘 설계되고 학습 기회를 생성하더라도 그 결과를 이해할 수 없다면 모든 것이 위태로워질 수 있다. 단순성이 핵심이다! 많은 실험을 할 능력과 빠르고 저렴하게 실험할 능력 그리고 작은 결정의 중요성을 고려하건대, 실험이나 결과를 이해하고 의사소통하는 일이 복잡해야 할 이유는 전혀 없다. 단순하고 엄격하게 유지하는 것이 기본 수칙이다.

이 시점에서 이런 궁금증이 일지도 모르겠다. 조직의 문화가 어떻게 이 모든 것을 다룰 수 있을까? 그에 대한 답이 바로 4장의 내용이다. 4장의 목적은 대규모 실험을 독려하는 문화는 분명히 구축 가능하고 실제로 여기저기서 구현되고 있지만, 리더십이 부재한 상태에서는 불가능하다는 사실을 강조하는 것이다. 앞서 접한 여러 기업의 성공적인 노력을 바탕으로, 4장에서는 조직 및 팀의 행동 방식에 대한 다양한 연구조사에서 핵심적인 부분을 뽑아 살펴볼 것이다.

사례와 연구조사에서 도출할 수 있는 한 가지 요점은 '경영진이 중요하다'라는 그다지 놀라울 것도 없는 개념이다. 다시 말해, 경영진이 적극적으로 실험을 장려할 때 실험을 환영하고 당연시하는 문화가 조성된다는 뜻이다. 그리고 '실패'도 학습에 기여하는 것으로 이해될 때(즉, 처벌받지 않을 때) 더더욱 효과가 커진다. 대규모 실험에 숙달한 사람들에게서 얻을 수 있는 중요한 교훈은 실패와 실수를 구별해야 한다는 것이다. 실험의 목적은 가설이 반드시 성공적임을 증명하는 것이 아니다. 실제로, 왜 실패했는지 묻는 것이 무엇보다 중요하다. 주어진 질문을 고려하건대 실험 설계에 결함이 있었던 것은 아닌가? 질문 자체는 테스트할 수 없었는가? '실패'에는 여러 가능성이 내재하는 만큼, 그것이 무언가가 잘못됐음을 암시한다고 주장하는 것 자체가 잘못이다. '성공하지 못함'이 '손실'과 같은 것으로 취급된다면, 실험 문화를 구축하기란 불가능하다. 동시에 실험 문화는 창조적 파괴라는 명분으로 어떤 것이든 벽에 던져볼 수 있는, '모든 것을 깨부수는' 조직 문화도 아니다. 본문에서 자세히 살펴보겠지만, 사업 운영에 실험을 접목한 조직은 성공과 실패가 역설적 균형을 이루며 함께 작용하는 방식을 터득했다. 또한 4장은 모든 것이 테스트의 대상이 될 때 대두하는 윤리적 문제도 탐구한다. 정직한 실험을 하게 하려면 어떻게 해야 할까? '실험의 큰 힘은 큰 책임감에서 나온다'는 사실을 명심해야 한다.[7] 아울러 4장의 상당 부분은 효과적인 실험과 그것을 환영하는 문화의 특성(예를 들어 학습 사고방식, 겸손, 진실성)에 방해물로 작용하는 조직 및 태도 차원의 장벽도 알아본다.

이 모든 것은 실제 어떤 모습으로 나타날까? 그것이 5장에서 확인할 내용이다. 온라인 여행 및 숙소 예약 회사인 부킹닷컴의 사례를 통해 진정한 실험조직을 깊숙이 들여다볼 것이다. 이 장은 다양한 교육 프로그램에서 기업 임원들의 열성적인 호응을 얻은 하버드 경영대학원의 사례 연구를 바탕으로 한다. 명실상부 모범적인 실험조직인 부킹닷컴은 성장하면서 어떻게 그런 명성을 얻었고, 또 그런 성취를 어떻게 확대해나가고 있는가? 모범적인 실험조직의 특질은 스스로 얻은 월계관에 안주하지 않는다는 것이다!

부킹닷컴의 임직원, 즉 거기에 소속된 모든 개인은 전 세계의 고객에게 어떻게 하면 더 나은 서비스를 제공할 수 있을지 끊임없이 연구한다. 고객들의 관심사와 기대치, 언어, 취향 등은 실로 다양하기에 그들을 어떻게 대우하느냐는 결코 간단한 문제가 아니다. 실험 문화의 작용 방식에 대한 이 비길 데 없는 통찰에서 얻을 수 있는 교훈은 규율에 따른 수행이 중요하다는 사실이다. 부킹닷컴의 모든 임직원은 실험에 대한 권한을 부여받지만 어떤 실험이든 일관된 프로세스를 따라야 한다. 결론적으로 말하면, 조직 전체가 '전환'이라는 목표, 즉 회사 웹사이트의 방문자를 회사 제품의 고객으로 전환한다는 목표에 정밀하게 초점을 맞추고, 개별적인 실험을 전체에 통합하고 결과를 투명하게 공개한다.

실험조직의 전형을 본격적으로 들여다보면 경이로운 한편, 위압적으로 느껴질 수도 있다. 우리는 실험조직을 어떻게 구축해야 하는가? 그것이 6장에서 탐구하는 내용으로, 실험조직이 되는 방법을 살펴본다. 이 책에서는 온라인이든 오프라인이든 각 분야에서 앞서나가는 기업들과 더불어 이제 막 발걸음을 뗀 조직들까지 살펴볼 텐데, 기업이 실험조직에 도달하는 여정은 여러 차례의 성숙 단계를 거친다. 인식(Awareness) 단계에서 신념(Belief), 헌신(Commitment), 확산(Diffusion)을 거쳐 마지막의 내재화(Embeddedness)에 이르는 과정으로 다음 페이지 그림 0-2의 ABCDE 프레임워크에서 한눈에 확인할 수 있다. 기업들이 이 여정을 어떻게 밟았고, 나름의 인프라를 설계하기 위해 어떤 수단을 이용했는지 알아볼 것이다.

그러나 전향적인 행동은 반발을 초래할 수도 있다. 조직이 실험 문화 쪽으로 진화해나가면 대규모 실험에 동조하지 않는 목소리가 터져나오기 마련이다. 7장에서는 그릇된 통념으로 포장된 그들의 주장을 들어보고, 무엇이 잘못됐는지를 밝힐 것이다.

조직 내 반발의 목소리는 예를 들면 다음과 같다.

"실험이 주도하는 혁신은 직관과 판단력을 죽일 것이다."

그림 0-2 실험조직으로 변모하는 단계별 과정

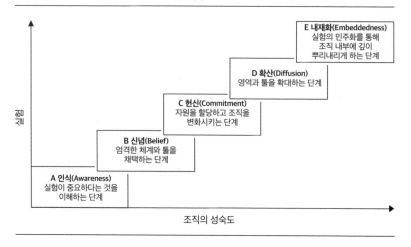

"빅데이터와 비즈니스 애널리틱스 시대인 오늘날, 인과관계를 이해하는 것은 더 이상 필요치 않다."

어쩌면 진정한 염려일 수도 있고 또 어쩌면 그냥 핑계일 수도 있다. 어떤 경우든, 일단 실험이 전개되고 결과가 나오기 시작하면 반발이나 저항의 목소리는 사그라드는 경향이 있다. 그런 주장의 타당성을 짚어보고 언제, 어떤 식으로 대응하면 좋을지 알아볼 것이다.

끝으로, 앞을 내다보며 실험의 미래를 잠정적으로 예측하는 시간을 가져볼 것이다. 에필로그는 모종의 경고다. 미래는 흥미롭겠지만 심오한 도전을 안겨줄 것이다.

대규모 실험 역량과 인공지능(AI)의 발달, 빅데이터, 진화 알고리즘을 결합하면 지금과는 사뭇 다른 상황이 전개될 것이다. 비즈니스 가설의 생성과 테스트, 분석이 완전히 자동화되는 폐쇄 루프 프로세스가 정립될 가능성이 상당히 크다.

준비됐는가? 안전띠를 착용하기 바란다! 빠르게 변화하는 경이로운 비즈니스 실험의 세계로 출발해보자.

1장

세계 최고의 기업들은
왜 실험하는가

24시간 내 실행할 수 있는 실험의 개수야말로
성공의 진정한 척도다.
토머스 A. 에디슨(*Thomas A. Edison*), 발명가

EXPERIMENTATION WORKS

론 존슨(Ron Johnson)은 2011년 애플을 떠나 JC페니(J.C. Penny)의 CEO가 되자마자 대담한 계획을 세웠다. 유명한 백화점 체인인 이 회사는 새로운 리더의 지휘 아래 쿠폰과 할인 행사를 없애고 매장을 브랜드 부티크로 채웠으며, 기술을 도입해 계산대·금전등록기·출납원을 없앴다. 그렇게 한 지 딱 7개월 후, 매출이 급감하고 손실이 치솟아 존슨은 일자리를 잃었다.

JC페니는 무엇을 그렇게 잘못했던 것일까? 고객의 취향과 선호를 밝히는 거래 데이터를 충분히 보유한 조직이 아니던가. 게다가 존슨은 애플에서 매우 성공적인 스토어 개념을 창출한 경험이 있지 않은가. 지니어스바(Genius Bar)와 출납원 없는 계산대 등의 혁신으로 고객의 매장 경험을 재정의한 인물이니 말이다. 그런 혁신으로 세계 전역의 애플 스토어는 제곱미터당 세계 최고의 소매 매장 평균 매출을 기록했고, 디즈니의 테마파크보다 많은 수의 방문객을 얻었다. JC페니 이사회는 미 전역에 1,000개 이상의 매장을 둔 백화점 체인에서도 존슨이 애플의 성공 신화를 펼쳐주리라고 기대했을 것이다. 그런데 왜 그런 일이 일어나지 않았을까?

우선, 경영자 대부분은 혁신 결정에 이용할 수 있는 데이터나 경험이 부족한 세상에서 일한다는 점을 인정하자. 즉, 거래 데이터가 충분하다고 하더라도 그 정보는 과거의 행동 방식에 대한 단서만 제공할 뿐 고객이 새로운 변화에 어떻게 반응할 것인지에 대한 실마리를 제공하는 것은 아니다. 경영자들은 종종 직관에 의존하는데, 진정으로 혁신적인 아이디어는 경험을 거스르기가 다반사다. 실제로 아이디어 대부분은 효과를 보지 못한다. 고객 경험을 개선하는 경우든, 새로운 비즈니스 모델을 시험하는 경우든, 새로운 제품이나 서비스를 개발하는 경우든 가장 경험 많은 비즈니스 리더조차 종종 잘못된 결정을 내린다(자료 1-1 참조). 그리고 고객 반응보다 비용을 예측하는 일이 더 쉬운 까닭에, 비즈니스 변화를 꾀하고자 할 때 많은 경영자가 고객과

자료 1-1: 고객 행동 방식의 유명한 예측

"[아이폰은] 세계에서 가장 비싼 전화기인데 키보드가 없어서 비즈니스 고객들에게 어필하지 못할 것이다. 이메일을 주고받기에는 그다지 좋은 기기가 아니라는 얘기다."

- 마이크로소프트 CEO 스티브 발머(Steve Ballmer), 2007년

"사람들은 우리에게 몇 번이고 반복해서 얘기했다. 자기들은 음악을 렌트하길 원치 않는다고, 구독해서 듣고 싶지는 않다고 말이다."

- 애플 CEO 스티브 잡스(Steve Jobs), 2003년

"TV는 포획하는 어떤 시장이든 6개월 이상 보유하지는 못할 것이다. 사람들이 매일 밤 그 합판 상자를 쳐다보는 일에 곧 싫증을 느끼게 될 것이기 때문이다."

- 20세기폭스(20th Century fox) 스튜디오 책임자 대릴 F. 자눅(Darryl F. Zanuck)의 발언으로 알려졌음, 1946년

관련된 최상급의 성장 이니셔티브보다 비용 절감을 선호한다. 어찌 보면 당연한 일이다.

하지만 엄격한 실험을 거치면 제품이나 서비스 또는 비즈니스 모델의 변화가 성공할지 실패할지를 판단할 수 있다. 다음을 생각해보라. 제약회사는 확립된 과학적 프로토콜을 기반으로 일련의 실험을 하지 않고는 약품을 소개하지 않는다[광범위한 임상시험을 거치라는 미국 식품의약국(FDA)의 요구도 한몫한다]. 그런데 기업은 어떤가. 많은 기업이 사실상 아무런 실험도 거치지 않고 새로운 비즈니스 모델이나 그 밖에 새로운 변화를 채택한다. JC페니도 만약 신임 CEO가 제안한 혁신을 놓고 엄격한 실험을 했다면, 애플에서는 성공했던 방법이 자사의 고객들은 거부하리라는 사실을 발견했을 것이다.[1]

어떤 혁신이든 저항에 부딪힐 가능성이 크다는 점을 고려하면 그런 거부는 놀라운 일이 아니다. 실제로 마이크로소프트는 자사가 진행하는 실험 가운데 3분의 1만이 효과가 있고 3분의 1은 중립적인 결과를, 3분의 1은 부정적인 결과를 나타낸다는 사실을 발견했다.[2]

만약 JC페니가 폭넓게 실험을 했다면 최악의 상황에는 처하지 않았을 것이다. 구글은 최상의 고객 경험을 지속적으로 추구하며 널리 실험한다. 하지만 구글의 실험 전문가들조차도 잘못된 가설을 테스트하는 경우가 허다하다. 구글의 전 CEO 에릭 슈미트(Eric Schmidt)는 2011년 미 상원 의회 증언에서 다음과 같이 그 고충을 밝혔다.

구글이 고려하는 변경 사항의 규모에 대해 감을 잡으시도록 말씀드리자면, 2010년 우리는 제안된 알고리즘 변경이 실제로 검색 결과를 개선하는지 보기 위해 1만 3,311건의 정밀 평가를 수행했습니다. 또한 (인간) 테스트 패널들에게 2개의 검색 세트를 제시하고 어느 쪽 결과 세트가 더 나은지 평가하게 하는 8,157회의 병행실험을 실시했으며, 실제 구글 유저로 구성된 소규모 표본이 해당 변경에 어떻게 반응하는지 보기 위해 2,800회의 클릭 평가를 시행했습니다. 우리는 궁극적으로 이 프로세스를 통해 데이터를 토대로 유저에게 유용한 것으로 결정된 516개의 변경 사항을 도출하여 구글 알고리즘에 적용했습니다. 이런 변경 사항 대부분은 유저가 인식할 수 없고 극소수의 웹사이트에만 영향을 미치며, 각 변경 사항은 그것이 유저에게 도움이 된다고 판단되는 경우에만 구현합니다.[3]

다시 말해서 구글의 전문가들이 96.1퍼센트의 비율로 목표 달성에 실패한다는 얘기다. 하지만 그 회사에 경쟁우위를 안겨준 것은 바로 그 역량, 즉 효과가 있는지 없는지 대규모로 테스트하는 능력이다. 인튜이트(Intuit)의 공동 창업자이자 아마존의 임원이었던 스콧 쿡(Scott Cook)은 야후(Yahoo)의 전직 임원들이 이렇게 말했다고 회상했다.

"다른 거 없어요. [구글이] 우리를 앞서나간 거죠. 우리에게는 그런 실험 엔진이 없었어요."[4]

심지어 야후가 2007년 광고 수익 경쟁에서 구글과의 격차를 줄이기 위해 대대적으로 선전하며 출범시킨 파나마(Panama) 프로젝트조차 맹렬한 실험으로 구축된 구글을 따라잡을 수 없었다. 실험이 구글의 지속적인 개선 시스템이었기 때문이다.

뒤에서 거듭 확인하겠지만 제품과 고객 경험, 프로세스, 비즈니스 모델을 창출하고 개선하는 회사의 능력, 즉 경쟁 능력은 실험 수행 역량에 크게 영향을 받는다. 실제로 아이디어가 실험을 통해 형성되는 과정을 밟지 못하면 혁신이란 존재할 수 없다. 오늘날의 혁신 프로젝트는 모두 동일한 목표를 갖는 수백 또는 수천 건의 실험을 거쳐 이뤄진다. 그 목표는 잘 통제된 일련의 실험을 통해 특정한 비즈니스 아이디어가 고객 니즈나 문제를 해결할 가능성이 있는지 학습하는 것이다. 실험의 각 회차에서 도출되는 정보는 수용할 수 있는 솔루션이 나올 때까지 다음 실험 세트에 통합된다. 요컨대 혁신에는 실험실, 팀 내, 조직 전체에 걸친 '실험을 통한 양육'이 필요하다는 얘기다.

직관에 기대지 않는 확실한 비즈니스 전략

실험의 당위성을 뒷받침하는 이론적 근거는 원인과 결과에 대한 지식을 추구하는 것이다. 모든 실험은 효과가 있는 것과 없는 것을 확인하는 과정에서 정보를 생성한다.[5] 수 세기 동안 과학자와 엔지니어들은 새로운 정보를 배우고 지식을 발전시키기 위해 통찰력과 직관을 따르며 실험에 의존해왔다. 그들의 실험은 자연적으로 발생하는 프로세스의 특징을 정리하고, 서로 경합하는 과학적 가설 중에서 우위를 결정하고, 알려진 효과의 숨겨진 메커니즘을 찾고, 관찰을 통한 연구가 어렵거나 불가능한지를 시뮬레이션하기 위해, 간단히 말해서 과학적 법칙을 귀납적으로 확립하기 위해 수행됐다.[6]

비즈니스 세계에서는 실험이 기술 솔루션과 새로운 시장의 발견을 이끌어왔다. 이 두 가지의 전형적인 예가 바로 3M의 포스트잇(Post-it) 발견이다. 이야기는 1964년 3M의 화학자 스펜서 실버(Spencer Silver)가 폴리머 기반 접착제의 개발을 목표로 일련의 실험을 시작한 시점으로 거슬러 올라간다.[7] 실버는 이렇게 회상했다.

> 포스트잇 탄생의 핵심 열쇠는 실험이었습니다. 내가 만약 가만히 앉아 머리로 궁리하며 이런저런 요소를 따져봤다면 실험하는 선까지 이르지 못했을 겁니다. 또 문헌에 명시된 한도 내에서만 생각했더라도 그냥 포기하고 말았을 겁니다. 기존 문헌은 모두 그것이 시도할 필요가 없는 일이라고 말하고 있었으니까요.[8]

실버가 고유한 특성(강한 점성과 약한 접착력)을 지닌 새로운 접착제를 발견했지만, 3M이 그것의 시장을 찾기까지는 5년이 더 걸렸다. 실버는 자신의 접착제를 3M의 여타 부서에 계속 들이밀며 용도를 찾고자 애썼지만, 그들은 종이 한 장 정도밖에 지탱하지 못하는 약한 접착제가 아니라 웬만해선 떼어지지 않는 강력한 접착제를 찾는 데만 골몰했다. 스티커 방식의 게시판과 같은 다양한 개념의 시장 테스트에서도 3M은 포스트잇의 타당성을 발견하지 못했다. 그 접착제가 기존의 고객 문제 중 어떤 것도 해결하지 못하는 것으로 드러난 것이다. 그러다가 마침내 실버는 아서 프라이(Arthur Fry)를 만났다. 화학자이자 합창단 지휘자인 프라이는 자기 단원들이 다른 노래로 넘어갈 때 종종 악보에 끼워놓은 서표(읽던 곳이나 필요한 곳을 찾기 쉽도록 끼워 두는 종이쪽지나 끈−옮긴이)를 떨어뜨리는 것을 보곤 했다. 프라이는 '이런, 책갈피에 접착력이 조금이라도 있으면 좋을 텐데'라고 생각했다. 이 '유레카의 순간'이 새로운 접착제의 적용 범위를 넓혀주었다.

3M은 물질의 표면을 손상시키지 않으면서 그 위에 붙였다가 떼었다가 할 수 있는 종이 제품을 만드는 일련의 실험을 시작했다. 유레카의 순간이 발생함으로써 고객의 니즈가 명백해졌고, 이를 해결하는 과정에서 반복적인 실험이 결정적인 역할을 했다.

이런 유레카의 순간은 기억에 남을 만한 스토리를 창출하지만, 혁신적인 솔루션으로 이어지는 다양한 실험 전략과 툴, 프로세스, 역사까지 전부 설명하지는 못한다. 결국 그런 순간은 대개 다수의 실패한 실험과 축적된 학습의 결과로 발생한다. 예기치 않은 상황을 이용할 수 있도록 실험자를 준비시키는 것이다. 아마존 CEO 제프 베조스(Jeff Bezos)는 이렇게 말했다.

"실패와 발명은 분리할 수 없는 쌍둥이다. 이미 효과적으로 작용하리라는 걸 알고 있다면 그것은 실험이 아니다."[9]

토머스 에디슨의 전구 발명을 주제로 신중한 연구를 한 저자들의 다음과 같은 결론에도 주목할 필요가 있다.

대부분의 발명과 마찬가지로 이 발명[전등] 역시 대체로 상식과 과거 경험에 의존하면서 새로 생겨나는 지식이나 정보를 이용하고, 효과가 없는 많은 실험을 기꺼이 시도하며, 실패에서 교훈을 얻어 팩트와 관찰과 통찰을 기반으로 점진적으로 지식을 축적한, 그럼으로써 때로는 성공을 낳는 (어떤 이는 영감이라 부르는) 운 좋은 추측에 도달한 사람들의 업적이었다.[10]

하지만 큰 결과를 목표로 삼는 경영진은 운 좋은 추측이나 경험 또는 직관에만 의존해선 안 된다. 기업의 비즈니스 실험은 잘 통제되고 조직적으로 조정되며 인프라의 지원을 받고 문화적으로 수용돼야 한다. 다시 말해서, 실험을 하는 것이 실적을 관리하는 것만큼 통상적인 업무가 되어야 한다. 또한 효과가 있는 것 못지않게 효과가 없는 것이 무엇인지를 알아내는 것 역시 중요하다는 사실을 경영진이 천명할 때, 우연한 돌파구가 열릴 가능성이 더 커진다.

실험의 성공과 실패에서 배우기

1세기 전 에디슨의 실험실에서 수행됐든 오늘날 온라인 소매 채널에서 수행되든, 모든 실험은 지식을 생성해야 한다. 그런 지식은 성공에서는 물론, 실패에서도 나온다. 효과적인 실험은 또한 더 많은 회차의 테스트를 이끌어낸다. 더욱이 실패나 성공에서 파생된 지식은 그 자체로 보관의 대상이 될 수 있다. 즉, 특정 세트의 실험에 적용할 수 없는 경우에도 미래의 혁신 작업을 위한 자료로 이용될 수 있다.

예를 들면, 선도적인 디자인회사 IDEO는 완성된 프로젝트와 진행 중인 프로젝트의 실험 내용과 자료 및 재료를 비축하는 '테크박스(Tech Box)'를 운용한다. 전자문서로 만든 자료와 물건, 흥미로운 장치 등이 담긴 이 거대한 상자는 새로운 개발 프로젝트를 진행하는 혁신가들에게 영감을 제공하는 것이 목적이다. 전담 큐레이터가 테크박스의 내용물을 구성하고 관리하며 전 세계 IDEO 사무실(때로는 다른 기업)에서 쓸 수 있도록 콘텐츠를 복제해 제공한다. 설계자와 엔지니어들은 상자를 뒤져 성공하거나 실패한 실험에서 나온 모든 스위치나 버튼, 기이한 재료 등을 가지고 놀 수 있다.[11] 테크박스는 혁신 프로젝트에서 어떤 툴과 재료가 필요할지 완전히 예측할 수는 없다는 사실을 보여준다. 특히 아주 참신한 프로젝트에서는 더더욱 그렇다. 에디슨 역시 경력 초기에 이 교훈을 배웠고, 그래서 웨스트오렌지의 실험실에 필요할지도 모르는 모든 것을 갖추기 위해 노력했다. 그는 이런 말을 남겼다.

"커다란 폐품 더미야말로 실험실의 가장 중요한 부분이다."

에디슨은 그렇게 과거의 실험에서 남은 기기와 장비, 재료를 버리지 않고 모아뒀다. 폐품 더미가 커질수록 에디슨과 연구원들이 수색해야 할 범위가 넓어졌고, 거기 어딘가에서 다음번 문제에 대한 해결책을 찾을 가능성도 커졌다.[12]

매일 150만 회의 숙박 건수가 플랫폼에서 예약되는 세계 최고의 여행 웹사이트 겸 온라인 기업인 부킹닷컴 역시 (성공작이든 실패작이든) 모든 실험을 자사 IT 플랫폼에 저장하고 회사 내 모든 사람이 검색할 수 있게 한다. 그 실험들은 팀이나 제품 영역, 대상 고객 세그먼트 등으로 그룹화되어 있다. 모든 데이터는 테스트된 가설과 버전, 결정과 함께 실험 책임자가 남긴 바로 그 상태로 표시된다. 부킹닷컴은 10여 년 전부터 실험을 해왔고 최근 몇 년 동안에는 연간 10만 건 이상의 실험을 했기에 이 '디지털 상자'는 매우 커질 수밖에 없었다.[13] 그 자체로 도전 과제가 생긴 셈이다(부킹닷컴이 어떻게 대규모 실험을 경쟁우위로 전환했는지에 대해서는 5장에서 자세히 살펴본다).

자동차회사가 새로운 자동차를 출시하거나 온라인 서비스 회사가 새로운 고객 경험을 내놓을 때, 그 각각은 모두 성공한 실험 만큼 많은 실패한 실험의 결과다. 실험이 실패를 피하지 못하는 이유는 혁신 자체의 불확실한 특성과 관련이 있다. 새로운 제품이나 서비스 또는 비즈니스 모델을 개발할 때 해당 팀은 특정 아이디어가 의도한 대로 작용할 것인지 미리 알 방도가 거의 없다. 이는 곧 제대로 기능하지 않는 아이디어는 빠르게 버리고 가능성을 보여주는 아이디어는 유지할 방안을 강구해야 한다는 의미다. 하지만 제대로 기능하지 않는 아이디어도 지식을 생성할 수 있기에 그 상태 그대로 보관은 해야 한다. 이 점을 잘 이해한 에디슨은 다음과 같이 언급했다.

"결과요? 오, 이런! 나는 정말 많은 결과를 얻었지요. 효과가 없는 수천 개를 알고 있으니까요!"[14]

기업이 혁신에 어려움을 겪는 이유

기업이 혁신에 어려움을 겪는 이유는 여러 가지다. 예측 가능한 단기 성과에 중점을 두다 보면 불확실한 결과에 장기간 재정적 투자를 해야 하는 혁신 활동이 위축되기 마련이다. 실제로 경영진은 계획과 예산에 따라 움직이며 거기서 어떤 일탈이 발생하면 성과가 나쁘다고 여겨진다. 공장에서 그렇듯이, 가변성과 불확실성은 바람직하지 않으며 제거해야 한다는 사고방식이 주를 이룬다. 여기에는 딜레마가 따른다. 정의에 따르면, 새로움은 우리가 무엇이 효과가 있고 무엇이 효과가 없을지 모르기 때문에 불확실성을 동반한다. 하지만 혁신에는 불확실성이 필요하다. 그것이 기회를 창출하기 때문이다.

모든 불확실성이 동일한 것도 아니다. 'R&D 불확실성(R&D uncertainty)'은 이전에 사용되지 않았거나, '이런 방식'으로 조합되지 않았거나, '저런 방식'으로 축소되지 않은 기술 솔루션을 탐색하는 데서 발생한다. R&D의 맥락에서 불확실성은 종종 기능과 연관되며, 엄격하고 반복적인 테스트를 통해 관리할 수 있다. R&D 책임자는 종종 다음과 같이 자문한다.

'그것[제품, 서비스, 기술]이 의도한 대로 작용할 것인가?'

반면에 '스케일업 불확실성(Scale-up uncertainty)'은 R&D에서 잘 작용하는 제품이나 서비스를 고품질 및 대량으로 그리고 비용 효율적으로 생산할 수 있는지 어떤지를 알지 못할 때 존재한다. 포커스 그룹이나 소비자 실험실 또는 소규모일 때는 잘 작용하던 것이 대규모로는 실현 불가능할 수도 있다. 따라서 적절한 질문은 이것이어야 한다.

'그것[제품, 서비스, 기술]을 효과적으로 확대할 수 있는가?'

R&D 및 스케일업의 문제 외에도, 급변하는 고객 요구가 '고객 불확실성(customer uncertainty)'을 창출한다. 고객이 자신의 모든 니즈를 구체적으로 명시할 수 있는 경우는 매우 드물다. 그들 역시 불확실성에 직면하기 때문이거나 아직 존재하지 않는 제품 또는 서비스에 대한 필요를 분명히 표현하기 힘들기 때문이다. 또한 설문조사나 포커스그룹에서 표출된 그들의 선호도가 실제 구매 행동 방식에 유사하게 반영되는 경우도 드물다. 따라서 마케팅 담당자는 다음과 같이 자문해야 한다.

'그것[제품, 서비스, 기술]이 고객의 실제 니즈를 해결하고 고객은 거기에 기꺼이 돈을 쓸 것인가?'

혁신이 '파괴적'일 때 '시장 불확실성(market uncertainty)'이 너무 커져 기업이 해당 시장을 위한 솔루션을 개발하는 데 충분한 자원을 할당하기를 꺼릴 수 있다.[15] 그런 경우 새로운 시장의 구성과 니즈는 자체적으로 진화할 수 있으며, 평가하기가 어렵거나 너무 빨리 변화해서 경영진에 충격을 가할 수 있다. 상황을 더욱 복잡하게 만드는 것은 순현재가치(Net Present Value, NPV) 분석과 같은 관례적인 경영 툴이 거기에 들어가는 데이터가 존재하지 않거나 빠르게 바뀜에 따라 한계에 도달한다는 사실이다.[16] 예를 들어보겠다. 애플이 온라인 음악 사업에 진출했을 때 그 시장은 거의 존재하지도 않았다. 당시 사람들은 레코드점에서 CD를 구매하거나 냅스터(Napster), 그록스터(Grokster), 카자(Kazaa) 등의 파일 공유 웹사이트에서 공짜로 음악을 다운로드했다. 말할 필요도 없이 애플의 음악 시장 평가 및 가격 책정 전략에 대한 불확실성은 무척 컸다.

불확실성을 해결하기 위해 경영자들은 종종 경험과 직관에 의존한다. 그러나 애플스토어 개념에 공헌한 소매 혁신가 론 존슨의 사례가 보여주듯이, 경험은 종종 상황에 의존하게 하고 성공은 자만을 불러온다. 그렇다면 경영자는 빅데이터 분석을 기반으로 미래의 혁신 성과를 예측하는 모델을 구축할 수 있을까? 확실히 기업들에는 올바른 방식으로 이용할 경우 특정한 변화가 효과적일지 아닐지를 알려주는 데이터가 넘쳐난다. 그러나 혁신 과정에서 빅데이터는 세 가지 한계에 부딪힌다.

첫째, 혁신의 참신성이 클수록 신뢰할 만한 데이터를 사용할 가능성은 줄어든다. 실제로 신뢰할 만한 데이터를 사용할 수 있다면 누군가가 이미 그 혁신을 시작했을 것이며, 따라서 그리 참신한 게 아닐 것이다! 둘째, 데이터 자체가 종종 상황에 의존한다(존슨의 사례에서처럼). 다른 시장의 다른 회사에서 효과가 있었다고 해서 여기서도 그러리라는 의미는 아니다. 셋째, 회귀분석과 같은 표준 수학적 방법을 사용하는 빅데이터 분석은 대개 인과관계가 아닌 상관관계에 대한 통찰을 제공한다.[17] 하지만 실제로, 상관관계가 강한 일부 변수에는 직접적인 인과관계가 전혀 없다. 예를 들어 손바닥의 크기는 기대수명과 상관관계가 있고, 아이스크림 소비는 익사와 상관관계가 있는 것으로 나왔다고 치자. 즉 손바닥이 클수록 기대수명이 짧고, 아이스크림을 많이 먹을수록 익사할 가능성이 크다고 말이다. 그러나 손바닥을 최대한 오므리거나 아이스크림을 끊기 전에 다음과 같은 일반적인 원인을 고려해볼 필요가 있다. 여자들은 남자보다 손바닥이 작고 더 오래 산다. 날씨가 더우면 더욱 많은 사람이 물가로 나가고 아이스크림을 먹는다. 즉 어떤 일이 고객 확보나 매출 증대에 기여하리라고 예측했지만, 실제로는 드러나지 않은 인과관계가 더 중요할 수도 있다.

물론 이에 대한 솔루션은 잘 통제된 비즈니스 실험으로 데이터 분석을 보완하는 것이다. 불확실성의 기회를 성공적으로 활용하려

상관관계의 문제

면 조직은 의사결정과 관련하여 실험 수행 사고방식을 가져야 한다.[18] 실제로 나의 동료 클레이 크리스텐센(Clay Christensen)은 파괴적 혁신에 대한 영향력 있는 연구조사에서 다음과 같은 사실을 발견했다.

> 성공적인 경영자는 파괴적 기술을 활용할 수 있는 시장을 찾는 과정에서 초기에 저렴하게 실패할 계획을 세웠다. 그들은 일반적으로 자신들의 시장이 시도와 학습, 재시도의 반복적인 과정에서 모습을 드러낸다는 것을 알고 있었다.[19]

'디지털 실험 툴'이 가져온 변화

실험은 당연히 학습으로 이어져야 한다. 실험의 결과에서 배운 내용은 또 다른 실험의 인풋이 될 수 있다. 철학자 프랜시스 베이컨의 말에 따르면, 실험은 '질문에 속성을 부과하게' 한다.[20] 다만 학습 속도는 여러 가지 요인에 영향을 받으며, 그 요인 중 일부는 프로세스에 영향을 미치고 또 일부는 프로세스의 관리 방법에 영향을 미친다. 혁신 실험을 구성하는 요소는 오래전부터 정립돼왔다. 100여 년 전, 토머스 에디슨은 실험조직의 구성 방법을 개척했다. 그는 '멘로파크의 마법사'로 널리 알려졌지만, 실험 사고방식의 본질을 여실히 보여준 것은 (1887년에 약 5만 6,000제곱미터의 땅에 건립됐고 이후 그 규모가 훨씬 확장된 실험실인) 뉴저지주 웨스트오렌지의 산업연구소였다. '발명 공장'이라고 불린 이 실험 작업장에서는 수백 명(나중에는 수천 명)이 일했는데, 그 조직과 사고방식은 오늘날에도 여전히 주목할 만한 중요성을 지닌다. 에디슨은 규율과 엄격함을 자신이 쏟는 노력에서 가장 중요한 요소로 강조했다.

> 에디슨의 발명 공장은 실제적인 목표를 향한 체계적이고 조직적인 연구를 한 산업 연구의 리더였다. 그들의 연구와 작업은 광범위한 활동을 포함했다. 웨스트오렌지에 보관된 실험실 일지를 살펴보면 에디슨과 그의 주요 실험자들이 기본 원리를 이론화하고, 원리를 토대로 추론하며, 그 결과를 실험으로 테스트했다는 증거를 확인할 수 있다.[21]

실험이 에디슨의 발명 공장에서 중요한 역할을 했음에도 복잡한 실험은 전통적으로 비용이 많이 들고 시간이 많이 소요됐으며, 기업들은 예산을 할당하는 데 인색하게 굴었다. 결국 그들의 실험 역량은 제한적으로 발전했고 반복 실험의 횟수 또한 제한됐다. 더욱 미묘한 부분은 '실험'이라는 개념 자체가 종종 알려진 결과를 검증하는 작업으로 축소됐다는 사실이다. 주로 혁신 프로그램의 막바지에 테스트를 함으로써 최종 단계의 문제를 찾는 쪽으로 관리됐다. 새로운 비즈니스 모델의 출범과 같이 테스트 자체가 중요한 이벤트가 되는 경우, 회사는 새로운 정보나 놀라운 사실이 밝혀지지 않는 상황을 성공적인 결과로 간주했다. 학습이 전혀 이뤄지지 않는 상황이 성공으로 여겨진 것이다. 하지만 진정한 실험조직은 놀라운 사실을 높이 평가할 뿐만 아니라 소중히 여기고 적극적으로 활용한다.

혁신의 환경이 변화하고 있다. 실험을 위한 디지털 툴(예를 들어 시뮬레이션과 온라인 A/B 테스트 플랫폼 등)을 이제 광범위하게 이용할 수 있고, 따라서 비용의 병목현상도 사라졌다. 이런 툴은 비용과 시간을 절감시켜줄 뿐만 아니라 이전에는 비용이 엄청나게 들거나 실행 자체가 불가능했던 '가정(what-if)' 실험까지 가능하게 한다. 만약 비행기나 자동차 또는 고객 경험을 특정한 방식으로 설계한다면 어떤 결과를 얻을까? 이런 식의 가정을 토대로 실험할 수 있다는 뜻이다. 그런 툴은 물리적 세계와 인간 행동이 작동하는 방식에 대해 새로운 지식을 제공할 뿐만 아니라 기업들이 그에 쏟는 노력의 결실을 수확하고 궁극적으로 더 나은 기술을 개발하는 방식까지 변화시킨다. 지금까지 그런 툴로 가장 많은 혜택을 본 조직은 제조 및 소프트웨어와 같이 혁신 비용이 큰 산업 분야의 기업들이었다. 그러나 컴퓨팅 비용이 급격히 감소하여 이제는 모든 종류의 복잡한 계산을 값싸게 처리할 수 있게 됐다. 그 덕에 대부분 기업이 제품이나 프로세스, 고객 경험, 비즈니스 모델 등의 변화를 조사할 수 있는 실험 역량을 갖추게 됐다.

이 장에서는 학습의 속도를 촉진하는, 세월의 검증을 거친 다양한 활동을 살펴볼 것이다. 아울러 학습을 방해하는 요소, 즉 실험의 속도를 늦추는 관리 및 조직적 요소에 대해서도 짚어볼 것이다. 그러면서 1995년 아메리카컵에서 요트 블랙매직(Black Magic)으로 우승컵을 거머천 팀뉴질랜드의 놀랍고도 흥미로운 사례도 논할 것이다.[22] 팀뉴질랜드는 실험을 통한 학습이 어떤 효과를 발휘하는지 여실히 보여줬다. 여기서 얻는 교훈은 포뮬러원(Formula One, F1)이나 오늘날의 기업 등과 같은 여타 역동적 환경에서도 성공적인 결과를 얻기 위해 적용할 수 있다.[23]

단계별 비즈니스 실험 프로세스

실험은 테스트 가능한 가설만이 아니라 관심 변수를 조작하거나 바꾸는 의도적인 노력을 요구한다. 반면 관찰연구에서는 그런 직접적인 조작이 필요치 않다. 실제적 또는 윤리적 이유로 관심 변수가 실험자의 통제 범위를 벗어나기 때문이다. 예를 들어 기업은 단지 환자가 돈을 얼마까지 기꺼이 낼지 알아보기 위해 생명을 구하는 약의 효용을 실험해서는 안 된다.[24] 이상적인 실험에서 실험자는 다른 모든 잠재적 원인을 일정하게 유지하면서 독립변수(추정된 원인)와 종속변수(관측되는 효과)를 분리한 다음 전자를 조작해서 후자의 변화를 연구한다. 주의 깊은 관찰과 분석에 따른 조작은 원인과 결과 사이의 관계에 대한 통찰력을 제공하며, 이상적으로는 그것을 다른 환경에도 적용하거나 테스트할 수 있다. 그러나 실제 비즈니스 환경에서는 이렇게 간단한 문제가 아니다. 환경은 지속적으로 변화하고, 변수 간의 연결은 복잡하고 이해하기 어려우며, 때로는 변수 자체가 불확실하거나 파악되지 않는다. 그래서 관찰과 실험 사이를 옮겨 다녀야 할 뿐만 아니라 실험을 여러 번 반복해야 한다.

관련된 변수 모두를 알고 있을 때는 공식 통계 기법을 이용하면 가장 효율적으로 실험을 설계하고 분석할 수 있다. 이 기법의 역사는 통계학자이자 유전학자인 로널드 A. 피셔(Ronald A. Fisher) 경이 농경학 및 생물학에 처음 적용했던 20세기 전반기까지 거슬러 올라간다.[25] 오늘날에는 온라인과 오프라인 비즈니스 환경 모두에서 프로세스나 제품, 매장 레이아웃, 웹사이트, 비즈니스 모델 등을 최적화하는 데 실험이 이용된다.

하지만 독립변수와 종속변수 자체가 불확실하거나 알 수 없거나 측정하기 어려운 경우, 실험 활동은 정석에서 한참 벗어나거나 잠정적인 무엇이 될 수 있다. 경영자는 직원의 인센티브를 조정하면 생산성이 향상될 수 있을지 알고 싶어 한다. 소매점 관리자는 매장의 레이아웃을 변경하면 매출이 오를 수 있을지 알고 싶어 한다. '시행착오'로 판명되는 이런 노력도 때로는 실험이라 불리지만, 이 책에서 설명하는 더 잘 통제된 접근방식과 혼동해서는 안 된다. 그런 비공식적이고 통제되지 않은 개입은 반사실적 조건에 대한 평가를 어렵게 한다는 사실을 잊지 말아야 한다. 만약 개입 기간에 직원 인센티브가 부여되지 않았거나 매장 레이아웃이 변경되지 않았다면 어떻게 됐을까? 그런 상황에서는 개입 이외의 변수(예를 들어 직원의 건강, 매장의 판촉활동 등)가 실험의 결과에 영향을 미쳤을지도 모르기 때문에 원인과 결과를 확신할 수 없다.

비즈니스 실험의 프로세스는 일반적으로 하나 이상의 테스트 가능한 가설을 세우는 것으로 시작한다. 그런 가설은 '가능한 최상의' 솔루션을 포함하거나 그러지 않을 수 있다. 이어서 그 가설을 일련의 요건과 제약을 상대로 테스트한다. 그런 테스트는 실험자가 몰랐거나(또는 알 수 없었거나) 예측할 수 없었던 결과적 측면을 배울 수 있게 한다. 잘못 알았던 사항이나 새로 알게 된 놀라운 사실 같은 것 말이다. 그런 다음 테스트 결과를 사용하여 아이디어를 수정하고 개선하는데, 그 과정을 통해 점차 개선해나갈 수 있다.

팀뉴질랜드의 사례에서 이에 대한 완벽한 예를 볼 수 있다. 승리를 안겨줄 경주용 요트를 개발하기 위해 디자인팀은 사전 경험과 전문 지식, 창의성을 기반으로 몇 가지 개념을 정립하는 것부터 시작했다(배경 정보는 다음 페이지 자료 1-2 참조). 이어서 각 개념, 즉 가설을 4분의 1로 축소한 모형을 사용하여 풍동과 예인 수조에서 테스트했다. 팀뉴질랜드의 설계팀 팀장은 1992년 아메리카컵에서 우승한 요트를 포함하여 30여 년 동안 수천 척의 배를 다뤄본 미국의 전문가 더그 피터슨(Doug Peterson)이었다. 그는 1992년 대회를 준비할 때 65회의 프로토타입 테스트를 했다. 하지만 1995년에는 CAD(컴퓨터 지원 설계)와 모델링 및 시뮬레이션 등 디지털 툴의 힘을 활용하기로 했고, 그에 따라 각 분야의 전문가를 고용했다.

자료 1-2: 팀뉴질랜드와 아메리카컵

아메리카컵은 1851년 영국 왕실함대가 영국 남단의 작은 섬 아일오브와이트의 둘레를 도는 요트 경주에서 우승한 팀에 트로피를 수여하면서 시작됐다. 당시 뉴욕 요트클럽이 조종한 '아메리카'라는 이름의 스쿠너(schooner: 돛대가 2개이상인 범선-옮긴이)가 다른 요트들을 물리쳤기에 이후 그 승리를 기리고자 아메리카컵으로 불리게 됐다.

세월이 흐르면서 이 요트 경주는 항해 기술뿐 아니라 최상의 선박을 설계 및 건조하는 역량까지 겨루는 세계적인 스포츠 이벤트로 자리 잡았다. 배를 짓는 방법은 경기 규칙에 따라 엄격한 제한이 따랐지만, 역사적으로 볼 때 더 많은 예산을 투여한 팀이 우위를 점하곤 했다. 경주용 요트를 팀당 두 척으로 제한한 것도 비용 우위 측면에 큰 영향을 미치지는 못했다. 1995년 대회에서는 7개의 도전 팀과 3개의 방어 팀이 총 2억 달러에 달하는 돈을 쓴 것으로 추산됐다.

1995년 대회는 세 차례의 경주로 구성됐다. 첫 번째와 두 번째 경주에서는 우승컵 보유국인 미국의 방어 팀들과 세계 여러 나라의 도전 팀들이 챔피언과 겨룰 자격을 획득하기 위해 경합을 벌였다. 경주와 경주 사이에 배의 설계를 변경할 수 있었는데, 1등과 2등이 1분 미만의 차이로 갈리는 경우가 많았기 때문에 이는 승패에 영향을 미치는 중요한 요소였다. 팀뉴질랜드는 세계에서 가장 노련한 대양 선박 조종사로 꼽히는 피터 블레이크(Peter Blake)가 이끌었는데, 그는 다른 팀 리더들이 지향한 상명하복 스타일과 대조되는 팀 중심의 절제된 접근방식을 채택했다. 블레이크의 팀은 약 50명으로 구성됐으며, 관리·설계·승선으로 활동이 나뉘었고, 올림픽 금메달리스트인 러셀 쿠츠(Russell Coutts)가 선장을 맡았다.

그림 1-1 **실험 바퀴**

피터슨과 블레이크의 지휘하에 팀은 반복 실험, 즉 '실험 바퀴 (experimentation wheel)'를 강조하는 표준 프로세스를 따랐다. 이 프로세스는 세 단계로 구성됐는데 테스트 가능한 가설의 생성, 대조실험의 실행, 분석을 통한 의미 있는 통찰력의 학습이 그것이다(그림 1-1).[26]

테스트 가능한 가설의 생성

첫 번째 단계에서는 기존 데이터와 관찰 내용, 이전의 실험을 검토하고 브레인스토밍을 통해 새로운 아이디어를 생성하며 가설을 세운다. 이어서 측정 가능한 성능 지표를 통해 가설을 테스트하는 일련의 실험을 설계한다. 여기서 중요한 것은 가설의 기본 요건이다. 무엇보다 테스트할 수 있고, 측정할 수 있어야 한다(2장 참조).

팀뉴질랜드는 가능한 한 물에서 끌림 현상이 적게 발생하는 가벼운 보트를 설계해야 했다. 동시에 구조는 가장 가혹한 조건, 즉 강한 바람과 변덕이 극심한 바다를 견딜 수 있을 정도로 튼튼하고 유연해야 했다. 돛대와 돛도 배의 중요한 요소였지만, 팀은 주로 선체와 용골의 모양에 중점을 뒀다. 선체는 배의 구조를 규정하므로, 성능을 크게 높일 수도 있고 치명적인 구조적 결함을 발생시킬 수도 있다. 그와 달리 선체 내부 아래에 있는 용골은 지속적으로 최적화할 수 있다. 점진적인 변화가 쌓이면서 경주에서 이길 만큼 큰 폭의 속도 향상을 꾀할 수 있다는 의미다. 초기의 가설 생성 단계에서 팀뉴질랜드는 배의 성능 메트릭스를 향상시킬 다양한 설계 대안을 브레인스토밍했으며, 테스트 가능한 다수의 가설을 도출했다.

대조실험의 실행

이 단계에서 실험자는 실험을 하는 데 필요한 (물리적 또는 가상의) 모델을 구축한다. 모델은 실험에 반드시 필요한 요소로 물리적 물체(자동차의 점토 모델)에서부터 시뮬레이션 모델(수학적으로 묘사된 엔진), 축소되거나 실물 크기의 모형(스티로폼으로 만든 은행 지점, 웹 인터페이스의 스크린샷), 역할극(서비스 상호작용) 등에 이르기까지 다양한 형태가 있다. 목표는 테스트 대상을 표현하고 피드백을 수집하는 것이다. 실험은 컴퓨터상으로 또는 실험실 조건에서 또는 온라인 기업들이 종종 그러듯이 실시간으로도 수행할 수 있다.

요트를 설계할 때 풍동과 견인 탱크(탱크 및 터널 테스트)에서는 다양한 해상 조건을 시뮬레이션하는데, 설계자가 설정을 제어할 수 있다는 이점이 있다. 실제 날씨가 변할 때까지 기다릴 필요 없이 폭풍과 높은 파도를 만들 수 있다는 얘기다. 물론 실험실 조건은 현실이 아니라는 단점이 있기에, 실험을 하는 조건 때문에 실제 오류가 감지되지 않거나 잘못된 오류가 부각될 수도 있다. 예를 들어 자동차 설계 실험을 승객 없이 수행하는 경우, 에어백을 팽창시키는 데 사용되는 가스에서 예상치 못하게 방출되는 독성을 검출하지 못할 수도 있다. 이런 오류에 관한 정보는 자동차회사에서 더없이 많은 관심을 가질 수밖에 없는 사안인데 말이다. 포커스그룹에서도 오류는 발생한다(2장의 '붐박스' 사례 참조).

의미 있는 통찰력의 학습

마지막 단계에서 실험자들은 증거를 분석하여 예상한 결과와 비교하고, 조사 중인 대상을 더 깊이 이해한다. 예를 들어 통계분석은 예상 결과가 참이었던 경우 관찰된 데이터가 발생했을 개연성이 낮음을 드러낼 수도 있다. 이 단계에서 대부분의 학습이 일어날 수 있으며, 그것이 다음 회차의 실험 또는 전체 실험 프로그램의 기초를 형성한다. 강력한 증거는 아무런 가치가 없는 가설을 기각하는 근거가 될 수 있다. 측정된 현상 사이에 아무런 관련이 없는 경우에 말이다. 반대로, 약한 증거는 그렇지 않다. 다만 최소한 혁신가라면 실패한 실험을 잠재적인 솔루션 공간에서 실격하고 검색을 계속할 수 있다. 여기에서 라틴어 속담 'Quod gratis asseritur, gratis negatur(근거 없이 주장된 것은 근거 없이 거부될 수 있다)'가 유용할 것이다.

결과가 만족스럽거나 문제의 가설이 해결됐다면 실험자는 멈추면 된다.[27] 그러나 결과가 만족스럽지 않다는 분석이 나오면 실험자는 실험을 수정하고 다시 시도할 수 있다. 그런 수정에는 실험의 설계나 조건 또는 원하는 솔루션의 본질 자체가 포함될 수 있다. 연구원들이 신약의 효능을 확인하기 위해 실험을 설계하는 경우를 예로 들어보겠다. 주어진 화합물에서 얻은 실험 결과는 다른 치료를 위한 사용을 제안할 수도 있고, 연구자들이 수용할 수 있거나 바라는 솔루션에 대한 견해를 바꾸게 할 수도 있다.[28] 프로젝트가 발전함에 따라 반복 실험은 정확도와 대표성을 높이는 모델을 포함하는 경향이 있다. 제품 혁신에서는 디자인이나 기능, 구조, 제조 가능성에 영향을 미치는 결정을 테스트하는 데 사용된다. 새로운 상점이라는 개념에서 더 높은 정확도는 제품 가격표, 실제 고객 트래픽, 소매 거래를 갖춘 리모델링된 상점을 의미할 수도 있다.

팀뉴질랜드의 더그 피터슨이 다음과 같이 적절하게 설명한 것처럼, 정확도가 높은 모델을 사용한 실제 실험은 시간 및 예산의 제약에 영향을 받는다.

탱크 및 터널 방법의 설계 프로세스에서는 실험을 간헐적으로 할 수밖에 없다는 사실을 받아들여야 한다. 우리는 두 달마다 실험 결과를 얻었고, 결과적으로 수행할 수 있는 설계의 반복 횟수에 제한이 따랐다. 일반적인 프로젝트는 시간과 비용 탓에 20개가 넘는 프로토타입을 제공할 수 없다. 따라서 각각의 설계 주기마다 수행력을 대폭 향상시켜야 한다.[29]

컴퓨터 시뮬레이션의 매력은 반복 수행의 속도와 효율성이 높다는 데 있다. 이를 실험에 이용하는 팀은 빠른 속도로 성공하거나 실패하고, 배울 수 있다.

빠르게 학습하고 성장하는 법

실험의 진정한 힘을 촉발하기 위해 선도 기업들은 이제 연간 수천, 심지어 수만 개의 가설을 테스트하며 실험 바퀴를 매우 빠르게 돌린다. 실험의 운영 동인이 그런 속도를 얻는 방법과 조직이 거기에 영향을 미치는 방법을 자세히 살펴보자.[30]

낮은 정확도로 시작하라

실험은 종종 단순화한 모델을 사용하여 수행된다. 예를 들어 항공기 설계자들은 항공기의 의도된 운영 환경을 부분적으로 시뮬레이션하는 장치인 풍동에서 축소 모형을 테스트하여 설계의 가능성을 실험한다. 단순화한 모델의 가치는 이중적이다. 실험과 관련이 없는 실제적 측면에 대한 투자를 줄이는 동시에 실제의 일부 측면을 '제어 및 제거하여' 분석을 단순화할 수 있다. 따라서 풍동 실험의 대상이 되는 항공기 모형에는 일반적으로 선실 배치와 같은 내부 설계의 세부 사항은 포함되지 않는다. 이들은 모델링 비용이 많이 드는 데다가 일반적으로 풍동 테스트 결과와 관련이 없다. 풍동 테스트는 빠르게 움직이는 공기와 외부 표면 사이의 상호작용에 중점을 두기 때문이다.

팀뉴질랜드의 설계팀(해군 건축가, 디자이너, 엔지니어링 연구원, 분석가, 선원으로 구성된 종합적 협업 그룹)은 디지털 툴로 탱크 및 터널 테스트를 보완했다. 유한요소해석(FEA)을 이용하여 구조적 특성을 분석했고, 전산유체역학(CFD)을 이용하여 요트의 임계 표면상 물의 흐름을 최적화했으며, 속도예측프로그램(VPP)으로 특정 바람 및 해양 조건에서 보트의 속도를 예측했다. 원래 원자력 및 항공우주 산업을 위해 개발된 이 툴들은 부분적이거나 완전한 크기의 프로토타입 보트를 이용하는 것보다 저렴하고 빠르게 실험할 수 있게 해줬다.

정확도는 말 그대로 모델이 제품이나 프로세스 또는 서비스를 얼마나 정확하게 대표하는지를 나타내는 데 사용하는 용어다. 실험자들은 완벽한 모델(100퍼센트 정확도의 모델)을 거의 만들지 않는다. 실제 상황의 모든 속성을 알 수 없거나 경제적으로 감당할 수 없기 때문이다. 따라서 원할 때조차도 완벽한 모델을 만들 수 없는 경우가 일반적이다. 낮은 정확도의 모델은 '대략적이고 신속한' 피드백을 얻거나 저렴한 실험을 위해 신속하고 저렴하게 제작할 수 있을 때 유용하며, 이는 종종 혁신 프로젝트의 초기 개념 단계에서 훌륭하게 기능한다.[31] 하지만 온라인 환경에서는 실제 고객을 대상으로 (거의) 100퍼센트의 정확도를 갖추고 라이브 실험을 할 수 있다. 마이크로소프트의 빙 또는 구글에서 온라인 검색엔진에 대한 변경 사항을 테스트할 때, 수백만의 고객은 자신이 실험에 속한 일부라는 사실을 모르는 채 검색을 하고 광고를 보게 된다. 실제로 그런 경우에 해당하지 않는 빙의 랜딩페이지는 더 이상 없다. 모든 유저가 수십억 개의 실험용 버전에 참여한다는 의미다.

팀뉴질랜드는 당연히 탱크 및 터널 테스트에 의존했다. 팀장인 피터슨은 이렇게 말했다.

"세상에 갖가지 시뮬레이션이 존재한다고 해도 먼저 탱크 테스트를 거치지 않고 요트에 300만 달러를 투자할 사람은 없습니다."[32]

문제는 시뮬레이션이 설계 최적화에 상당히 효과적인 것으로 입증됐지만 당시 그 팀의 컴퓨터가 선체에 영향을 미치는 복잡한 구조적 변화를 시뮬레이션할 만큼 빠르지 않다는 것이었다. 다행히 팀은 시뮬레이션이 선체와 용골의 모양을 점진적으로 최적화하는 데 특히 효과적이라는 사실을 발견했다. 그런 식으로 개선을 꾀함으로써 배의 전반적인 속도를 매우 의미 있게 향상할 수 있었다.

그러나 얼마의 시간이 흐른 후 디지털 툴이 관계자들과 그들을 이끄는 기저지식 이상으로 기여할 수는 없는 것으로 드러났다. 아무리 많은 양의 시뮬레이션을 수행해도 저절로 승리의 솔루션이 나오는 것은 아니었기 때문이다. 팀은 궁극적으로 자신들이 추구하는 솔루션의 품질을 결정하는 많은 가설을 세워야 했다. 테스트들에서 나오는 즉각적인 피드백은 빠른 학습 기회를 제공했다. 피터슨은 이렇게 말했다.

"CFD 프로그램에서는 개념을 입력하지 않고 요트를 처음부터 설계할 수가 없습니다. 또한 어떤 매개변수를 최적화해야 하는지도 모릅니다. 티오프로 최대한 멀리 날아갈 골프공을 설계하는 경우를 생각해봅시다. 컴퓨터는 공에 딤플이 있어야 한다고 말하진 않지만, 그것을 디자인 매개변수로 지정해주면 최적의 딤플 패턴과 밀도를 찾아냅니다. 그와 동일한 이치라는 얘깁니다."[33]

팀뉴질랜드는 3개의 반복 실험에서 총 14개의 모델을 구축했다. 하지만 축소 모형에 따르는 오류 때문에 설계자들은 결국 실제 배를 물에 띄워놓고 테스트를 해야 했다. 승무원들은 CFD가 제안한 변경 사항 중 3분의 1에서만 실질적으로 성능이 개선된다는 점을 확인했다. 팀은 그렇게 탱크 및 터널 테스트와 시뮬레이션, 실물 크기 선박의 수상 테스트를 결합하여 짧은 실험주기의 이점을 누리는 동시에 정확도가 낮은 모델에서 발생할 수 있는 문제들을 제거했다.

불완전한 모델에서는 두 유형의 예기치 않은 오류가 발생할 수 있다. 실험자가 (아무런 영향력도 없는 기능을 포함해) 제품이나 경험을 '과도하게 디자인할' 때, '거짓 양성(false positives)'이라는 결과로 자원이 낭비될 수 있다. 하지만 '거짓 음성(false negatives)'이라는 결과는 훨씬 더 극적인 결과를 초래할 수 있으며, 따라서 실험자의 관심을 더욱 크게 끌 수 있다. 우주 왕복선 챌린저호의 사례가 대표적이다. 광범위한 실험과 문서화가 이뤄졌는데도 원형 링(O-ring)의 가스 누출과 저온 사이의 관계를 감지하지 못한 탓에 폭발했고, 미국의 우주 프로그램에도 치명적인 결과가 초래되지 않았던가.[34] 챌린저호의 비극은 역사상 가장 잘 알려진 설계의 오류로, 훌륭한 실험에는 정확도를 높이는 모델이 포함돼야 한다는 교훈을 남겼다.

저렴한 실험을 활용하라

실험을 하고 분석하는 데는 많은 비용이 들 수 있다. 장비와 재료, 시설, 엔지니어링 자원에 기타 비용까지 추가되곤 한다. 자동차 충돌 테스트에서 프로토타입이 파손되면 추가되는 비용이 수백만 달러에 이르기도 한다. 반면 마이크로소프트나 구글, 아마존과 같은 기업의 온라인 실험은 추가되는 비용이 거의 제로가 될 수 있다. 일반적으로 높은 실험 비용에 직면하는 조직은 새로운 아이디어를 시도하거나 기존의 노하우와 관행에서 크게 벗어나는 것을 꺼리기 마련이다. 그들은 또한 비용 절감에 치중하는 경향을 보인다. 결과적으로 많은 변경 사항이 몇 가지 고가의 테스트에 결합돼 원인과 결과를 판단하기가 매우 어려워진다.

앞에서 설명한 실험 바퀴를 떠올려보자. 실험의 실행 비용은 사용 가능한 기술 및 현상에 대한 지식의 성숙도와 모델의 의도된 정확도에 따라 달라진다.[35] 의미 있는 통찰력을 얻는 데 드는 비용은 테스트 관련 정보에 대한 접근성과 문제 해결 프로세스를 지원하는 툴의 가용성에 좌우된다. 오류를 발견하고 원인을 식별하기 위해 수행되는 일련의 진단 단계를 고려해야 하는데, 때로는 설계자가 모델을 깊이 이해하고 오류의 원인을 빠르게 찾는다. 하지만 종종 미묘한 오류 때문에 분석이 어려워지며, 그럴 경우 설계자는 진단 툴의 도움을 받을 수 있다. 컴퓨터 시뮬레이션은 설계자가 실험 및 모델에 쉽게 접근할 수 있도록 돕는 효과적인 분석 도구다. '실제' 자동차 충돌 사고는 매우 빠르게 발생한다. 고속 카메라와 장비를 제대로 장착하고, 충돌 인형을 동원하는 것만으로는 세부 사항을 모두 관찰하기가 어려울 수 있다. 그에 반해 컴퓨터를 활용하는 경우 실험자는 가상의 자동차 충돌을 원하는 만큼 느리게 실행하도록 지시할 수 있으며, 충돌하는 동안 자동차에 작용하는 힘(그리고 그 반응)을 관찰하기 위해 자동차의 모든 구조적 요소를 확대해서 볼 수도 있다.[36]

빠른 피드백에 초점을 맞춰라

사람들은 자기 행동에 즉각적인 피드백이 주어질 때 가장 효율적으로 학습한다.[37] 피아노 연주법을 배우고 있다고 상상해보자. 만약 건반을 누르고 그 소리가 들리는 데 하루가 걸린다면, 연주하는 법을 어떻게 배울 수 있겠는가. 그럼에도 현실에서는 아이디어를 테스트하기 전에 며칠이나 몇 주 또는 몇 달을 기다려야 하는 상황이 너무도 빈번하게 일어난다. 시간이 지나면 주의는 다른 문제로 넘어가고, 피드백이 너무 늦게 도착하면 가속도가 죽으며, 원인과 결과 사이의 연결이 끊기기 마련이다.

에디슨은 1887년 웨스트오렌지에 새로운 실험실을 설계하면서 부품 및 장비 보급창과 기계 공장을 아주 가까이 배치했다. 이런 작업장 설계는 에디슨의 '혁신 작업'에서 중요한 열쇠였다. 자신의 아이디어를 더욱 체계적이며 효율적으로 정의하고 개선하고 활용하도록 지원하는, 공장과 같은 배치였다. 실제로 에디슨은 실험을 하는 데 필요한 모든 재료와 장비, 정보는 언제든 즉시 이용할 수 있어야 한다고 굳게 믿었다. 그런 부분이 지체되면 연구원 및 직원들의 작업과 창의성에 악영향이 미치기 때문이다. 에디슨이나 그의 직원들은 아이디어가 생기면 영감이 사라지기 전에 즉시 모델로 전환할 필요가 있었다. 부설 도서관은 10만여 권의 장서를 보유해 정보를 빨리 찾는 데 도움이 됐다. 또한 이 시설은 기계공과 실험자들이 서로 밀접하게 협력할 수 있도록 설계됐다. 실험실 옆에 정밀 기계 공장을 배치한 것은 속도에 대한 관념을 강화하기 위해서였다. 아이디어가 떠오르면 기계공들은 테스트용 모델을 신속하게 생성하고 피드백을 제공할 수 있었다. 그 덕분에 계속 새로운 아이디어가 솟아난 것은 물론이다.[38]

팀뉴질랜드로서는 실험에서 얻는 빠른 피드백이 요트 개발에 필수 요건이었다. 선체 설계 측면에서 성능 향상이 줄어든 후, 팀의 초점은 최소한의 드래그를 위해 용골 부속 장치를 최적화하는 쪽으로 이동했다. 작은 설계 변경과 날개 배치를 통해 팀은 요트를 훨씬 빠르게 움직이도록 만들 수 있었다. 실험은 빠른 피드백을 보장하는 24시간 반복 주기로 운용됐다. 실험팀이 개선안을 만들면 이어서 시뮬레이션팀이 분석에 들어갔는데, 그런 과정이 수백 차례 이뤄졌다. 시뮬레이션에서 가장 유망한 것으로 나타난 설계 변경 사항은 밤사이에 프로토타입으로 제작됐으며, 곧바로 실제 크기의 선박으로 테스트됐다. 승무원들은 실제 상황에서 항해하면서 그와 같은 변경으로 요트가 더 빨라졌다는 느낌이 드는지, 즉 성능 향상의 결과가 나왔는지 확인할 수 있었다. 그들의 피드백은 또한 새로운 개선 아이디어가 생겨나게 했다. 팀의 시뮬레이션 전문가 중 한 명인 데이비드 이건(David Egan)은 빠른 피드백의 중요성을 다음과 같이 회상했다.

> 우리는 몇 가지 큰 도약에 의존하는 대신 아이디어를 지속적으로 설계하고 테스트하고 개선하는 능력에 초점을 맞췄습니다. 팀은 설계 문제에 관해 수시로 격의 없이 토론했고, 맥주잔 받침 뒷면에 도안을 스케치하기도 했으며, 내게 견적을 뽑아달라고 요청하곤 했습니다. 전통적인 설계 관행에 매달렸다면 결과를 기다리는 데 몇 개월이 걸렸을 겁니다. 그 무렵 우리 생각은 너무도 진화하여 실험의 당위성 따윈 잊은 지 오래였죠.[39]

실험 수용력을 늘려라

제조나 거래 처리와 같은 반복적인 프로세스는 활용하는 자원이 늘어나면 정연한 방식으로 작용한다.[40] 그런 프로세스에서는 작업의 성격이 크게 변하지 않으며 놀랄 일도 거의 발생하지 않는다. 작업량이 5퍼센트 추가되면 작업을 완료하는 데 5퍼센트의 시간이 더 드는 것이 일반적이다. 하지만 변동성이 높은 혁신 프로세스는 상당히 다르게 작용한다. 자원 활용량이 증가하면 지연 시간이 극적으로 늘어나고, 작업을 5퍼센트 추가하면 작업을 완료하는 시간이 100퍼센트 늘어날 수도 있다(그림 1-2). 반대로 자원을 5퍼센트 추가하면, 피드백은 50퍼센트 더 빨라질 수 있다.

이런 관계를 이해하는 경영자는 거의 없으며 결과적으로 그들은 과

그림 1-2 **활용량의 증가로 인한 피드백 지체**

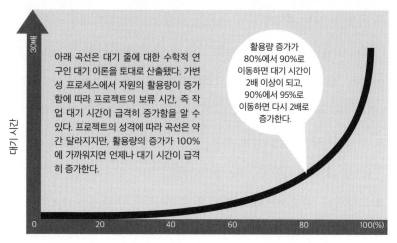

출처: S. Thomke and D. Reinertsen, "Six Myths of Product Development", *Harvard Business Review*, May 2012.

도하게 자원에 집착한다. 자원 활용량이 늘어나면 대기 줄이 만들어져 시간은 지체된다. 부분적으로 완료된 작업이 적체로 인해 대기 상태가 되고, 피드백이 지연된다. 이런 상황에서는 조직이 너무 늦기 전에 변화하는 고객 요구에 대응하고 잘못된 가정을 탐지하기가 어렵다. 자신이 대기 줄을 만들고 있다는 사실을 인식할 때조차도 그런 적체에 드는 진정한 경제적 비용을 깨닫는 경영자는 거의 없다. 관련 비용을 정량화할 수 있음에도 대다수의 기업은 이를 계산하지 않는다. 설령 계산해보는 조직이 있다고 해도 빠른 피드백의 이점을 과소평가한다.

유럽의 한 제약회사에서 내가 겪었던 상황을 같이 살펴보자. 대규모 R&D 조직을 이끄는 여타 고위 임원들과 마찬가지로 새로 임명된 약품개발책임자는 연구원들을 더욱 혁신적으로 만들 방법을 찾고자 애썼다. 그는 연구원들이 새로운 화합물을 토대로 잘될 신약을 만들어내고 유망하지 않은 후보는 가능한 한 빨리 제거할 수 있는 실험을 더욱 많이 수행하길 원했다. 하지만 살아 있는 유기체에 대한 테스트는 그의 통제하에 있지 않고 비용 부문으로 운영되는 동물실험 부서의 책임이었다. 동물실험 부서는 테스트 자원을 얼마나 효율적으로 사용했느냐로 평가받았는데, 이런 상황은 자연스럽게 활용량의 증가를 유발했다. 결과적으로, 약품개발 연구원들은 수행하는 데 1주일 이상이 걸리는 실험의 결과를 몇 개월씩 기다려야만 했다. '잘 관리된' 실험조직이 개발 부서의 진척을 방해한 셈이다.

이런 문제에 대한 분명한 해결책은 수용력을 높이거나 관리 통제 시스템을 변경하는 것이다(예를 들어 활용량 증대보다는 즉각적인 반응에 대해 동물실험 부서에 보상하는 방식을 채택하는 등). 수용력이 조금만 증가해도 그림 1-2의 높은 활용량 영역에서 큰 보상을 얻을 수 있다.[41] 일부 기업은 변동성을 완화하기 위해 초과 수용력(전략적 여유)을 창출하는데, 이는 놀라운 일이 아니다. 3M은 지난 수십 년 동안 수용력의 85퍼센트 수준에서 혁신을 계획했다. 또한 구글은 20퍼센트의 여유를 창출하는 것으로 유명하다. 자사 엔지니어들이 주당 하루의 근무일에 원하는 어떤 작업이든 수행할 수 있게 하는 시스템이다. 하루 만에 끝나지 않는 작업이라면 시간을 더 쓸 수도 있다. 일부 비평가는 엔지니어들이 무언가를 하도록 지침이 거의 제공되지도 않고 그 사실상의 '휴일' 동안 무엇이든 내놓도록 기대되지도 않기에 이런 관행은 비효율적이라고 주장하기도 한다.

경영자들과의 토론에서 나는 매우 직설적으로 의견을 피력한다. 실험 수용력이 풍부한 인프라를 설치하는 것은 빠른 실험을 위한 필수 요건이라는 것이 나의 소신이다. 이 책 전체에서 확인하겠지만, 시뮬레이션과 온라인 n차 테스트 플랫폼은 실험 비용을 크게 줄일 뿐만 아니라 질문을 제기하고 학습을 하는 조직의 능력에서 병목현상을 없애준다. 오늘날 실험 수용력을 추가하는 비용은 대규모 테스트를 하지 않는 기회비용으로 상쇄되고도 남는다. 그렇게 간단한 문제다.

동시에 다수의 실험을 하라

조직은 여러 개의 실험을 차례대로 할 수도 있고 동시에 진행할 수도 있다. 솔루션을 식별하는 데 하나 이상의 실험이 필요한 경우, 이전의 실험에서 학습한 내용은 다음 실험의 설계에 중요한 인풋으로 작용할 수 있다. 이런 측면이 순차적 실험의 장점이다. 반면 이전 실험의 결과에 영향을 받지 않는 확립된 계획이 있는 경우에는 다수의 실험을 동시에 하는 것이 적합하다. 예를 들어 미리 계획된 일련의 웹페이지 변형 실험이라면, 실험 설계 원칙에 따라 동시에 시작할 수 있다.[42] 이 경우 전체 실험을 분석한 후 하나 이상의 검증 실험을 추가할 수도 있다. 그러면 초기의 다수 실험은 동시에 수행된 것으로, 2차 실험은 초기 실험 각각에 대해 차례차례 수행된 것으로 간주한다. 선도적인 온라인 기업이 수백 개의 실험을 동시에 하는 것은 드문 일이 아니다. 링크드인(LinkedIn)은 연중 시기에 따라 500에서 1,000건의 실험을 동시에 진행한다.[43] 부킹닷컴은 매일 웹사이트와 서버, 앱에서 1,000건 이상의 테스트를 동시에 진행한다.[44] 대부분의 온라인 실험이 약 2주 동안 지속되는 만큼, 두 회사는 매년 1만 건 이상의 라이브 실험을 진행하는 셈이다. 그것도 대규모로 말이다.

1993년 11월에서 1994년 5월 사이에 팀뉴질랜드는 세 차례에 걸친 탱크 및 터널 테스트를 위해 물리적 프로토타입들을 제작했는데, 14개의 축소 모형이 그것이다. 각각의 프로토타입을 제작하고 테스트하는 데 통상 2개월이 걸렸기 때문에 순수한 순차적 학습 전략을 세우기가 시간상 불가능했다. 그들은 실험 회차당 다수의 프로토타입을 제작하는 경우의 이점을 살려 변수를 보다 신속하게 테스트하고 가장 유망하지 않은 후보는 제거함으로써 가장 유망한 설계 방향을 계속 발전시켜나갈 수 있었다.

여기에는 트레이드오프(trade-off: 특정 목표를 달성하려고 하면 다른 목표의 성취가 지체되거나 희생되는 양자의 관계 – 옮긴이)가 따른다. 동시 실험은 더 빠르게 진행할 수 있지만, 실험 사이의 학습 잠재력을 활용할 수는 없다. 결론적으로 동시 실험을 하면 솔루션에 도달하는 데 필요한 테스트의 수는 훨씬 많아지지만, 거기에 도달하는 속도는 더 빨라진다. 그에 비해 순차적 전략을 사용하면 솔루션에 도달하는 데 시간이 오래 걸리지만, 팀이 실험과 실험 사이에 배우는 양에 따라 실험의 횟수가 줄어든다. 예를 들어 100개의 열쇠 중에서 특정 자물쇠에 꼭 맞는 것을 찾아야 한다고 해보자. 100개의 열쇠를 자물쇠에 하나씩 끼워볼 수도 있고, 그 자물쇠 100개를 준비하는 데 예산을 쓸 수 있다면 모든 열쇠를 동시에 끼워볼 수도 있다. 이 사례의 경우 실험 간에 배울 게 거의 없는 상황이기에 순차적인 전략은 자물쇠 하나의 비용이 들고 평균적으로 50회의 테스트를 해야 하지만, 시간은 50배 더 오래 걸린다.[45]

빠른 속도로 점진적으로 나아가라

모든 실험이 같은 것은 아니다. 변수를 약간 변경하면 성능에 비교적 작은 변화가 발생한다고 생각한다. 제품이나 프로세스의 점진적 개선에서 흔히 볼 수 있는 변화 말이다. 그에 비해 변수를 크게 바꾸거나 새로운 변수를 도입하면 훨씬 더 폭넓게 탐색하여 더욱 급진적인 개선 가능성을 높인다고 본다. 하지만 이것은 미리 알 방법이 없다. 다수의 작은 변경 사항을 올바르게 처리하고 빠르게 수행해서 성능을 크게 향상시키는 경우도 많다. 온라인 세계가 좋은 예다. 고객 전환율 5퍼센트 향상은 향후 거기에 10억 명의 유저가 곱해지면 비즈니스 수익에 엄청난 영향을 미칠 수 있다.

팀뉴질랜드의 사례로 돌아가 보자. 그들의 요트 개발은 빠른 속도로 점진적으로 나아가는 방법의 힘을 보여줬다. 그들 역시 선체 설계 실험을 하면 성능이 크게 향상될 수 있음을 알고 있었다. 하지만 그 프로세스는 매우 느린 데다가 실제 해상 조건에서 요트가 파손될 위험성이 상대적으로 컸다. 탱크 및 터널 테스트에서 다양한 축소 모형으로 동시 실험을 하며 몇 달을 보낸 후, 팀은 개선의 감소에 직면했다. 한 관계자는 이렇게 설명했다.

우리는 선체와 용골의 견고한 설계에서는 상당한 성과를 거두고 있었습니다. 이론적으로 드래그도 상당히 줄였는데, 어느 시점부터는 새로운 프로토타입에서 개선되는 부분이 갈수록 적어지는 상황에 처했습니다. 세 번째 세트의 프로토타입 테스트에서는 두 번째 세트의 테스트에서 이룬 개선의 절반도 못 이루는 식이었지요. 이제 용골 부속물에 가장 많은 개선의 가능성이 남아 있다는 주장이 강력하게 제기됐습니다. 그 부분에서 날개의 디자인과 배치를 통해 많은 향상을 이뤄낼 수 있다는 얘기였죠. 하지만 그런 실험을 하려면 실제 요트를 물에 띄워야 했습니다.[46]

대회가 열리기까지 8개월밖에 남지 않은 상황이었기에 팀은 점진적 변화로 한 번에 한 단계씩 나아가 궁극적으로 큰 성과를 거두는 전략에 초점을 맞췄다. 실험은 24시간 주기로 진행됐고, 그중 약 3분의 1에서 2~3초의 시간 단축이라는 성과가 발생했다. 반면 경쟁 팀들은 2개월 정도에 한 차례씩 실험의 대상이 되는 큰 변화에 중점을 뒀다. 팀뉴질랜드 입장에서 '고속 점진'은 좋은 아이디어를 빠르게 향상시키고 나쁜 아이디어는 빠르게 죽일 수 있음을 의미했다. 24시간 주기는 또한 일촉즉발의 경쟁 환경에서 민첩성을 높이는 작업 리듬을 팀에 제공했다(그림 1-3). 팀은 그런 민첩성을 보유한 채 학습을 통해 조정되는 체계적인 실험 계획을 계속 추진했다. 아이젠하워 대통령이 남긴 다음 말에 공감할 수밖에 없을 것이다. "계획은 가치가 없지만 계획을 세우는 일은 가장 중요하다."[47]

그림 1-3 팀 누스젠데: 반복 실험을 통한 민첩성 확보

각 반복에는 팀이 대응할 수 있는 피드백을 제공하는 실험이 포함됐다. 민첩성은 경쟁 환경의 변화 속도보다 더 빠르게 대응하는 데서 나왔다.

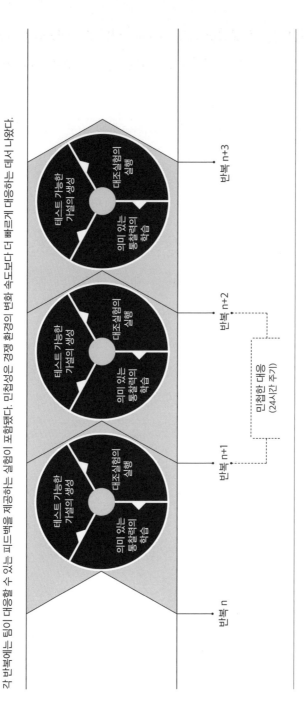

더 화려한 버전을 좋아한다면, '핵주먹' 마이크 타이슨(Mike Tyson)의 명언은 어떤가. "모든 사람이 그럴싸한 계획을 갖고 있다. 처맞기 전까지는."

팀뉴질랜드에서는 매일 실험이 펀치를 날렸고, 그 덕분에 팀은 방향을 틀어 다시 시도할 수 있었다.

통제력을 이용하라

종종 간과되는 마지막 요소는 때로 모호하거나 과도한 피드백 '잡음'이 학습을 방해하는 방식이다. 변수가 제어되지 않거나 제어될 수 없을 때 또는 실험에 비용이 너무 많이 들어 너무 많은 변수가 동시에 조작되거나 많은 변형이 하나 또는 소수의 테스트에 포함될 때 잡음이 발생한다. 이럴 때는 원인과 결과를 파악하기가 어려워진다. 무엇이 무엇과 상호작용하는지 알 수 없게 된다는 뜻이다. 안타깝게도, 너무 많은 변수가 포함된 실험은 종종 비용을 절감하지 못하고 재설계와 재실행이 필요해져 전체적으로 더 큰 비용을 초래한다.

로저 본(Roger Bohn)은 반도체 제조 분야의 학습에 관한 연구에서 잡음 수준이 낮은 생산 공장의 직원은 잡음이 큰 공장의 직원보다 실험에서 훨씬 더 효과적으로 학습할 수 있다는 사실을 발견했다.[48] 그는 5개의 공장에서 데이터를 수집해 3퍼센트의 생산성 향상을 간과하는 확률이 약 20퍼센트라고 추정했다(3퍼센트는 적지 않은 수치다. 가동 첫해의 생산성 향상이 통상 0.3퍼센트에서 3퍼센트 수준이기 때문이다). 이 연구의 결론은 무작위 대입 통계 방법은 이런 높은 잡음 수준을 처리하기에는 비효율적이거나 너무 비싸다는 것이었다.

광고에 대한 수익을 측정하는 최근의 연구에서도 비슷한 결론이 나왔다. 고객 수준의 판매 데이터는 믿을 수 없을 정도로 변동성이 심해서 합리적인 수준의 확신을 가지고 평가하기가 어렵다. 높은 수준의 잡음이 발생하는 환경에서는 최상의 실험 방법에서 나오는 가장 작은 일탈도(예를 들어 표본의 편중) 테스트를 무의미하게 만들 수 있다. 저자는 '최근까지 광고 및 홍보의 효과를 믿는 것은 주로 신념의 문제'라고 결론지었는데, 이는 아마도 오늘날 많은 맥락에서 유효할 것이다.[49]

잡음을 해결하려면 실험에 통제력을 행사해야 한다. 시저스엔터테인먼트(Caesars Entertainment)의 전 CEO로서 호텔 및 카지노 비즈니스에서 실험의 운영을 초기부터 옹호했던 개리 러브맨(Gary Loveman)은 통제력을 더한다는 게 어떤 의미인지를 사람들은 잘 모른다는 걸 알게 됐다. 그는 〈MIT 테크놀러지 리뷰〉와의 인터뷰에서 다음과 같이 설명했다.

우리 사업장 중 하나가 기대보다 매출이 적었는데, 그 사업장의 책임자들이 이유를 알고 있다며 자신한다고 해봅시다. 그들은 그 이유를 검증하는 실험을 하더라도 통제집단을 이용하지 않아 전체 프로세스를 오염시킵니다. 이런 조급함과 자만심은 내가 우리 조직에 자리 잡길 원하는 규율을 깨뜨립니다. 잘 설계된 실험은 어떤 이유든 검증하고 중요한 것을 배우는 훌륭한 방법입니다.[50]

러브맨은 직원들에게 분명한 메시지를 보내면서 회사에서 해고당하는 세 가지 방법이 있다는 재담을 덧붙였다. 도둑질과 성희롱, 통제 집단 없는 실험의 수행이 바로 그것이다.[51]

잡음의 존재는 실제 환경에서 경주용 요트의 변경 사항을 테스트하던 팀뉴질랜드에도 큰 문제였다. 탱크 및 터널 실험실 테스트와 컴퓨터 시뮬레이션에서는 바람이나 바다의 움직임 같은 외부 조건을 제어할 수 있었지만, 실제 크기의 요트를 바다에 띄우고 실제 승무원과 함께하는 실험에서는 끊임없이 변화하는 바람과 날씨 탓에 학습이 매우 어려워졌다. 설계를 변경해 경주를 한 다음, 변경 사항을 제거한 후 다시 경주하는 실험은 팀이 성능에 영향을 미치는 조건을 제어할 수 있을 때만 가능한 일이었다. 실제 환경에서 조건을 제어하려면 전체 과정에 걸쳐 2~3초 간격으로 변화를 감지해야 했기 때문에 거의 불가능한 과업이었다. 두 번의 테스트 사이에 풍속이 조금이라도 변하면 그로 인해 설계 변경의 영향이 쉽사리 무의미해졌고, 결과적으로 실험 자체의 가치가 사라졌다. 승무원은 잡음이 많은 바람과 바다, 승무 조건이 성능에 미치는 영향을 평균화하기 위해 같은 실험을 여러 번 반복해야 했고, 그 때문에 팀 전체의 속도가 크게 느려질 수밖에 없었다.

팀뉴질랜드는 빠른 학습을 위해 용골 날개의 반복 테스트에 조합해 사용할 수 있는 두 척의 요트를 제작하기로 했다. 그리고 두 척의 경주용 요트에 투자한 소수의 팀 중에서도 유일하게 설계 변경을 나란히 테스트할 수 있도록 매우 유사한 두 척을 구축했다. 그들은 하나의 요트를 실험통제로 사용하면서 각 요트에 다른 디자인의 날개를 가진 2개의 용골을 설치하고 경주한 다음 그 차이를 측정할 수 있었다. 또한 승무원의 영향을 최소화하는 한편, 용골을 서로 바꿔 설치하고 차이가 여전히 발생하는지도 테스트했다. 실험통제를 사용하면 2개의 요트가 동일한 잡음 조건에서 운용되기 때문에 잡음의 영향을 최소화할 수 있다는 이점이 있었다. 이 실험 전략은 더 많은 비용이 들긴 했지만, 첫 경주 6개월 전에 학습과 성과를 극대화하는 성과를 안겨줬다.

결국 팀뉴질랜드에 경쟁우위를 제공한 것은 제대로 통제된 실험이었다. 자연은 우리가 제기하는 질문에 답하지만, 실험의 운영 동인을 관리하지 않는 한 우리가 알고 싶어 하는 것을 필요한 시점에 가르쳐주지는 않는다(표 1-1).

로널드 피셔 경의 딸인 조앤 피셔 박스(Joan Fisher Box)는 격렬한 실제 바다에서 행하는 실험의 도전 과제를 이렇게 강조했다.

표 1-1 고속 학습을 위한 운영 동인

동인	정의
충실도	특정 모델과 그것의 실험 조건이 실제적 이용 또는 시장 조건하에서 최종 제품이나 서비스, 프로세스, 비즈니스 모델을 대표하는 정도
비용	모델링과 시장 테스트 등을 포함하여 실험을 수행하는 데 들어가는 총비용
기간	실험을 시작해서 결과를 분석하기까지의 시간
역량	특정한 기간당 수행할 수 있는 동일한 충실도의 실험 수
동시성	몇 개의 실험이 동시에 또는 순차적으로 수행되는 정도
조작	개입의 정도(점진적 변화 대 급진적 변화)
통제력	실험적 처리 이외의 변수(노이즈)가 미치는 영향을 최소화하는 능력

과학적 실험의 모든 기술과 관행은 자연의 능숙한 심문에 맞닥뜨렸을 때 어느 정도 타협할 수밖에 없습니다. 관찰은 어떤 측면에서 불완전한 그림을 얻는 방법이죠. 과학자는 인과관계를 확립하기 위한 구체적인 질문을 던짐으로써 해당 진술에 대한 자신의 해석을 확인하고자 합니다. 실험을 해야 하기 때문에 이때의 질문들은 필연적으로 구체적인데, 답을 찾을 때도 자연의 일관성에 의존해야만 합니다. 문제는 특정한 경우에 자연이 보이는 응답에서 일반적인 추론을 해야 한다는 점입니다.[52]

피셔 박스는 실험이 자연에 대한 질문이며 더 나은 질문이 더 나은 답변을 창출한다는 사실을 이해했다. 좋은 실험은 단지 운영 동인에 관한 것만이 아니다. 신중하게 확립한 가설 또한 필요하다. 그녀의 이야기를 더 들어보자.

과학자의 목표는 자신이 끌어내는 증거에서 확정적인 정확성과 일반성을 갖춘 유효한 결론을 도출하는 것입니다. 하지만 자연의 행동 방식은 일관적이지 않으며, 대답을 주면서 동요하고 내숭을 떨고 모호하게 구는 것처럼 보입니다. 자연은 꼭 실험자의 마음에 있는 질문에 응답하는 게 아니라 현장에 제시된 형태 그대로의 질문에 응답합니다. 자연은 과학자를 위해 해석을 해주지 않습니다. 근거 없는 정보를 제공하지도 않습니다. 그러면서도 자연 자체는 놀랄 만큼의 정확성을 유지하죠.[53]

이 장의 주제는 실험에서 빠른 학습을 보장하는 운영 동인이었다. 그렇다면 실제로 훌륭한 실험을 만드는 방법은 무엇일까? 우리는 어떤 질문을 제기해야 할까? 디지털 경제는 실험을 어떻게 변화시킬까? 실험을 위한 문화를 조직하고 구축하는 방법은 무엇일까? 그것이 다음 장에서 살펴볼 내용이다.

2장

비즈니스 실험을 위한
질문들

우리의 성공은 매일, 매주, 매월, 매년
몇 차례 실험을 하느냐에 달렸다.

제프 베조스, 아마존 CEO

EXPERIMENTATION WORKS

2016년 제프 베조스는 아마존의 혁신 엔진에 대한 드문 통찰을 주주들에게 피력했다. 그는 연례 서신에서 다음과 같이 설명했다.

우리에게 특히 두드러지는 한 분야가 있다면 바로 실패라고 생각합니다. 나는 우리 회사가 세계에서 실패하기에 가장 좋은 곳이라고 믿습니다. 실제로 수없이 많은 시행착오를 겪으니까요! 실패와 발명은 분리할 수 없는 쌍둥이입니다. 발명을 하려면 실험을 해야 하는데, 사전에 효과가 있을 것임을 알고 있다면 그것은 실험이 아닙니다. 대부분의 대기업은 발명 아이디어를 수용하지만, 거기에 도달하는 데 필요한 일련의 실패는 기꺼이 겪으려 하지 않습니다.

베조스는 거기서 멈추지 않았다. 실패를 용인하고 심지어 자초하는 그의 비즈니스 논리는 일단 승리하면 막대한 경제적 이득을 얻을 수 있다는 점을 바탕으로 한다. 그는 아마존의 성장 모델에 실험이 왜 그렇게 중요한지 다음과 같이 설명했다.

큰 수익은 종종 경험에서 얻은 지혜를 거스르는 베팅에서 비롯됩니다. 물론 일반적으로 그런 지혜는 유용합니다. 100배의 보상을 받을 확률이 10퍼센트라면 매번 그 베팅을 해야 마땅합니다. 하지만 여전히 열 번 중 아홉 번은 틀린다는 의미입니다. 담장을 넘기기 위해 스윙을 하면 스트라이크 아웃이 될 확률이 높지만, 때로는 홈런을 치기도 한다는 것을 야구팬이라면 누구나 압니다. 하지만 야구와 비즈니스는 다르고, 그 차이는 수익의 분포가 확연히 다르다는 데 있습니다. 야구에서는 아무리 공을 잘 맞혀도 최대로 얻을 수 있는 것은 4점입니다. 그런데 비즈니스에서는 홈런을 친다면 1,000점도 얻을 수 있습니다. 이처럼 수익률 분포의 꼬리가 길기 때문에 과감한 베팅이 그토록 중요한 것입니다.[1]

베조스는 비즈니스 실험을 '우리가 가진 신념의 부당성을 증명하는 부자연스러운 일'이라고 칭했는데, 이는 아마존이 의사결정을 내리는 방법의 일부가 됐다.

인간은 자신의 신념을 확인시켜주는 증거를 강력하게 선호한다. 그러나 이런 확증편향은 혁신에 대한 결정을 내리는 데 방해가 된다. 혁신 영역에서는 대부분의 아이디어가 효과가 없기 마련이니까.

베조스가 주주들에게 연례 서신을 보내고 약 14개월이 지나서 아마존은 홀푸드(Whole Foods)를 인수했다. 이는 자사의 실험 정신을 한 단계 더 높이려는 노력의 일부였다. 업계 전문가들은 아마존의 새로운 오프라인 슈퍼마켓이 급진적인 실험을 위한 실험실이 될 수 있다고 봤다. 이에 부응하듯, 아마존의 홀푸드 인수가 발표되자 경쟁 관계에 있던 식료품 체인의 주가가 급락했다.[2] 두려움 없는 혁신에 관한 아마존의 명성은 이른바 '빅 스윙'과 같은 급진적인 비즈니스 실험으로 촉진됐다. 웹스토어에서 고도로 최적화한 사용자 경험을 이끈 수만 건의 소규모 대조실험도 그런 명성을 높이는 데 기여했다.

비즈니스 실험의 타당성이 이토록 설득력이 있는데도, 리스크가 큰 정밀점검이나 비용이 많이 드는 혁신 제안의 가치를 판단하기 위해 실험을 하는 기업이 많지 않은 이유는 무엇일까? 왜 경영진은 결정을 내리기 전에 실험 증거를 제시하도록 요구하는 대신, 보고 체계나 설득 또는 파워포인트에 의존하는 걸까? 분명히 말하건대 실험을 방해하는 문화적 장해가 있기 때문이다. 또한 경영자들은 종종 새로운 것을 시도하는 걸 '실험한다'라고 말하는 식으로 용어를 잘못 사용하면서 유용한 테스트 결과를 얻는 데 필요한 규율과 엄격함을 충분히 고려하지 않는다. 최악의 경우에는 프로젝트나 비즈니스 이니셔티브가 실패했을 때 '시험 삼아 해본 것이다'라고 둘러대기도 한다. 나는 많은 조직에서 훌륭한 비즈니스 실험에 자금을 대는 것을 꺼리고, 실험 실행 자체를 상당히 어려워한다는 사실도 알게 됐다. 실험 과정은 간단해 보이지만 조직과 관리, 기술 등과 관련된 무수한 난제 탓에 실행하기가 어려운 게 사실이다. 더욱이 새로운 비즈니스 이니셔티브에 대한 테스트 대부분은 너무 격식 없이 진행된다. 입증된 과학적·통계적 방법을 기반으로 하지 않기에 통계적 잡음을 원인으로 잘못 해석하고 잘못된 결정을 내리기도 한다.

1장에서는 학습을 가속화하는 운영 동인을 살펴봤다. 그러나 빨리만 간다고 더 나은 결정을 할 수 있는 것은 아니다. 그저 더 많은 결정을 내릴 수 있을 뿐이다. 이번 장에서는 어떻게 하면 명확한 일련의 원칙을 체계적으로 준수하며 좋은 실험을 할 수 있는지 알아볼 것이다.[3]

앞서 살펴본 바와 같이 이상적인 실험에서는 실험자가 다른 모든 잠재적 원인을 일정하게 유지하면서 독립변수(추정된 원인)와 종속변수(관측되는 효과)를 분리한다. 그런 다음 전자를 조작하여 후자의 변화를 연구한다. 그런 조작은 주의 깊은 관찰과 분석으로 이어지며 원인과 결과 사이의 관계에 대한 통찰력을 제공하는데, 이를 다시 다른 환경에서 적용하고 테스트할 수 있어야 이상적이다. 그 과정에서 학습하고 각 실험이 더 나은 결정을 낳을 수 있도록 기업은 스스로 일곱 가지 중요한 질문을 던져야 한다. 그 질문은 다음과 같다.

1. 테스트 가능한 가설이 있는가?
2. 모든 이해관계자가 결과를 준수하기로 약속했는가?
3. 실험이 실행 가능한가?
4. 신뢰할 만한 결과를 얻을 방법이 있는가?
5. 원인과 결과를 이해하고 있는가?
6. 실험에서 최대의 가치를 얻고 있는가?
7. 실험이 실제로 결정의 주된 동인이 되고 있는가?

일부 질문은 명명백백해 보임에도 이를 완전히 인식하지 않은 채 테스트를 하는 기업들이 많다는 것이 문제다. 각각의 질문을 구체적으로 짚어보자.

표 2-1 훌륭한 비즈니스 실험을 위한 질문

1. **가설**	• 가설은 관찰이나 통찰 또는 데이터에 뿌리를 두고 있는가? • 실험은 테스트 가능한 경영 행위에 중점을 두고 있는가? • 측정 가능한 변수가 있으며 허위로 표시될 가능성은 없는가? • 사람들은 실험에서 무엇을 배우기를 원하는가?
2. **승인**	• 결과에 따라 어떤 구체적인 변화가 마련될 것인가? • 조직은 결과가 무시되지 않도록 어떻게 보장할 것인가? • 실험이 조직의 전반적인 학습 어젠다와 전략적 우선순위에 들어맞는가?
3. **타당성**	• 실험에 테스트 가능한 예측이 있는가? • 필요한 샘플 크기는 어느 정도인가? [참고로, 샘플 크기는 기대 효과(예를 들어 판매량 5퍼센트 증가)에 따라 달라진다.] • 조직은 필요한 기간에 테스트 장소에서 실험을 할 수 있는가?
4. **신뢰성**	• 의식적인 것이든 무의식적인 것이든 체계적 편견을 해결하기 위해 어떤 조치를 취할 것인가? • 대조집단의 특성이 실험집단의 특성과 일치하는가? • 실험을 '맹검' 또는 '이중 맹검' 방식으로 수행할 수 있는가? • 통계분석 또는 기타 기술을 통해 남아 있을지 모를 편견까지 말끔히 없앨 수 있는가? • 동일한 테스트를 하는 다른 사람들이 비슷한 결과를 얻을 수 있는가?
5. **인과관계**	• 메트릭스에 영향을 줄 가능성이 있는 모든 변수를 포착했는가? • 특정 개입을 관찰되는 효과에 연결할 수 있는가? • 증거의 힘은 어느 정도인가? (상관관계는 단지 인과관계를 연상시킬 뿐이다.) • 인과관계의 증거 없이 행동을 취할 수 있는가?
6. **가치**	• 조직은 잠재적 투자회수율이 가장 높은 영역에 투자를 집중하기 위해 서로 다른 여러 고객이나 시장, 부문에 제안된 이니셔티브가 미칠 영향을 고려해서 출시 또는 발표 장소와 일정을 잡았는가? • 조직은 투자회수율이 가장 높은 이니셔티브 구성 요소만 구현했는가? • 조직은 어떤 변수가 어떤 영향을 미치는지 잘 이해하고 있는가?
7. **결정**	• 모든 비즈니스 결정이 실험으로 해결될 수 있거나 해결돼야 하는 것은 아니지만 테스트할 수 있는 모든 것은 테스트해야 한다는 것을 인정하는가? • 의사결정 과정에 투명성을 추가하기 위해 실험의 증거를 이용하고 있는가?

질문 1: 테스트 가능한 가설이 있는가?

기업은 제안된 경영 행위에 대한 특정 의문에 답할 수 있는 실질적인 경우에만 실험을 해야 한다. 물론 그 답이 아직 명확하지 않은 상황에서 말이다.[4] 2013년 운영 비용을 줄일 방법을 찾고 있던 미국의 대형 소매 업체 콜스의 사례를 살펴보자. 당시 여러 제안이 쏟아지던 가운데 월요일부터 토요일까지 1시간 늦게 상점을 열자는 제안이 나왔다. 경영진 사이에서는 의견이 분분했다. 일부는 영업시간을 줄이면 판매가 크게 감소할 것이라고 했고, 또 일부는 영향이 미미할 것이라고 주장했다. 논쟁을 확실하게 해결하는 유일한 방법은 대조실험을 하는 것이었다(자료 2-1 참조). 회사의 매장 100곳을 대상으로 테스트한 결과, 영업시간 1시간 축소는 매출에 의미 있는 감소를 야기하지 않으리라는 결론이 나왔다.

자료 2-1: 대조실험이란 무엇인가?

대조실험에서는 고객이 여러 변형 중 하나에 무작위로 노출된다. 하나는 통제된 대조군으로 현재의 관행이다(예를 들어 온라인 광고가 표시되는 방식). 여타의 변형은 테스트 대상이 되는 새로운 처리 방식으로 현재의 관행에 가하는 약간의 수정이다(예를 들어 동일한 온라인 광고의 헤드라인에 대한 색채 변형). 실험은 유저 표본을 통제된 대조군과 새로운 처리 방식에 노출하고 관심 사항(예를 들어 수익)에 대한 표본 평균을 산출하는 방식으로 이뤄진다. 처리 효과는 표본 평균 간의 차이로 알 수 있다.

실험이 필요한지 아닌지를 결정할 때 경영자는 먼저 배우고 측정하려는 대상을 정확하게 파악해야 한다. 그래야만 실험이 답을 얻는 데 최선의 방법인지 판단할 수 있고, 또 그래야만 실험의 범위를 결정할 수 있다. 콜스의 사례에서 테스트할 가설은 간단명료했다. '개점 시간을 1시간 늦춘다고 하더라도 판매량이 크게 감소하지는 않을 것이다.' 이를 귀무가설[null hypothesis: 두 모수치(모집단의 측정 가능한 특성) 간에 차이가 없을 것으로, 설령 있다고 해도 우연에 기인하는 것으로 보는 가설 – 옮긴이]이라고 하며, 경험적 증거가 다른 내용을 제시할 때까지 일반적으로 신뢰할 수 있는 것으로 가정된다. 따라서 실험 결과가 통계적으로 유의미한 경우에 관측된 (샘플 평균) 하락이 우연의 결과가 아닐 가능성이 있음을 의미한다. 마찬가지로, 실험 결과가 통계적으로 유의미하지 않은 경우에도, 특정 조치가 영향을 미치지 않았다는 것을 입증하지는 못한다. 이는 관찰된 변화나 표본 크기가 특정한 발견에 강력한 근거가 되지 않음을 의미할 뿐이다.

여기서 중요한 것은 실험이 가설을 논박할 수 있지만 증명할 수는 없다는 과학적 방법의 중요한 교리에 주목해야 한다는 점이다. 이 중요한 과학적 교리를 알베르트 아인슈타인은 다음과 같이 깔끔하게 설파했다. "아무리 많은 실험을 해도 내가 옳다는 것을 증명할 수 없지만, 단 한 번의 실험으로 내가 틀렸음을 입증할 수는 있다."[5]

따라서 새로운 사실은 엄격한 실험의 반복 수행으로 귀무가설을 논박하지 못하는 경우에 비로소 확립되는 것이다. 콜스의 사례도 마찬가지다. 콜스 경영진의 가설('개점 시간을 1시간 늦춘다고 하더라도 판매량이

크게 감소하지는 않을 것이다')은 실험으로 입증된 것이 아니었다. 그저 거부되지 않았을 뿐이다.[6]

하지만 문제는 가설을 다듬을 수 있는 원칙조차 부족한 기업들이 너무도 많다는 것이다. 결과적으로 비효율적이거나 불필요하게 비용이 많이 드는, 더 나쁘게는 당면한 의문을 푸는 데 아무런 효과가 없는 테스트를 하는 일이 비일비재하다. 취약한 가설(예를 들어 '우리 브랜드를 고급 시장으로 확장할 수 있다')은 특정 종속변수를 테스트하기 위한 특정 독립변수를 제시하지 않으며 측정 가능한 결과를 내놓지 못하고, 따라서 그 가설을 지지하거나 거부하기가 어렵게 한다. 좋은 가설은 이런 변수를 기술하고 메트릭스를 제시하는 데 도움이 된다(표 2-2 참조). 열역학 제1 법칙과 제2 법칙의 아버지이자 켈빈 경(Kelvin Lord)으로 더 잘 알려진 물리학자 윌리엄 톰슨(Willian Thomson)은 과학 지식에

표 2-2 강력한 비즈니스 가설이란 어떤 것인가?

	강한 가설	약한 가설
출처	정성적 연구조사, 고객 통찰력, 문제, 관찰, 데이터 마이닝, 경쟁사	관찰이나 사실에 근거를 두지 않은 추측
변수	가능한 원인과 결과의 식별	가능한 원인 또는 결과가 불분명함
예측	허위로 표시될 수 있음	모호하며 반박하기 어려움
측정	계량 가능한 메트릭스	정성적 결과
검증	실험(및 가설) 복제 가능	실험을 반복하기 어려움
동기 부여	비즈니스 결과에 대한 명확한 영향	메트릭스와 비즈니스 영향 간 연결이 불분명함
예	'개점을 1시간 늦춰 영업시간을 줄여도 일일 판매 수익에는 아무런 영향이 없을 것이다.'	'우리 브랜드를 고급 시장으로 확장할 수 있을 것이다.'

대해 이렇게 얘기했다.

당신이 말하는 바를 측정할 수 있고 표현할 수 있다면, 그것에 대해 무언가를 안다는 뜻이다. 그러나 그것을 측정할 수 없고 숫자로 표현할 수 없다면, 당신의 지식은 빈약하고 불만족스러운 축에 속한다. 지식의 시작일 수는 있지만 당신의 사고에서 과학의 단계는 거의 진척시키지 못했다는 뜻이다. 사안이 어떤 것이든 말이다.[7]

만약 경영이라는 과학이 시험 가능한 설명과 예측을 통해 지식을 구축하고 조직하는 것에 관한 것이라면, 아마도 논쟁의 여지가 있는 '측정된 것은 완료된 것이다'라는 금언은 '측정된 것은 탐구된 것이다'라는 정언으로 대체해야 할 것이다.

좋은 가설은 종종 정성적 연구조사(예를 들어 포커스그룹, 유용성 실험실)나 분석(예를 들어 고객 지원 데이터에서 발견된 패턴) 또는 심지어 우연한 발견 등에서 비롯된다. 금융 소프트웨어 기업인 인튜이트의 사례를 살펴보자.

인튜이트의 한 엔지니어는 가입할 것으로 예상되는 '가망 고객'의 약 50퍼센트가 직원들의 임금대장을 작성하기 20분 전쯤에 인튜이트의 소형 비즈니스 제품을 사용해보는 경향이 있다는 사실을 발견했다.[8] 문제는 그런 가망 고객 회사들 모두가 새로운 고객에 대한 승인 절차를 수 시간 또는 심지어 수일 동안 밟은 다음에야 급여를 지급하기 시작한다는 것이었다. 엔지니어는 생각했다. '만약 그런 긴 승인 절

차가 완료되기 전에 급여를 지급할 수 있다면 잠재 고객이 크게 만족스러워하지 않을까?'

진정한 니즈가 있는지 확인하기 위해 엔지니어와 제품관리자는 유용성 연구를 했다. 그 결과 20명의 참가자 중 누구도 신속한 급여 지급 솔루션에 관심을 기울이지 않는 것으로 나타났다. 하지만 인튜이트는 이 아이디어를 보류하지 않고 24시간 안에 웹 페이지를 수정하여 두 가지 버전의 소프트웨어를 제공하는 간단한 실험을 했다. 하나는 '급여 지급 먼저'를 클릭하는 옵션이고, 다른 하나는 '절차 완료 먼저'를 클릭하는 옵션이었다(유저가 '급여 지급 먼저' 옵션을 클릭하면 그 기능은 아직 준비되지 않았다는 메시지가 떴다). 유용성 테스트 결과와 달리 이 실험은 새로운 유저의 58퍼센트가 '급여 지급 먼저' 옵션을 선택한다는 결과를 보여줬다. 궁극적으로 이 기능은 크게 인기를 얻었으며 소프트웨어의 고객 전환율을 14퍼센트 높여 수백만 달러의 추가 수익을 창출했다.

또한 팀은 고객의 실제 행동 방식을 테스트하는 것이 고객의 말을 신뢰하는 것보다 중요하다는 사실을 발견했다. 고객 포커스그룹에서 이런 언행 불일치에 직면하는 것은 드문 일이 아니다. 네덜란드의 기술 기업 필립스(Philips)는 신형 붐박스의 색상 선호도를 파악하기 위해 10대로 구성된 포커스그룹을 운영했을 때 이 사실을 깨달았다. 세션 동안 대부분의 10대는 선호하는 색으로 '노란색'을 골랐다. 세션이 끝난 후, 회사는 참여에 대한 보상으로 그들에게 붐박스를 선물하면서 노란색과 검은색 중에서 선택할 수 있게 했다. 그런데 대부분 참가

자가 '검은색'을 택했다. 가상의 질문으로 선호도가 제기됐을 때는 '노란색'을 골랐으면서 말이다.[9] 행동 방식에 관한 한 일반적으로 실험을 신뢰하는 것이 더 낫다.

많은 상황에서 경영진은 이니셔티브의 직접적인 영향을 넘어 부수 효과를 조사해야 한다. 예를 들어 미국의 저가 소매 업체 패밀리달러(Family Dollar)는 달걀과 우유 등 부패하기 쉬운 제품을 판매할 수 있는 냉장 장치에 투자할지 말지를 결정하고자 할 때, 수익에 예상 밖의 영향을 미치는 부수 효과를 발견했다. 냉장 식품을 사러 매장을 찾는 추가 고객으로 인해 기존 건조 제품의 판매가 증가하는 것으로 나타난 것이다.

하지만 긍정적인 부수 효과만 있는 것이 아니다. 몇 년 전 미국의 편의점 체인 와와(Wawa)는 현장 테스트에서 성과가 좋았던 아침 식사용 플랫브레드 품목을 도입하려고 했다. 그러나 실험집단과 통제집단 및 회귀분석을 갖춘 엄격한 실험에서 새로운 제품이 더 수익성이 높은 다른 품목들을 잠식할 가능성이 있음이 드러났다. 당연히 그 이니셔티브는 출범 전에 사장됐다.[10]

질문 2: 모든 이해관계자가 결과를 준수하기로 약속했는가?

어떤 테스트든 수행하기 전에 결과가 나오면 어떻게 진행할 것인지를 이해관계자들이 합의해야 한다. 특정 관점을 지원하는 데이터만 선별 취합하지 않고 모든 결과를 객관적으로 평가할 것을 약속해야 한다. 아마도 가장 중요한 점은 데이터가 뒷받침하지 않는 것으로 드러나는 경우 그 프로젝트를 기꺼이 내려놓아야 한다는 것이다. 하지만 이것은 말처럼 쉬운 일이 아니다.

콜스에서 새로운 제품 카테고리(가구)를 추가하는 방안을 고려할 때 임원 상당수가 의미 있는 추가 수익을 기대하면서 크나큰 열의를 보였다. 그러나 6개월 동안 70개 매장에서 테스트한 결과 순매출이 감소한 것으로 드러났다. (가구를 위한 공간을 내주느라) 진열 공간이 부족해진 제품들의 매출이 감소했을 뿐만 아니라 전반적으로 고객이 줄어든 것이다. 이런 부정적인 결과는 그 이니셔티브를 지지했던 사람들에게 큰 실망감을 안겼고, 결국 프로그램은 폐기됐다.

콜의 사례는 조직 내에서 영향력이 센 사람들이 뒷받침하는 이니셔티브도 종종 객관적으로 평가하기 위해 실험이 필요하다는 사실을 보여준다. 물론 예상된 혜택이 데이터로 뒷받침되지 않는 경우에도 이니셔티브를 실행해야 할 합당한 이유가 있을 수도 있다. 예를 들어 특정 프로그램이 실험을 통해 판매를 그다지 촉진하지 못하는 것으로 드러나더라도 고객 충성도를 구축하는 데에는 여전히 유익한 경우에 그렇다. 그러나 만약 제안된 이니셔티브를 변경 불능의 기정사실로 간주한다면, 굳이 시간과 비용을 들여 테스트를 할 이유가 있을까? 그럴 때는 해당 프로그램의 실체에 충실하는 것이 최선이다. 전개하고 매진하면 된다는 뜻이다(이와 관련해 참고할 수 있는 리트머스 테스트는 '가역성'이다. 만약 새로운 프로그램을 쉽게 되돌릴 수 없다면, 실험의 가장 기본적인 속성 중 하나에 위배되는 것이다).

조직이 결과를 준수하게 하려면 최고 경영진의 가정이나 직관과 상충하는 경우에도 테스트 결과를 무시하지 않도록 보장하는 프로세스가 있어야 한다. 미국 남동부의 체인인 퍼블릭스슈퍼마켓에서는 대부분 대형 소매 프로젝트, 특히 상당한 자본 지출이 필요한 프로젝트는 개시 허가를 받으려면 공식적인 실험을 거쳐야 한다. 우선 제안서에서부터 여과 과정을 거친다. 첫 단계는 실험할 가치가 있는지 판단하기 위해 재무팀이 분석하는 것이다. 그 제안이 분석을 통과하면 분석 전문가는 테스트 설계를 개발하여 재무 부사장을 포함한 위원회에 제출한다. 그런 다음 내부 테스트그룹이 위원회에서 승인한 실험을 진행하고 감독한다. 재무팀은 이 프로세스를 준수하고 실험 결과가 양성일 것으로 추정되는 이니셔티브에 대해서만 상당한 지출을 승인한다. 퍼블릭스의 비즈니스 분석 담당 선임책임자인 프랭크 마지오(Frank Maggio)는 이렇게 말했다.

"테스트 결과를 항상 공유하고 따르기 때문에 어떤 프로젝트든 훨씬 신속하게 검토하고 승인할 수 있습니다."[11]

이런 여과 프로세스를 구성하고 구현할 때 실험은 조직의 우선순위를 지원하는 학습 의제의 일부가 되어야 한다. 반려동물 용품 소매 업체인 펫코에서 테스트를 요청할 때는 항상 그 실험이 혁신을 추구하는 회사의 전반적인 전략에 어떻게 기여하는지 설명해야 한다. 이 원칙을 적용한 후 이 회사의 테스트 건수는 연간 약 100건에서 75건으로 줄었다. 특정 테스트 요청이 회사가 과거에 수행한 테스트와 유사한 경우 거부되며, 고려 중인 변경 사항이 테스트 비용을 정당화할 만큼 급진적이지 않은 경우에도 거부된다(예를 들어 제품의 가격을 2.79달러에서 2.89달러로 인상하는 것). 이 회사의 전 소매분석책임자 존 로즈(John Rhoades)는 이렇게 말했다.

"비즈니스의 성장에 도움이 되는 사항을 테스트하고자 했던 겁니다. 우리는 새로운 개념이나 새로운 아이디어를 실험하고 싶었습니다."[12]

질문 3: 현실적으로 실행 가능한 실험인가?

앞에서 본 것처럼 실험에는 테스트 가능한 예측이 있어야 한다. 그러나 비즈니스 환경의 인과적 밀도, 즉 변수와 그 상호작용의 복잡성 탓에 인과관계를 파악하기가 매우 어려울 수도 있다. 비즈니스 실험을 통해 무언가를 배우는 일은 독립변수를 분리하고 조작하여 종속변수의 변화를 관찰하는 것만큼 쉽지는 않다. 환경은 지속적으로 변화하며 비즈니스 성과의 잠재적 원인은 종종 불확실하거나 알려지지 않으므로, 이들 사이의 연결은 종종 복잡하고 이해하기가 쉽지 않다.

편의점 1만 개를 보유한 가상의 소매체인을 생각해보자. 그중 8,000개는 퀵마트, 2,000개는 패스트마트라고 하자. 연간 평균 판매액이 퀵마트 매장은 100만 달러이며 패스트마트 매장은 110만 달러다. 한 고위 임원이 언뜻 보기에 간단한 질문을 제기한다. '퀵마트 매장의 이름을 패스트마트로 변경하면 매장당 연간 10만 달러의 매출 증가를 이뤄낼 수 있지 않을까?' 매장의 실제 규모와 특정 반경 내에 거주하는 인구수 및 평균 수입, 매장의 주당 영업시간, 매장 관리자의 경험, 주변의 경쟁 매장 수 등 분명히 다수의 요인이 매출에 영향을 미친다. 그러나 경영진은 매장 이름이라는 한 가지 변수에만 관심을 두는 상황이다.[13]

이에 대한 명백한 해결책은 일부 퀵마트 매점(예를 들어 10개 정도)의 이름을 변경하는 실험을 하는 것이다. 그러나 같은 시기에 다른 많은 변수가 변경됐을 수도 있기에, 이름을 변경한 것이 어느 정도의 영향을 미쳤는지 파악하는 일도 까다로울 수 있다. 예를 들면 매장이 있는 지역의 날씨가 매우 나빴거나, 관리자가 교체됐거나, 대규모 주거용 건물이 들어섰거나, 경쟁 업체가 공격적인 홍보 프로모션을 펼쳤을 수도 있다. 회사가 이런 변수와 여타 변수의 영향을 분리하지 못하면 경영진은 이름의 변경이 비즈니스에 도움이 됐는지 또는 그 반대인지 확실히 알 수 없게 된다.

인과적 밀도가 높은 환경을 다루려면 연구 대상 변수를 제외한 모든 변수의 영향을 평균화하기에 충분히 큰 표본을 사용할 수 있는지 고려해봐야 한다. 불행히도 이런 유형의 실험이 항상 가능한 것은 아니다. 표본 크기를 적절히 갖추는 데 감당하기 힘든 비용이 들어갈 수도 있고, 운용 방식의 변경이 큰 혼란을 야기할 수도 있다. 그럴 때 경영진은 결과의 통계적 유효성을 높이기 위해 빅데이터 등을 포함하는 것과 같은 정교한 분석 기술을 사용할 수 있다. 그렇긴 하지만, 경영자는 종종 표본이 더 크면 자동으로 더 나은 데이터가 나오리라고 잘못 생각하기 쉽다. 실제로 실험에서는 많은 관측치가 포함될 수 있지만, 이들이 고도로 무리를 이루거나 서로 연관되는 경우 실제 표본 크기는 사실 매우 작아질 수도 있다. 예를 들어 회사에서 고객에게 직접 판매하는 대신 유통업자를 이용하는 경우, 해당 유통 지점이 고객 데이터 간 상관관계에 영향을 미칠 수 있다.

필요한 표본의 크기는 대개 예상되는 효과의 크기에 따라 달라진다. 원인(예를 들어 매장 이름의 변경)이 큰 영향(예를 들어 매출 증가)을 유발할 것으로 기대한다면, 표본은 더 작아질 수 있다. 반대로, 예상 효과가 작다면 표본은 더 커야 한다. 이 말은 직관적이지 않은 것처럼 보일 수도 있지만, 다음과 같이 생각하면 쉽다. 예상 효과가 작을수록 원하는 통계적 신뢰도로 주변의 소음과 구별하는 데 필요한 관측치의 수는 더 많아진다. 올바른 표본 크기를 선택하는 것은 결과가 통계적으로 유효함을 보장하는 이상의 일을 한다. 또한 회사가 테스트 비용을 줄이고 혁신을 추진하도록 도울 수 있다. 쉽게 사용할 수 있는 소프트웨어 툴을 이용하면 어렵지 않게 최적의 표본 크기를 선택할 수 있을 것이다.

질문 4: 신뢰할 결과를 얻을 방법이 있는가?

지금까지 이상적인 실험에 필요한 기본 사항을 알아봤다. 하지만 사실 회사는 일반적으로 신뢰성과 비용, 시간, 그리고 여타의 실무적 고려 사항 사이에서 트레이드오프를 취해야 한다. 그런 트레이드오프가 정당한 것으로 인정될 때, 결과의 신뢰성을 높이기 위해 다음의 방법들을 이용할 수 있다.

무작위 현장 실험

의료 분야의 연구조사에서 무작위 실험의 개념은 간단하다. 먼저, 동일한 질환을 앓는 다수의 개인을 그룹으로 묶어 무작위로 2개의 하위 집단으로 나눈다. 그런 다음 한 하위집단에만 치료 조치를 취하면서 모두의 건강 상태를 면밀히 모니터링한다.[14] 만약 치료된 집단(즉 실험군)이 치료되지 않은 집단(즉 대조군)보다 통계적으로 더 나은 결과가 나오고 그 결과를 복제할 수 있다면, 해당 치료법은 효과적인 것으로 간주된다. 무작위 현장 실험은 기업에서 특정 변경 사항이 성과 향상으로 이어질지 아닐지를 결정하는 데 도움이 된다.

금융 서비스 회사인 캐피털원(Capital One)은 가장 사소한 변화조차도 테스트하기 위해 오랫동안 무작위 실험을 이용해왔다. 예를 들면, 각 수신자를 무작위로 선정해 색이 다른 두 가지 봉투(실험 색상과 흰색)에 투자상품 홍보물을 담아 보낸 후 응답률에 어떤 차이가 있는지 알아보는 실험 등이다. 캐피털원의 공동 창립자이자 CEO인 리처드 페어뱅크(Richard Fairbank)가 설명했듯이, 고객이 다른 은행의 더 나은 금리 제안을 받고 캐피털원의 신용카드를 취소하려는 경우와 같은 더욱 중요한 문제에도 동일한 원칙을 적용할 수 있다. 그의 설명을 들어보자.

캐피털원의 고전적인 테스트에서는 고객유지 부서에 전화해 계좌해지 의사를 전하는 모든 사람을 무작위 현장 실험의 대상으로 삼는다. 이런 상황에 적절하게 대응하려면 자기 요구를 관철하기 위해 강하게 불만을 제기하는 사람과 그렇지 않은 사람을 파악할 필요가 있기 때문이다. 아울러 어떤 고객을 우리가 계속 보유하길 원하는지에 대한 지식도 필요하다. 이런 정보를 얻기 위해 우리는 무작위로 분류한 세 그룹의 사람들을 대상으로 세 가지 다른 행동을 취하는 테스트를 한다. 그룹 1에 대해서는 그들의 불평에 맞서 계좌를 닫겠다고 한다. 그룹 2에 대해서는 그들의 제안을 수락한다. 그리고 그룹 3에 대해서는 절충안으로 합의에 이른다. 그런 다음 이런 조치에 대한 반응과 관련해 많은 정보를 수집하고 이런 결과를 우리가 보유한 해당 고객의 데이터와 연계하는 통계 모델을 수립한다. 이제 누군가가 캐피털원에 전화하면 우리는 즉각적으로 그 고객의 평생 순보유가치를 보험계리적으로 산출하고 고객의 반응 방향을 가늠한다. 그에 따라 고객서비스 담당자의 모니터에 '연이율을 12.9퍼센트로 협의하라' 등의 권장 사항이 거의 실시간으로 표시된다.[15]

여기서 중요한 역할을 하는 것은 '무작위 배정'이다. 비즈니스 실험에서 모든 변수를 제어하는 것은 사실상 불가능하기 때문이다. 무작위 배정은 의식적 또는 무의식적으로 도입된 체계적인 편향이 실험에 영향을 미치는 것을 방지하고, 실험군과 대조군 사이에 남아 있을지도 모르는(그리고 알려지지 않았을 가능성이 큰) 잠재적 요인을 고르게 퍼뜨린다. 그러나 무작위 현장 테스트에 어려움이 따르지 않는 것은 아니다. 유효한 결과를 얻으려면 현장 테스트는 통계적으로 엄격한 방식으로 이뤄져야 한다. 관리자들이 그 점을 놓치기 쉽다는 사실도 간과하지 말아야 한다.

관리자들은 동일한 특성을 가진 피험자 모집단을 식별해 무작위로 두 그룹으로 나누는 대신 때때로 테스트그룹(예를 들어 체인의 상점 집단)을 선택한 다음 다른 모든 것(나머지 모든 상점)을 대조군으로 가정하는 실수를 저지른다. 또는 무심코 편향이 개입되는 방식으로 실험군과 대조군을 선별한다. 펫코는 과거 새로운 이니셔티브를 테스트할 때 상위 30개 매장을 실험군으로, 하위 30개 매장을 대조군으로 선정하고 비교하는 방식을 취하곤 했다. 이 방식으로 테스트된 이니셔티브는 종종 매우 유망해 보였지만, 실제로 구현하고 나면 실패로 드러나곤 했다. 이제 펫코는 실험군 및 대조군의 특성과 부합하도록 (매장 규모, 인구 통계, 주변 경쟁 업체의 존재 등) 다양한 매개변수를 고려한다(퍼블릭스도 이와 동일한 방식을 취한다). 이런 실험의 결과는 당연히 훨씬 더 신뢰할 수 있다.

편향을 최소화하는 법

펫코와 퍼블릭스는 편향을 최소화하고 신뢰성을 더욱 높이기 위해 이른바 호손 효과(Hawthorne effect)를 방지하는 데 도움이 되는 '맹검' 테스트를 한다. 호손 효과란 연구 참여자가 자신이 특정 실험의 일부라는 사실을 인지할 때 의식적으로 또는 잠재의식적으로 자기 행동을 수정하는 경향을 말한다[20세기 초 더 나은 조명으로 생산성이 향상되는지 알아보는 실험이 수행됐던 시카고 외곽의 공장 호손워크스(Hawthorne Works)의 이름을 따서 명명됐다].[16] 펫코의 매장 직원들은 실험이 언제 진행되는지 알지 못한다. 퍼블릭스의 매장은 지속적으로 새로운 가격을 책정하므로 매장 직원들이 테스트와 일반적인 운영 방식을 구분할 수 없다. 맹검 절차는 실험자와 참가자가 자신이 테스트의 일부라는 이유로 행동을 수정하지 않게 해준다.

하지만 맹검 절차가 언제나 실용적인 것은 아니다. 새로운 장비나 작업 관행을 테스트하는 경우 퍼블릭스는 대개 실험군으로 선택된 매장에 그 내용을 알린다. 그렇게 하지 않으면, 매장 관계자들이 왜 변경해야 하는지 혼란스러워하거나 변경 사항을 적극적으로 실행하지 않을 수 있기 때문이다.

이보다 고도의 실험 표준은 '이중 맹검'을 이용하는 것으로, 실험자나 피험자 중 누구도 실험군이나 대조군에 누가 속하는지 알지 못한채 진행하는 방식이다. 의료 연구에 널리 이용되지만 비즈니스 실험에서는 일반적이지 않다.

빅데이터

수백만 명에 달하는 대규모 표본을 사용할 수 있는 데이터과학자들에게는 온라인 및 여타 직접 채널 환경에서 엄격한 무작위 실험을 하는 데 수학이 필수적이다. 그러나 많은 소비자 거래는 여전히 매장 네트워크와 판매 지역, 은행 지점, 패스트푸드 프랜차이즈 등의 복잡한 유통 시스템을 통해 이뤄진다. 이런 환경에서는 표본의 크기가 종종 100개보다 작으므로 많은 표준 통계 방법의 일반적인 가정이 침해된다.[17] 기업은 이런 제약의 영향을 최소화하기 위해 다수의 빅데이터 세트와 특수 알고리즘을 조합해 활용할 수 있다. 흥미롭게도, 표본의 크기가 작을수록 더욱 정교한 분석 처리 및 빅데이터 활용법이 요구된다(자료 2-2 참조).

한 대형 소매 업체의 실제 사례를 살펴보자. 이 업체는 1,300개 매장에 구현하는 데 50억 달러가 드는 매장 재설계 방안을 고려 중이다. 아이디어를 테스트하기 위해 업체는 20개의 매장을 재설계하고 결과를 추적했다. 재무팀은 데이터를 분석한 후 업그레이드로 인해 매출은 고작 0.5퍼센트 정도 증가할 것이며 투자수익이 마이너스가 되리라고 결

자료 2-2: 빅데이터는 실험에 어떻게 도움이 되는가?

비즈니스 실험에서 통계적 잡음을 걸러내고 인과관계를 파악하려면 수천 개의 표본을 채택하는 것이 이상적이다. 하지만 이것은 감당하기 힘든 비용이 들거나 아예 실험이 불가능할 수도 있다. 상품 구색에 대한 새로운 접근방식은 25개의 매장, 새로운 영업 프로그램은 32명의 영업사원, 리모델링 계획은 10개의 호텔 체인점을 대상으로 실험할 수 있는 것이 일반적이다. 상황이 그러므로 빅데이터는 물론이고 머신러닝과 같은 여타 정교한 컴퓨팅 기술도 도움이 된다. 방법은 다음과 같다.

- **시작하기**

  소매 업체에서 새로운 매장 레이아웃을 테스트하고자 하는 경우 각각의 분석 단위(각 매장과 그 거래 지역, 각 영업사원과 그의 고객 등)에 대한 세부 데이터(경쟁 매장의 근접성, 직원들의 근무 기간, 고객들의 인구 구성 등)를 수집해야 한다. 이것이 빅데이터 세트의 일부가 된다. 테스트 대상으로 삼을 매장과 매장의 개수 그리고 테스트 기간을 결정하는 것은 데이터의 변동성과 영향을 추정하는 데 필요한 정확성에 좌우된다.

- **대조군 구성**

  소량의 표본이 포함된 실험에서는 테스트 대상(개별 매장 또는 고객 등)을 대조 대상에 정확하게 매칭하는 것이 필수적인데, 이는 실험 대상을 특징짓는 수십 또는 수백 개의 변수를 완전히 식별해야 하는 실험자의 능력에 달렸다. 빅데이터 피드(고객별 전체 트랜잭션 로그, 상세한 날씨 데이터, 소셜미디어 스트림 등)가 이 작업에 도움이 된다. 일단 특징들이 결정되면 테스트 대상 그룹의 모든 요소를 포함하면서도 실험할 요소만 배제된 대조군을 구성할 수 있다. 이를 통해 소매 업체는 테스트 결과가 오직 한 요소(새로운 레이아웃)에만 영향을 받는지 아니면 다른 요소(인구 통계적 변수, 더 나은 경제 조건, 더 따뜻한 날씨 등)에도 영향을 받는지 확인할 수 있다.

- **최고의 기회 식별**

  위와 동일한 데이터 피드는 테스트된 프로그램이 효과적인 상황을 식별하는 데에도 이용할 수 있다. 예를 들어 새로운 매장 레이아웃은 경쟁이 치열한 도시 지역에서는 아주 효과가 크지만 다른 시장에서는 그 정도가 약할 수 있다. 실험자들은 이런 패턴을 정확히 파악하여 프로그램이 제대로 효과를 발휘하는 상황에는 그것을 구현하고, 최고의 투자수익률을 생성하지 못하는 상황은 투자 대상에서 제외할 수 있다.

- **프로그램 조정**

  더욱 효과적이거나 덜 효과적인 프로그램 구성 요소를 특성화하기 위해 대용량 데이터 피드를 추가로 사용할 수 있다. 예를 들어 새로운 매장 레이아웃의 효과를 테스트하는 소매 업체는 매장 내 비디오 스트림에서 캡처한 데이터를 사용하여 새로운 레이아웃이 고객에게 매장을 더 많이 돌아다니게 하는지 또는 수익성이 높은 제품 근처에서 고객이 더 많은 트래픽을 생성하는지 알아볼 수 있다. 또 실험자는 상점 앞쪽으로 물건을 옮기고 새로운 선반에 넣는 것은 긍정적인 영향을 미치지만, 계산대를 옮기는 것은 수익성에 해를 끼친다는 등의 사실을 파악할 수 있다.

론을 내렸다. 마케팅팀은 별도의 분석을 통해 매장 재설계가 5퍼센트의 매출 증가로 이어지리라고 예측했다.

알고 보니 재무팀은 테스트 매장을 그 크기와 인구 통계 및 기타 변수는 비슷하지만 지리적 시장은 동일하지 않은 다른 매장들과 비교한 것이었다. 또한 재설계 6개월 전과 후의 데이터를 이용했다. 그에 비해 마케팅팀은 동일한 지역 내의 매장을 비교하고 재설계 12개월 전과 후의 데이터를 고려했다. 어느 것이 신뢰할 수 있는 결과인지 결정하기 위해 회사는 거래 단계 데이터(매장 품목, 판매 시간, 가격)와 매장의 특성 및 주변 환경에 대한 데이터(경쟁, 인구 통계, 날씨)를 포함하는 빅데이터를 채택했다. 그렇게 회사는 재설계를 테스트한 것과 비교적 가까운 대조군의 매장을 선별하여 작은 표본 크기를 통계적으로 유효하게 만들었다. 그런 다음 객관적이고 통계적인 방법을 사용하여 두 분석을 모두 재검토했다. 그 결과 마케팅팀의 조사 결과가 두 가지 중 더 정확한 것으로 드러났으며, 매장 재설계는 승인됐다.

회사가 엄격한 테스트 프로토콜을 따를 수 없는 경우에도 분석가는 특정 편향이나 무작위 조정 실패 또는 여타 실험적 결함을 식별하고 수정하도록 도울 수 있다. 일반적인 상황에서 조직의 테스트 기능에는 무작위로 조정하지 않은 자연실험이 주어진다. 예를 들어, 운영 담당 부사장은 회사 시장의 약 10퍼센트에 도입된 새로운 직원 교육 프로그램이 이전보다 더 효과적인지 아닌지 알고자 한다. 이제 다들 알다시피, 그런 상황에서 소규모 표본이나 상관된 표본의 문제를 해결하는 데 사용된 것과 동일한 알고리즘과 빅데이터 세트는 귀중한 통찰력을 도출하고 결과의 불확실성을 최소화하는 데에도 이용할 수 있다. 결국 분석가들의 분석이 실험자들이 결과를 확인하고 구체화하는 진정한 무작위 현장 시험을 설계하는 데 도움을 줄 수 있다는 의미다.

어떤 실험에서든 최적 표준은 복제성이다. 즉 동일한 테스트를 하는 다른 사람들도 비슷한 결과를 얻어야 한다. 값비싼 테스트를 반복하는 것은 일반적으로 실용적이지 않지만, 회사는 다른 방법으로 결과를 확인할 수 있다. 펫코는 종종 전사적으로 구현하기 전에 결과를 확인하기 위해 대규모 이니셔티브에 대해 단계적 전개 방법을 이용한다. 퍼블릭스에는 특정 전개의 결과를 추적해 예측된 이점과 비교하는 프로세스가 있다.

질문 5: 원인과 결과를 이해하고 있는가?

일부 경영진은 빅데이터에 대한 기대와 흥분으로 인과관계가 중요하지 않으며 실험적 통제는 선택 사항이라고 잘못 생각하기도 한다. 상관관계만 확립하면 인과관계를 유추할 수 있다고 믿는 것이다. 그러나 그렇게 간단하지가 않다. 때로는 두 변수가, 예를 들어 익사와 아이스크림 소비의 관계에서처럼, 공통의 원인(외부 온도)이 있거나 단순히 우연의 일치로 상관관계를 갖기도 한다. 한 분석에서 연구자들은 캘리포니아주의 변호사 숫자가 미국 내에서 애완동물에 쓰인 돈과 매우 높은 수준의 상관관계를 갖는다는 사실을 발견했다.[18] 이에 대한 그럴 듯한 설명은 당신의 상상력에 맡긴다.

주디아 펄(Judea Pearl)과 다나 맥켄지(Dana Mackenzie)는《인과에 대하여(The Book of Why)》라는 저서에서 인과관계에 대한 각기 다른 이해 수준을 분류하는 방식으로 3계층 사다리를 제안한다.[19] 첫 번째, 즉 가장 낮은 인과관계 이해 계층은 '연상(association)'으로 관측을 통해 규칙성을 찾는 수준이다. 하나의 이벤트에 대한 관찰이 다른 이벤트의 관찰 가능성에 변화를 주는 경우 둘이 서로 연결되거나 연계돼 있다고 본다. 저자들은 현대의 분석과 빅데이터를 이 계층에 둔다. 두 번째는 '개입(intervention)'으로, 하나 이상의 변수를 변경하고 결과의 변화를 관찰하는 수준이다. 실험이 그런 개입에 해당한다. 세 번째이자 최상위 계층은 '조건법적 사고(counterfactuals)'로, 가장 강력한 인과관계 테스트가 여기에 해당한다. 단지 'A가 B를 일으켰을까?'라고 묻는 것보다 더 높은 표준은 '만약 A가 없었다면 B가 발생했을까?'라고 묻는 조건법적 사고를 포함한다. 나의 20대 초반 시절 일화로 예를 들어보겠다. 술을 마신 후 소금물(A) 한 잔을 마시면 다음 날 숙취(B)를 해소할 수 있다고 군건히 믿는 친구가 있었다. 그러나 그가 소금물(A)을 마시지 않았다면 숙취(B)가 일어났을까? 조건법적 사고의 어려움은 시간을 거슬러 올라가 다르게 개입하거나, 아무런 개입 없이 같은 사람을 대상으로 실험을 반복한 다음 두 결과를 비교해볼 수 없다는 데 있다(개인적인 구제책은 종종 다른 요인으로도 설명할 수 있는 소수의 사적인 경험이나 일화를 바탕으로 한다. 아마도 내 친구는 구토를 유발하는 소금물을 마셔야 한다는 점 때문에 주량이 많이 줄었을지도 모르겠다). 통제된 무작위 온라인 실험을 통해 인과관계의 효과가 어떻게 '추정'되는지[20]는 3장에서 알아볼 것이다.

이런 인과관계 계층이 존재하는데도 빅데이터에 대한 기대와 흥분은 과학적 방법이 더는 필요하지 않다는 기이한 주장으로 이어지기까지 했다. 2008년 월간지 〈와이어드〉는 '이론의 종언: 데이터 대홍수로 과학적 방법은 쓸모없어진다'라는 제목의 도발적인 기사를 게재했다. 기사는 원인과 결과의 모델 없이 성공한 조직의 대표적인 사례로 구글을 적시했다.[21] 마찬가지로 빅데이터에 관한 다수의 책이 이제는 중요한 비즈니스 의사결정을 하는 데 상관관계만으로도 충분하다는 점을 보여주는 일화를 인용했다.[22] 한 가지 인기를 끈 기업 사례는 (역시) 구글의 일화로, 그 회사의 '독감 트렌드(Flu Trend)' 알고리즘이 수억 건의 검색을 포함하는 5년 동안의 웹 로그를 간단하게 채굴해 독감 발병률을 정부 통계보다 더욱 정확하게 예측하게 됐다는 내용이다. 그런데 2014년 하버드 소속 연구팀이 2001년 8월 21일부터 2013년 9월 1일까지 구글 알고리즘이 108주 가운데 100주에 걸쳐 독감의 유행을 과대평가했다는 사실을 발견했다![23] 중요한 것은 많은 출간물에서 구글이 빅데이터의 채굴자일 뿐만 아니라 아주 적극적인 실험자라는 사실을 간과했다는 점이다. 그 회사는 상관관계가 가설의 훌륭한 원천이며 그런 가설은 인과관계를 밝히기 위해 엄격하게 테스트해야 한다는 사실을 알고 있다. 마크 트웨인(Mark Twain)의 격언이 생각나는 지점이다. "[과학적 방법의] 종언에 대한 소문이 크게 과장되고 있다."

다음 두 가지 예는 상관관계에서 인과관계를 유추하는 일이 얼마나 어려운지를 더욱 극명하게 드러내며, 대조군이 부족한 실험의 단점 또한 여실히 보여준다.[24] 첫 번째는 마이크로소프트 오피스의 두 가지 고급 기능에 대해 두 팀이 개별적으로 수행한 관찰연구다. 각 팀은 자체적으로 진단한 새로운 기능이 어트리션(attrition, 소모)을 줄여준다고 결론 내렸다. 하지만 사실 고급 기능을 사용하는 유저는 헤비 유저인 경향이 있고, 헤비 유저는 상대적으로 낮은 어트리션을 보이는 경향이 있기 때문에 대부분 고급 기능에는 이런 상관관계가 나타난다. 따라서 새로운 고급 기능은 낮은 어트리션과 상관관계를 가질 수 있지만, 반드시 그 원인이 되는 것은 아니다. 오류 메시지를 받는 오피스 유저들 역시 낮은 어트리션을 보이는데 그들도 헤비 유저인 경향이 있기 때문이다. 그렇다고 이것이 유저에게 더 많은 오류 메시지를 표시하면 어트리션을 줄일 수 있다는 의미일까? 그럴 일은 거의 없다.

두 번째 예는 야후 사이트에 표시되는 특정 브랜드의 디스플레이 광고가 브랜드 이름이나 관련 키워드에 대한 검색을 증가시키는지를 알아보고자 한 연구다. 관찰연구에서는 광고가 검색 횟수를 871퍼센트에서 1,198퍼센트 정도로 증가시켰다고 추정됐지만, 야후가 대조군을 통해 실험한 결과에서는 증가율이 5.4퍼센트에 불과했다. 대조실험이 없었다면 회사는 광고가 큰 영향을 미쳤다고 결론 내렸을 것이며 검색의 증가가 관찰연구 기간에 변경된 다른 변수로 인한 것임을 깨닫지 못했을 것이다.

분명히 관찰연구로는 인과관계를 확립할 수 없다. 이 사실은 의학 분야에서 잘 알려져 있다. 그래서 FDA는 어떤 조직에서든 자체 개발한 약물이 안전하고 효과적이라는 것을 증명하려면 무작위의 통제된 임상시험을 실시해야 한다고 규정했다. 물론 대조실험이 실용적이지도, 윤리적이지도 않은 상황이 있다. 그런 경우 관찰연구에서 편향을 제거하기 위해 매우 치밀한 주의를 기울여야 한다.[25] 또한 무작위화하지 않은 연구에서 결론을 도출할 때는 회의적인 태도를 유지하는 것이 중요하다. 의료 개입(예를 들어 치료법, 절차, 의약품)의 효과에 관해 인용도가 높은 45개의 임상시험에 대한 유명한 연구에서 비무작위 연구의 고작 17퍼센트만이 더 강력히 설계된 후속 연구에서 복제의 유효성이 유지된 것으로 드러났다. 그에 반해 무작위 연구에서는 결과의 77퍼센트가 복제됐다.[26]

단순히 원인과 결과를 이해하는 것만으로는 부족한 경우가 많다. 어떤 일이 다른 일의 원인이라는 것을 확인할 수 있는데, 그 이유는 모른다면 어떻게 될까? 인과관계의 메커니즘을 이해하기 위해 노력해야 하지 않을까? 답은 '그렇다'다. 특히 판돈이 클 때는 더더욱 그렇다. 1500년에서 1800년 사이에 약 200만 명의 선원이 괴혈병으로 사망했다.[27] 오늘날 우리는 괴혈병이 긴 항해에서 충분한 과일을 공급받지 못해 비타민C가 부족해서 발생했음을 알고 있다. 1747년 영국 해군 소속 외과 의사인 제임스 린드(James Lind) 박사는 가능한 여섯 가지 치료법을 테스트하는 실험을 하기로 했다. 한 항해에서 그는 일부 선원에게 오렌지와 레몬을 주고, 다른 선원들에게는 식초와 같은 대체 요법을 제공했다. 실험은 감귤류 과일이 괴혈병을 예방할 수 있다는 것을 보여줬지만, 그 이유는 누구도 알 수 없었다. 린드 박사는 과일의 산성이 치료제라고 잘못 믿고 잘 상하지 않는 치료제를 얻기 위해 감귤주스를 가열해 농축액을 만들었다. 열을 가해 비타민C를 파괴한 것이다.

영국 해군이 마침내 선원들 사이에서 괴혈병을 제거한 것은 그로부터 50년 후로, 선원들의 식단에 가열하지 않은 레몬주스를 추가하기 시작하면서였다. 추정컨대 만약 린드 박사가 가열한 레몬주스와 가열하지 않은 레몬주스를 놓고 대조실험을 했다면 치료법이 훨씬 더 일찍 보급돼 많은 생명을 구했을 것이다. 마찬가지로 기업은 변경 사항이 원하는 효과를 가져오는 이유를 알아야 한다. 그래야만 잘못된 방식으로 구현하거나 중요하지 않은 요소에 자원을 낭비하지 않음으로써 변경 사항을 더욱 효과적으로 적용할 수 있다.

그렇긴 하지만 우리가 언제나 '무엇'에 대한 지식으로부터 이익을 얻는 '이유'나 '방식'을 알아야 하는 것은 아니다. 유저의 행동 방식 같은 것과 관련해서 특히 그렇다. 동기를 정의하기가 어려운 경우가 많기 때문이다. 마이크로소프트의 빙에서는 가장 큰 약진 몇 차례가 기본적인 이론이 없는 가운데 이뤄졌다. 예를 들어 2013년 빙은 제목과 링크, 캡션을 포함하여 검색 결과 페이지에 나타나는 다양한 텍스트의 색상을 놓고 일련의 실험을 했다(3장에서 자세히 다룬다).[28] 색상 변화는 미묘했지만, 결과는 예기치 않게 긍정적이었다. 제목에서 약간 더 어두운 색조와 캡션에서 약간 더 밝은 색조를 본 유저가 검색에서 더 많이 성공했으며, 훨씬 더 적은 시간을 들여 원하는 것을 찾은 것으로 나타났다. 빙은 텍스트 색상의 미묘한 변화로 사용자 경험을 개선할 수 있었지만, 그 이유를 이해하는 데 도움이 될 잘 정립된 색상 이론은 없었다. 실험 프로토콜의 증거와 엄격함이 결과에 대한 신뢰를 창출하고 이론을 대신한 사례라고 할 수 있다.

펫코에서도 비슷한 현상이 발생했다. 경영진이 무게로 판매되는 제품의 가격 책정 전략을 조사했을 때 분명한 결과가 나왔다. 지금까지 판매에 가장 큰 도움이 된 가격은 약 113그램의 제품에 매겨진 것으로 0.25달러, 즉 25센트로 끝나는 금액이었다. 이 결과는 일반적으로 4.99달러 또는 2.49달러와 같이 9센트로 끝나는 가격이 잘 팔린다는 일반적인 통념에 반하는 것이었다. 존 로즈는 이렇게 설명한다.

"제품에 '지저분한' 가격을 매기면 안 된다는, 소매업의 규칙을 깨는 결과가 나온 겁니다."

펫코의 경영진은 이 결과에 처음에는 회의적인 반응을 보였다. 그러나 실험이 매우 엄격하게 이뤄졌음을 알았기에 결국 새로운 가격 책정 전략을 기꺼이 시도했다. 목표로 삼은 롤아웃이 그 결과를 확증해줬고, 6개월 후 매출이 24퍼센트 이상 증가했다.

인과관계를 완전히 이해하지 못하는 기업은 큰 실수를 저지를 가능성을 열어두는 셈이다. 콜스에서 (매장을 1시간 늦게 열어 운영 시간을 줄임으로써 비용 감소를 꾀하는) 개점 시간의 조정과 관련하여 했던 실험을 기억하는가? 테스트 초기에 회사는 매출 감소를 겪었다. 당시 경영진은 그 이니셔티브의 코드를 뽑아버릴 수도 있었다. 그러나 분석에 따르면 고객 거래 건수는 여전히 유지됐다. 문제는 거래당 제품 수의 감소였다. 결국 거래당 제품 수는 회복됐고 총매출도 이전 수준으로 돌아왔다. 콜스는 초기에 매출이 감소한 이유를 완전히 설명할 수 없었지만, 경영진은 단축된 매장 운영 시간을 탓하려는 유혹에 굴하지 않았다. 그들은 상관관계를 인과관계와 동일시하는 우를 범하지 않았다.

질문 6: 실험에서 최대의 가치를 얻고 있는가?

많은 기업이 적잖은 비용을 들여 실험을 하면서도 그 결과를 최대한 활용하지는 못한다. 이런 실수를 방지하기 위해 경영진은 제안된 이니셔티브가 다양한 고객과 시장, 사업부문 등에 미치는 영향을 고려하고 잠재적 보상이 가장 큰 영역에 투자를 집중해야 한다. 여기서 제기해야 할 가장 좋은 질문은 일반적으로 '무엇이 작동하는가?'가 아니라 '무엇이 어디에서 작동하는가?' 또는 '놀라운 점은 무엇인가?'다.

펫코는 특정 프로그램을 구현할 때 종종 최상의 결과를 얻은 테스트 매장과 가장 유사한 상점에만 적용한다. 그렇게 함으로써 구현 비용을 절감할 뿐 아니라 새로운 프로그램이 혜택을 제공하지 못하거나 부정적인 결과를 초래할 수 있는 매장까지 포함되는 일을 방지하는 것이다. 이런 표적 롤아웃 덕분에 펫코는 새로운 이니셔티브의 이점을 예상치보다 2배로 꾸준히 늘리고 있다.

또 다른 유용한 전술은 '가치공학(value engineering)'이다. 대부분 프로그램에는 비용을 초과하는 이점을 창출하는 일부 구성 요소와 그렇지 않은 구성 요소가 들어 있기 마련이다. 이 중에서 매력적인 투자 수익률을 갖춘 구성 요소만 구현하는 것이 비법이다. 간단한 예로, 소매 업체의 20퍼센트 할인 행사에 대한 테스트에서 판매가 5퍼센트 증가했다고 가정해보자. 그 증가의 어느 부분이 행사 자체로 인한 것이며, 어느 부분이 광고와 매장 직원에 대한 교육으로 인한 것일까? 이 경우 기업은 구성 요소의 다양한 조합(예를 들어 광고는 포함하지만 추가적인 직원 교육은 없는 판촉 행사)을 조사하기 위해 실험을 할 수 있다. 그 결과를 분석하면 효과를 분리할 수 있고, 경영진은 이를 토대로 투자수익률이 낮거나 부정적인 구성 요소(예를 들어 추가적인 직원 교육)를 제거할 수 있다.

　나아가 기업은 실험을 통해 생성된 데이터를 주의 깊게 분석하면 운영을 더 잘 이해하고 어느 변수가 어떤 효과를 유발하는지에 대한 가정을 테스트할 수도 있다. 빅데이터에서 중요한 것은 상관관계다. 예를 들면 특정 제품의 판매가 다른 제품의 판매와 동시에 발생하는 경향이 있음을 발견하는 경우다. 하지만 기업은 비즈니스 실험을 통해 상관관계를 뛰어넘어 인과관계를 조사할 수 있다. 예를 들면 매출 증가 또는 감소를 유발하는 요인을 발견하는 경우다. 인과관계에 대한 이런 기본 지식은 실로 중요하다. 그것이 없으면 경영진은 자신의 비즈니스를 단편적으로만 이해함으로써 역효과를 내는 결정을 내리기 십상이다.

　미국 남부를 테마로 삼은 레스토랑 체인 크래커배럴올드컨트리스토어(Cracker Barrel Old Country Store)에서 레스토랑 조명을 백열등에서 LED로 전환해야 하느냐를 놓고 실험했다. 그 결과 LED 조명을 설치한 매장들에서 오히려 고객 트래픽이 감소했다는 사실이 드러났다. 조명 교체 이니셔티브는 그렇게 무산됐지만, 회사는 근본적인 원인을 이해하기 위해 더 깊이 파고들었다. 알고 보니 새로운 조명 탓에 레스토랑의 현관이 어두워 보였고 많은 고객이 식당이 문을 닫았다고 잘못 생각한 것이었다. 이것은 수수께끼가 아닐 수 없었다. LED 조명은 현관을 더 밝게 만들어야 마땅했다. 추가 조사를 통해 경영진은 매장 관리자들이 이전에 회사의 조명 기준을 따르지 않았다는 사실을 알게 됐다. 매니저들은 회사의 지침에 나름의 조정을 가하거나 현관에 추가 조명을 설치했다. 그래서 매장이 새로운 LED 정책을 고수하자 밝기가 떨어진 것이었다. 이 사례의 요점은 상관관계만 고려했다면 경영진이 LED가 비즈니스에 좋지 않다는 잘못된 판단을 내렸으리라는 점이다. 실제적인 인과관계를 밝히기 위해서는 추가적인 실험이 필요했다.

많은 기업이 실험은 시작에 불과하다는 사실을 깨닫고 있다. 가치는 데이터를 분석하고 활용하는 데서 나온다. 과거에 퍼블릭스는 테스트 시간의 80퍼센트를 데이터 수집에, 20퍼센트를 분석에 소비했다. 회사의 현재 목표는 그 비율을 역전시키는 것이다.

질문 7: 실험이 결정에 가장 큰 영향을 미치는가?

경영상의 모든 의사결정이 실험으로 해결될 수 있거나 해결돼야 하는 것은 아니다. 다른 기업을 인수하거나 새로운 시장에 진입하는 결정은 판단과 관찰, 분석에 맡기는 것이 최상이다. 때로는 실험을 하기가 불가능하지는 않더라도 매우 어려울 수 있고, 실험자에게 너무 많은 제약을 가하여 결과가 유용하지 않을 수도 있다. 그러나 테스트할 수 있는 모든 것이 테스트된다면, 실험은 경영진의 의사결정에 큰 도움을 주고 건전한 토론을 촉진할 수 있다. 대규모 실험을 위한 정교한 인프라를 구축한 넷플릭스(Netflix)에서 바로 그런 일이 발생했다. 〈월스트리트 저널〉에 소개된 내용이다.

2016년 넷플릭스의 실험에서, 코미디 드라마 〈그레이스 앤 프랭키〉의 두 주인공 중 한 명인 릴리 톰린(Lily Tomlin)만 나오는 프로모션 이미지가 톰린과 그녀의 파트너 제인 폰더(Jane Fonda)까지 보여주는 이미지보다 잠재적인 시청자의 클릭을 더 많이 유도한 것으로 나타났다.[29] 콘텐츠팀은 폰더를 제외하면 배우가 소외감을 느낄 뿐 아니라 계약 위반에 해당할 수 있다고 우려했다. 전략적 고려와 실험적 증거 간의 열띤 논쟁 끝에 넷플릭스는 고객 데이터가 결정을 뒷받침하지 않더라도 폰더가 포함된 이미지를 사용하기로 했다. 요점은 실험적 증거 덕에 절충과 의사결정 과정이 더욱 투명해졌다는 사실이다.

테스트 결과에 따라 결정을 내릴 때 기업은 표본 크기와 대조군, 무작위 배정 등의 요인에 주의를 기울임으로써 테스트 결과의 유효성을 보장해야 한다. 결과가 더욱 유효하고 반복해도 동일한 값이 나올수록 내부 저항에 더 잘 견딜 수 있다. 내부의 저항은 테스트 결과가 업계의 오랜 관행이나 가정에 반할 때 특히 강력해질 수 있다. 더 중요한 점은 사내 서열이나 파워포인트 프레젠테이션이 실험적 증거의 대체물로 받아들여져서는 안 된다는 것이다.

비즈니스 실험이 뱅크오브아메리카(Bank of America)에서 의사결정을 어떻게 바꿨는지 살펴보자. 그들이 은행 지점들의 대기 시간을 연구했을 때 일어났던 일이다.[30] 2000년경, 이 은행은 미국의 21개 주에 걸쳐 약 4,500개의 지점을 운영하며 약 2,700만 가구와 200만 사업체에 서비스를 제공하고 매일 380만 건에 달하는 거래를 처리하고 있었다. 은행에서 차례를 기다리는 수천 명의 고객을 표본조사한 내부 연구원들은 약 3분이 지나면 실제 대기 시간과 인식 대기 시간 간의 차이가 기하급수적으로 증가한다는 것을 발견했다. 영업사원이 참여한 두 포커스그룹과 갤럽(Gallup) 조직의 공식 분석이 추가적인 보강 증거를 제공했으며, 그렇게 해서 거래영역미디어(Transaction Zone Media, TZM) 실험이 탄생했다. 연구팀은 출간된 심리학 문헌에 근거하여 로비 창구직원 위에 TV 모니터를 설치해 고객을 '지루하지 않게' 하면 인지 대기 시간이 15퍼센트 이상 줄어들 것으로 추측했다. 팀은 TZM 실험과 그에 대한 통제를 위해 2개의 유사한 지점을 선택했다. 실험을 통해 학습을 극대화하기 위한 조치였다. 그들은 실험 지점에 애틀랜타 기반의 뉴스 방송국 CNN에 채널이 고정된 모니터를 창구 부스 위에 설치했다. 그런 다음 새로운 환경이 가져올 효과가 사라지도록 일주일의 '워시아웃(washout)' 기간을 가진 후 다음 2주 동안의 결과를 측정했다.

TZM이 전개된 지점의 실험 결과는 실제 대기 시간을 과대평가한 사람의 수가 32퍼센트에서 15퍼센트로 감소한 것으로 나타났다. 같은 기간에 이 정도의 하락이 보고된 다른 지점은 한 곳도 없었다. 대조군으로 이용된 지점은 오히려 과대평가된 대기 시간이 15퍼센트에서

26퍼센트로 증가했다. 이는 고무적인 결과였지만, 팀은 여전히 TZM이 회사의 수익에 긍정적인 영향을 미칠 수 있음을 고위 경영진에 입증해야 했다. 이를 위해 팀은 30개 질문으로 구성한 설문조사에 기초해 자체적으로 창출한 고객만족도지수(CSI)를 미래 수익 성장의 대용물로 이용했다.

이전 연구에 따르면, CSI가 1포인트 개선될 때마다 고객 구매 및 유지의 증가로 연간 매출이 가구당 1.40달러 증가하는 것으로 나타났다. 따라서 고객 기반이 1만 가구인 은행 센터(지점)의 지수가 2포인트만 증가하면 연간 매출이 2만 8,000달러 증가하는 셈이었다. 이 포인트 비율은 일반적으로 뱅크오브아메리카의 테스트 시장이었던 애틀랜타에서 1980년대 중반에, 전국적으로는 1970년대 후반에서 1980년대 초반까지 다양한 양태를 보였다. 팀은 TZM TV 모니터를 설치한 후 전체적으로 1.7퍼센트가 증가한 것으로 측정했다. 무척 고무된 그들은 더욱 다양한 프로그램과 광고, 다양한 스피커 음량의 영향을 연구하고 최적화하기 위해 두 번째 단계에 들어갔다.

TZM 프로그램의 이점은 감탄할 만했지만 이제 팀은 그것이 비용보다 더 큰지 살펴봐야 했다. 연구에 따르면 실험 포트폴리오에 포함된 각 지점에 특수한 TV 모니터를 설치하는 데 약 2만 2,000달러가 들 것으로 나타났다. 이를 전국 지점에 적용한다면 규모의 경제 덕에 지점당 비용이 약 1만 달러까지 낮아질 것으로 추산됐다. 그들은 이를 예상되는 재정 이익과 직접 비교할 수 있었다.

이 장에서 다룬 뱅크오브아메리카와 콜스, 퍼블릭스 등의 사례에서 얻을 수 있는 교훈은 경영진이 올바른 질문을 제기하면 비즈니스 실험이 더 나은 사업 방식으로 이어질 수 있다는 것만이 아니다(표 2-1 참조). 실험은 경영진의 그릇된 통념과 잘못된 비즈니스 직관을 뒤집는 데에도 도움이 된다. 더욱 현명한 의사결정은 궁극적으로 성과의 향상으로 이어진다. 퍼블릭스는 더 나은 실험을 통해 다음 두 가지 부분의 개선으로 수천만 달러를 절약할 수 있었다. 첫째, 회사는 성과 향상에 도움이 되는 혁신적인 제안을 진행할 수 있다고 확신하게 됐다. 둘째, 궁극적으로 수익을 훼손할 수 있는 변화와 변경을 피할 수 있게 됐다.

그렇다면 1장에서 설명한 JC페니의 재난 역시 사전에 다양한 변경 사항을 테스트했다면(예를 들어 브랜드 부티크의 추가 등으로) 방지할 수 있었을까? 이 시점에서 그것을 아는 건 불가능하다. 그러나 한 가지 사실만큼은 확실하다. 그런 대담한 프로그램을 구현하기 전에 회사에 필요한 것은 결정을 안내할 더 많은 실험적 증거이지 경영진의 직관이 아니라는 사실이다.

3장

온라인 실험실
사용법

당신의 추측이 아무리 훌륭하든, 당신이 얼마나 똑똑하든,
당신이 어떤 권위를 지녔든, 달라질 것은 없다.
실험 결과와 일치하지 않는다면 틀린 것이다. 그게 전부다.

리처드 파인먼(Richard Feynman), 물리학자 · 교사 · 스토리텔러

EXPERIMENTATION WORKS

2012년 빙 검색엔진을 담당하던 마이크로소프트의 한 직원은 광고 헤드라인의 표시 방법을 변경할 아이디어 하나를 떠올렸다.[1] 그 아이디어는 사소해 보였다. 광고의 헤드라인에 일부 텍스트를 추가하여 더 길게 만들어보자는 것이었다(그림 3-1 참조). 변경 방식을 개발하는 데는 많은 노력이 필요하지 않았지만(엔지니어가 며칠만 시간을 투자하면 되는 일이었으므로), 직원들이 제안한 수백 가지 아이디어 중 하나였기에 프로그램 매니저는 그 일에 낮은 우선순위를 부여했다. 그렇게 그 아이디어는 6개월 이상 묵혀 있다가 해당 코드를 작성하는 데 드는 비용이 적다는 것을 간파한 한 엔지니어가 그 영향을 평가하기 위해 간단한 온라인 대조실험(A/B 테스트)을 개시했다. 테스트가 시작되고 몇 시간도 지나지 않아 새로운 헤드라인 덕에 비정상적으로 높은 수익이 발생하여 '너무 좋아서 사실일 리가 없다'라는 경고가 떴다. 일반적으로 이런 경고는 버그를 알리는 것이지만 이번에는 그렇지 않았다. 분석 결과 그와 같은 변경이 12퍼센트에 달하는 놀라운 수익 증가를 가져온 것으로 밝혀졌다. 이는 주요 사용자 경험 지표에 잘못된 영향을 주지 않으면서 연간 기준으로 미국에서만 1억 달러 이상의 수익이 늘어난다는 의미였다. 빙 역사상 최고의 수익 창출 아이디어였는데, 테스트 전까지는 가치가 그처럼 과소평가된 것이다.

그림 3-1 헤드라인 길이 변경 실험

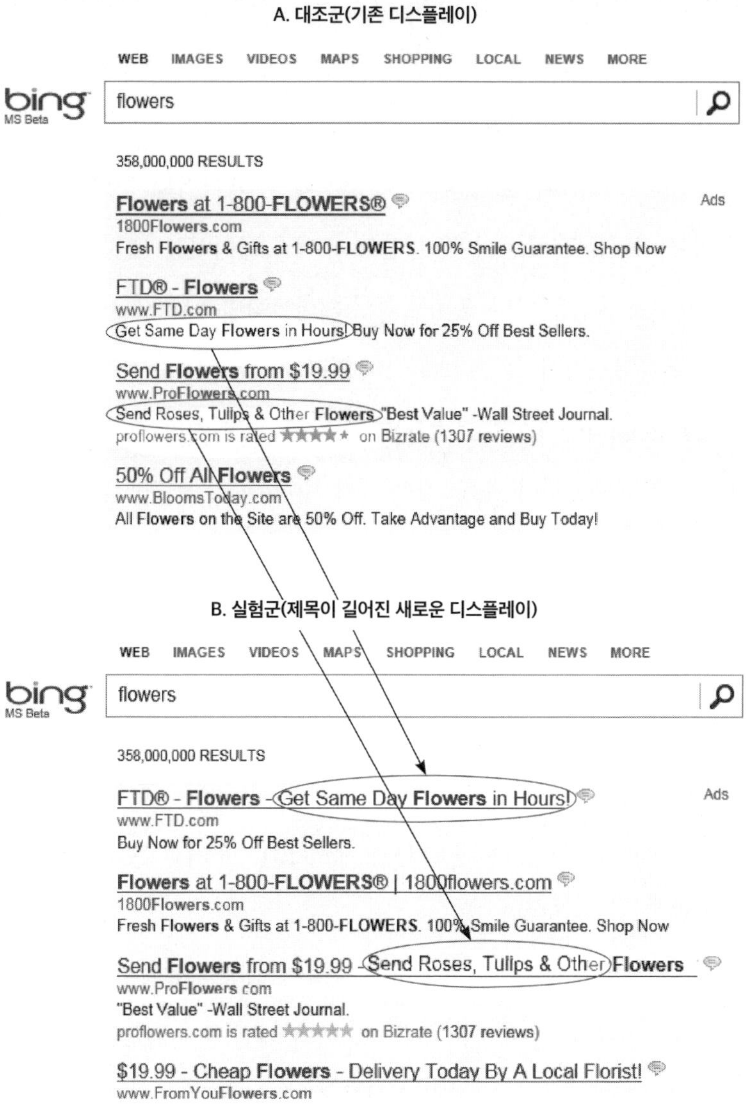

A. 대조군(기존 디스플레이)

WEB   IMAGES   VIDEOS   MAPS   SHOPPING   LOCAL   NEWS   MORE

bing
MS Beta

flowers

358,000,000 RESULTS

Flowers at 1-800-**FLOWERS®**   Ads
1800Flowers.com
Fresh **Flowers** & Gifts at 1-800-**FLOWERS**. 100% Smile Guarantee. Shop Now

FTD® - **Flowers**
www.FTD.com
Get Same Day **Flowers** in Hours! Buy Now for 25% Off Best Sellers.

Send **Flowers** from $19.99
www.ProFlowers.com
Send Roses, Tulips & Other **Flowers** "Best Value" -Wall Street Journal.
proflowers.com is rated ★★★★ ★ on Bizrate (1307 reviews)

50% Off All **Flowers**
www.BloomsToday.com
All **Flowers** on the Site are 50% Off. Take Advantage and Buy Today!

B. 실험군(제목이 길어진 새로운 디스플레이)

WEB   IMAGES   VIDEOS   MAPS   SHOPPING   LOCAL   NEWS   MORE

bing
MS Beta

flowers

358,000,000 RESULTS

FTD® - **Flowers** - Get Same Day **Flowers** in Hours!   Ads
www.FTD.com
Buy Now for 25% Off Best Sellers.

Flowers at 1-800-**FLOWERS®** | 1800flowers.com
1800Flowers.com
Fresh **Flowers** & Gifts at 1-800-**FLOWERS**. 100% Smile Guarantee. Shop Now

Send **Flowers** from $19.99 - Send Roses, Tulips & Other **Flowers**
www.ProFlowers.com
"Best Value" -Wall Street Journal.
proflowers.com is rated ★★★★★ on Bizrate (1307 reviews)

$19.99 - Cheap **Flowers** - Delivery Today By A Local Florist!
www.FromYouFlowers.com

출처: R. Kohavi, D. Tang, Y. Xu, *Trustworthy Online Controlled Experiments: A Practical Guide to A/B Testing*(Cambridge, UK: Cambridge University Press, in press).

이 사례는 새로운 아이디어의 잠재력을 평가하는 것이 얼마나 어려운지를 잘 보여준다. 또한 마찬가지로 중요하게, 많은 온라인 테스트를 실시간으로 저렴하게 실행할 수 있는 역량의 가치도 보여준다. 이를 인식하기 시작한 기업들이 늘고 있다.

오늘날 마이크로소프트, 아마존, 부킹닷컴, 페이스북, 구글 같은 세계 최고 기업들은 매년 수백만 명의 유저가 참여하는 1만 건 이상의 온라인 대조실험을 한다. 월마트와 스테이트팜인슈런스, 나이키, 페덱스, 뉴욕타임스컴퍼니(New York Times Company), BBC 등 디지털 기반이 없는 기업들과 스타트업 기업들도 소규모이지만 정기적으로 온라인 실험을 운용한다. 모두 '모든 것에 대한 실험' 접근방식이 놀랍도록 큰 보상을 제공한다는 사실을 발견한 조직들이다. 예를 들어 빙은 온라인 실험으로 매월 수십 건의 수익 관련 변경 사항을 평가했고, 이는 총체적으로 검색당 수익을 매년 10~25퍼센트 개선했다. 이런 향상과 사용자 경험을 개선하는 월간 수백 가지의 여타 변경 사항은 빙이 흑자를 올리는 주된 이유이며, PC에서 수행되는 미국 국내 검색의 점유율이 (빙이 출시된) 2009년 8퍼센트에서 2017년 거의 23퍼센트로 증가한 원인이기도 하다.

1,100만 명 이상의 고객을 보유한 영국 텔레콤 기업인 스카이UK의 사례를 살펴보자. 이 회사는 소프트웨어와 채팅 봇, 사이트 디자인 등과 관련된 웹사이트의 모든 변경 사항을 실험의 대상으로 삼는다.[2] 오늘날 온라인 고객의 70퍼센트가 매달 약 100개의 새로운 테스트에 참여한다(이 회사의 목표는 이를 90~95퍼센트로 확대하는 것이다). 스카이에는

제품팀과 사업가팀, 서비스센터를 포함하여 회사 모든 곳에서 아이디어를 받아들이고 이를 평가할 엄격한 실험을 설계하는 4명의 최적화 전문가팀이 있다. 평균적으로 스카이의 테스트는 클라이언트 측면(웹 경험)과 서버 측면(알고리즘, 데이터베이스 질의 등)으로 균등하게 나뉜다. 궁극적으로 회사는 직원들이 (자사의 소프트웨어 엔지니어들과 마찬가지로) 회사의 모든 콘텐츠 전송 플랫폼(웹, 모바일, TV)에 걸쳐서 직접 실험을 설계하고 실행하기를 바란다. 이를 위해 스카이의 디지털팀은 직원들에게 과학적으로 사고하고 행동하는 방법을 가르쳐왔다. 분석팀이 매달 몇 차례의 테스트만 수행하고 근무 시간의 5~10퍼센트만 실험에 투자했던 불과 3년 전에 비하면 괄목할 만한 변화라고 할 수 있다.

고객서비스는 이미 테스트의 증가로 많은 이득을 얻고 있다. 스카이는 매일 수천 건의 지원 요청 전화를 받지만, 적절한 상황에서는 고객이 웹이나 모바일 또는 대화형 TV 채널을 통해 셀프서비스를 이용할 수 있는 선택권을 가져야 한다고 강하게 믿는다. 작동하는 것과 작동하지 않는 것이 무엇인지 알아내기 위해서는 많은 새로운 아이디어에 대한 통제 테스트가 필요했으며, 그런 아이디어 가운데 일부는 콜센터 직원에게서 나왔다. 스카이의 디지털혁신책임자 압둘 뮬리크(Abdul Mullick)에 따르면, 그 결과 통화 수가 16퍼센트 감소했고 고객만족도는 8퍼센트 향상됐다. 새로운 실험 정신은 또한 상급자가 아니라 올바른 아이디어가 승리하는 사내 문화를 만들고 있다. 고위 경영진은 데이터를 따르는 것이 의사결정에서 오만과 계급을 제거하고, 전략적 또는 법적 이유로 테스트 권장 사항을 무시해야 할 때 명확성을 더해준다는 사실을 발견했다.

온라인 채널이 대부분 비즈니스에 필수 요소로 자리 잡은 오늘날, 모든 조직에서 엄격한 실험을 표준 운영 절차로 삼아야 한다. 이를 위해 소프트웨어 인프라와 조직 기술에 투자하면, 웹사이트를 위한 아이디어뿐 아니라 잠재적인 비즈니스 모델이나 전략·제품·서비스·마케팅 캠페인 등을 비교적 적은 비용으로 평가할 수 있다. 의미심장하게도 온라인 유저의 행동 방식은 심리학·사회학·경제학을 포함하되, 그에 국한되지 않는 다양한 분야가 융합적으로 관련되기에 예측하기가 놀랍도록 어렵다. 더욱이 그에 대한 예측의 성공 기준은 종종 맥락(예를 들어 서로 다른 시장이나 고객 세그먼트)에 따라 달라진다. 따라서 일반적으로 올바른 질문은 '무엇이 작동하는가?'가 아니라 '무엇이 어디에서(그리고 때로는 언제) 작동하는가?'다. 온라인 실험은 탐색과 최적화를 직관이나 서열 또는 일반적인(종종 잘못된) 믿음이 주도하는 추측 게임이 아니라 증거 중심의 과학적인 프로세스로 전환해준다. 더불어 중요한 사항은 그 모든 것을 엄청난 규모로 진행할 수 있다는 점이다! 혁신은 대개 실험 없이는 일어날 수 없다. 게다가 실험은 나쁜 아이디어를 구현해 미리 실패함으로써 자원을 낭비하는 일도 막을 수 있다. 그럼에도 일부 주요 디지털 기업을 포함하여 너무 많은 조직이 엄격한 과학 실험의 실행 방법을 몰라 무계획적으로 온라인 실험에 접근하거나 너무 적게 실험한다.

온라인 실험 역량을 구축하려면 어떤 조직이든 이 장에 소개된 베스트 프랙티스에 주의를 기울여야 한다. 앞서 이미 배운 내용을 보완하는 사례들이다. 온라인 비즈니스에 초점을 맞추고 있지만, 여기서 얻을 수 있는 많은 교훈은 B2C나 B2B 환경뿐 아니라 기존의 오프라인 비즈니스에도 동일하게 적용된다. 가장 간단한 종류의 대조실험인 A/B 테스트로 시작하지만, 거기서 얻는 지식과 제안은 더 복잡한 실험을 설계할 때도 적용된다.[3]

테스트, 테스트, 그리고 테스트

A/B 테스트에서 실험자는 두 가지 경험을 설정한다. A는 대조군으로서 일반적으로 현재의 시스템(예를 들어 챔피언)이고, B는 실험군으로서 무언가를 개선하려고 시도하는 변경(예를 들어 도전자)에 해당한다. 이어서 유저를 각각의 경험에 무작위로 배정한 후 주요 메트릭스를 컴퓨팅하고 비교하면 된다(A/B/C 또는 A/B/n 테스트 및 다변량 테스트는 동시에 여러 변수의 처리 또는 변경을 평가한다[4]). 온라인에서 그런 변경은 새로운 기능이나 사용자 인터페이스의 수정(예를 들어 새로운 레이아웃), 백엔드의 변화(예를 들어 아마존에서 책을 추천하는 알고리즘을 개선하는 경우), 기존과 다른 비즈니스 모델(예를 들어 무료 배송의 도입) 등이 될 수 있다. 고객 경험의 어떤 측면을 가장 중시하든(판매든 반복 사용이든, 연결 클릭률이든, 유저의 사이트 체류 시간이든) 회사는 온라인 A/B 테스트를 통해 최적화 방법을 배울 수 있다.

예를 들어보겠다. 세계 최대의 숙박 플랫폼인 부킹닷컴은 온라인 실험을 통한 고객 경험의 최적화에 대한 끊임없는 관심과 회사 전체에 걸쳐 테스트를 민주화한 방식으로 유명하다(5장 참조). 오늘날 부킹 닷컴은 웹사이트와 서버, 앱에서 일상적으로 1,000건 이상의 가설을 동시에 테스트한다. 그런 테스트는 대개 유저 조사 및 고객서비스에서 얻은 통찰이나 관찰로 시작된다(자료 3-1 참조).

일일 액티브 유저가 수천 명인 회사라면 어디나 이런 테스트를 할 수 있다.[5] 대규모 고객 표본에 접근하고, 웹사이트 및 앱에서 유저의 상호작용에 대한 방대한 양의 데이터를 자동으로 수집하고, 동시 실

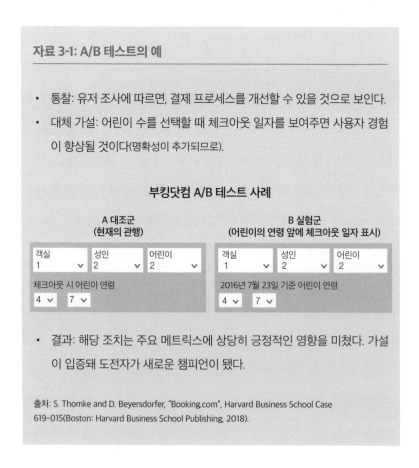

자료 3-1: A/B 테스트의 예

- 통찰: 유저 조사에 따르면, 결제 프로세스를 개선할 수 있을 것으로 보인다.
- 대체 가설: 어린이 수를 선택할 때 체크아웃 일자를 보여주면 사용자 경험이 향상될 것이다(명확성이 추가되므로).

부킹닷컴 A/B 테스트 사례

A 대조군 (현재의 관행)			B 실험군 (어린이의 연령 앞에 체크아웃 일자 표시)		
객실 1 ∨	성인 2 ∨	어린이 2 ∨	객실 1 ∨	성인 2 ∨	어린이 2 ∨
체크아웃 시 어린이 연령 4 ∨ 7 ∨			2016년 7월 23일 기준 어린이 연령 4 ∨ 7 ∨		

- 결과: 해당 조치는 주요 메트릭스에 상당히 긍정적인 영향을 미쳤다. 가설이 입증돼 도전자가 새로운 챔피언이 됐다.

출처: S. Thomke and D. Beyersdorfer, "Booking.com", Harvard Business School Case 619-015(Boston: Harvard Business School Publishing, 2018).

험을 하는 능력은 무시할 만한 추가 비용으로 많은 아이디어를 신속하게 평가할 수 있는 전례 없는 기회를 제공한다. 어떤 조직이든 신속하게 실험을 반복하고, 성패에 관한 빠른 결과를 손에 들고 빠르게 방향을 전환할 수 있다.

실제로 제품개발 자체가 변화하고 있다. 유저 인터페이스와 보안 애플리케이션, 백엔드 변경 등을 포함한 소프트웨어의 모든 측면은 이제 A/B 테스트의 대상이 될 수 있다[이를 풀스택(full-stack) 실험이라고 한다]. 이를 통해 회사는 소프트웨어 변경이 성능(예를 들어 응답성)을 저하하거나 예상치 못한 영향을 미치지 않게 하는 데 필요한 정보를 포함하여 지속적이고 통계적으로 엄격한 피드백을 얻을 수 있다. 빙에서는 제안된 변경 사항의 약 80퍼센트가 먼저 대조실험의 대상이 된다(앞서 언급했듯이, 리스크가 크지 않은 일부 버그 수정이나 OS 업그레이드와 같은 기계 수준의 변경은 제외된다).

또한 온라인 실험은 경영자가 잠재적 개선에 어느 정도 투자하는 것이 최적인지 파악하는 데 도움이 된다.[6] 마이크로소프트는 빙의 검색 결과 표시 시간을 단축하는 방안을 검토할 때 바로 그런 결정에 직면했다. 그들은 속도가 사용자 경험 메트릭스에 지속적으로 영향을 미친다는 사실을 발견했다. 물론 빠를수록 더 나은 것이었지만, 그런 개선의 가치를 정량화할 수는 없을까? 그런 성능의 향상을 위해서는 몇 명이 작업에 매달려야 할까? 3명이면 될까, 아니면 10명 또는 50명 정도가 적합할까? 이런 질문에 답하기 위해 마이크로소프트는 로딩 속도의 미세한 차이가 미치는 영향을 연구할 목적으로 인위적인 지연을 추가한 일련의 A/B 테스트를 했다.

실험 결과, 100밀리세컨드(1밀리세컨드는 1,000분의 1초)마다의 수행력 차이가 수익에 0.6퍼센트의 영향을 미친다는 데이터가 나왔다. 빙의 연간 매출이 30억 달러를 웃도는 상황이었기에 100밀리세컨드의 수행력 향상은 연간 1,800만 달러의 수익을 올릴 수 있으며, 상당한 규모의 팀에 자금을 지원하기에 충분하다는 의미였다. 또한 테스트 결과는 빙이 특히 검색 결과의 관련성은 향상하지만 소프트웨어의 응답 시간은 늦추는 것과 같은 기능에 대해 중요한 절충안을 확립하는 데 도움이 됐다. 빙은 다수의 작은 기능이 누적돼 수행력을 크게 저하하는 상황을 피하고자 했다. 따라서 응답 속도를 기준 밀리세컨드 이상 늦추는 개별 기능의 구현은 팀이 해당 기능이나 다른 구성 요소의 수행력을 개선할 때까지 지연됐다.

이런 장점을 인식한 일부 선도적인 기술 기업은 자사의 다양한 제품팀에서 이용할 수 있는 실험 인프라를 구축하고 관리하고 개선하는 데 전사적인 노력을 기울였다. 그렇게 대규모로 투자하길 원하지 않는 회사는 다양한 솔루션을 제공하는 옵티마이즐리(Optimizely)나 어도비타깃(Adobe Target), 구글옵티마이즈(Google Optimize) 등 제삼자 테스트 플랫폼을 주목했다. 온라인 테스트 역량은 경영자가 사용 방법을 제대로 알고 있을 때 중요한 경쟁우위가 된다.

분명히 말하지만, (2장에서 언급했듯이) 오프라인 사업이든 온라인 사업이든 모든 경영상의 의사결정이 실험의 대상이 될 수 있거나 되어야 하는 것은 아니다. 일부 실험은 결과가 너무 뻔하거나 실행 불가능하거나 비윤리적이거나 예상되는 학습에 실용적인 가치가 없어서 수행할 가치가 없다. 이런 한계를 설명하기 위해 2003년 2명의 의학 연구원이 '중력 문제와 관련된 사망 및 중증 외상 예방을 위한 낙하산의 유용성: 무작위 통제 실험에 대한 체계적인 검토'라는 제목으로 조롱조의 기사를 발표했다. 기사에서 저자들은 자유낙하 중에 낙하산 사용의 이점을 보여주는 무작위 제어 실험을 '조사'하고 있었는데 (놀랍게도!) 무작위 연구가 전혀 없다는 사실만 발견했다고 밝혔다. 비행기에서 낙하산을 메고 뛰어내리는 피험자(B, 실험군)의 치명률이 더 낮다는 사실만을 증명하기 위해 낙하산 없이(A, 대조군) 비행기에서 기꺼이 뛰어내릴 사람은 당연히 없었다.[7] 물론 요점은 사람들을 뻔한 죽음에 이르게 하는 것은 비윤리적일 뿐만 아니라, 낙하산을 메고 비행기에서 뛰어내리는 것이 낫다는 것(이미 알려진 사실) 외에는 배울 것도 없는 실험이라는 얘기다. 이 풍자적인 기사는 일부 의학 실험의 가치와 윤리, 유용성에 대한 격렬한 토론을 불러일으켰다.

얼마 후 다른 연구원들이 토론에 예상치 못한 반전을 추가했다. 후속 기사에서 그들은 실제로 낙하산의 유용성에 대한 무작위 통제 테스트를 했다고 주장했다.[8] 이번 연구에서는 실험군과 대조군 두 그룹 간에 사망이나 부상의 정도에서 차이가 없는 것으로 나타났다는 것이었다. 왜? 실험군에 기꺼이 참가한 피험자가 정지된 60센티미터 높이 단상에서 뛰어내려 부상을 당하지 않은 것이었다. 이 기사는 '외적 타당도(external validity)'에 관심을 유도하려는 의도로 작성된 것이었다. 외적 타당도란 특정 실험의 결과를 다른 대상, 다른 시기, 다른 상황에 일반화할 수 있는 정도를 말한다. 실험에 현실성이 거의 없고 외적 타당도도 없다면, 애초에 그것을 실험할 이유가 어디에 있느냐는 얘기였다.

작은 변화의 거대한 힘을 생각하라

경영자는 흔히 투자를 많이 할수록 더 큰 영향력을 보게 될 것으로 생각한다.[9] 하지만 온라인에서는 그런 방식으로 작동하는 경우가 드물다. 온라인에서는 사소한 변경 사항을 많이 적용함으로써 성공에 이르는 경우가 많다. 비즈니스 세계는 파괴적인 대형 아이디어를 찬미하지만, 실제로 대부분의 발전은 큰 영향을 미칠 수 있는 수백 또는 수천 개의 사소한 개선이 누적되고 반복됨으로써 이뤄진다. 그럼에도 때로는 인터넷의 거대한 규모 탓에 작은 변화 하나가 큰 보상으로 돌아올 수도 있다.

마이크로소프트의 예를 하나 더 살펴보자. 2008년 영국 지사의 한 직원이 언뜻 사소해 보이는 제안을 했다. 유저가 MSN 홈페이지에서 핫메일(Hotmail) 링크를 클릭할 때마다 같은 탭에서 핫메일이 열리게 하는 대신 새로운 탭(또는 이전 브라우저에서는 새로운 창)이 자동으로 열리게 하자는 것이었다. 약 90만 명의 영국 유저를 대상으로 테스트가 진행됐으며 결과는 매우 고무적이었다. MSN 홈페이지에서 수행한 클릭 수로 측정했을 때 핫메일을 연 유저의 참여도가 8.9퍼센트 증가했다(참여도와 관련된 대부분의 변경 사항은 1퍼센트 미만의 영향을 미치는 게 보통이다). 하지만 당시에는 새 탭에서 링크를 여는 사이트가 거의 없었기에 그 아이디어는 뜨거운 논쟁의 대상이 됐고, 결국 변경 사항은 영국에서만 적용됐다.

2010년 6월 그 실험이 미국에서 270만 명의 유저를 대상으로 복제됐는데, 마찬가지로 고무적인 결과가 나왔고 그에 따라 변경 사항이 전 세계로 확대 적용됐다. 그런 다음 마이크로소프트는 그 아이디어가 다른 곳에서 어떤 영향을 미치는지 확인하기 위해 사람들이 MSN에서 검색을 시작할 때 새 탭에서 결과를 열어볼 가능성을 탐색했다. 미국에서 1,200만 명 이상의 유저를 대상으로 한 실험에서 유저당 클릭 수가 5퍼센트 증가한 것으로 나왔다. 새 탭에서 링크를 여는 것은 마이크로소프트가 지금까지 유저의 참여도를 높이기 위해 도입한 방법 중 최상으로 드러났으며, 그에 필요한 것은 몇 줄의 코드만 변경하는 것이었다.

오늘날에는 페이스북닷컴이나 트위터닷컴과 같은 많은 웹사이트에서 이 기술을 이용한다. 간단한 변경으로 큰 보상을 거둔 이런 식의 경험을 마이크로소프트만 한 게 아니다. 예를 들어 아마존의 한 실험에서는 신용카드 제안을 홈페이지에서 장바구니 페이지로 이동하면 연간 수천만 달러의 수익이 증가하는 것으로 나타났다. 분명히 작은 투자로 큰 보상을 얻을 수 있다. 반면 대규모 투자가 보상이 거의 또는 전혀 없는 것으로 끝나는 경우도 비일비재하다. 소셜미디어를 빙에 통합하여 페이스북이나 트위터의 콘텐츠가 검색 결과 페이지의 창에 열리게 하는 작업에 마이크로소프트는 2,500만 달러가 넘는 개발 비용을 투자했다. 하지만 참여도와 수익에서 무시해도 될 수준의 미미한 증가만 얻었다.

온라인에서는 작은 변화가 큰 보상으로 이어질 때 규모의 힘이 위력을 발휘한다. 5퍼센트의 개선에 10억 클릭이 곱해지면 어떤 영향을 미치겠는가. 그러나 그런 변화는 흔치 않다. 그보다 일반적인 것은 빠르게 누적되고 오랜 기간에 걸쳐 작용할 수 있는, 엄청난 수의 사례가 곱해지는 훨씬 작은 변경 사항의 지속적인 흐름이다. 중요한 메트릭스를 단 1퍼센트(또는 그 이하) 정도 움직이는 수백 가지 실험의 효과를 합쳐놓는다고 상상해보라. 따라서 큰 도약을 꾀하는 직원들만 혁신가로 보는 것은 근시안적이라고 할 수 있다. 아마도 진정한 영웅은 영감과 인내와 목적을 가지고 실험에 실험을 거듭하며 빠르게 승리하거나 실패하는 사람들일 것이다. 오늘날의 온라인 테스트는 에디슨의 실험 작업을 연상시키지만, 훨씬 더 큰 규모와 더욱 과학적인 정확성을 갖춘 셈이다.

실제로 제품의 점진적 개선은 항상 중요한 혁신의 원천이었다. 미국의 경제 성장에 대한 최근의 한 연구에서 저자들은 2003년부터 2013년 사이에 이미 존재하는 제품의 개선이 성장의 약 77퍼센트를 차지했다고 추정했다. 새로운 회사나 기존 회사의 신제품에 의한 창조적 파괴는 성장의 19퍼센트에 불과했다.[10] 마찬가지로 제조 및 컴퓨터 기술에 관한 연구에 따르면, 상당한 성능 향상은 사소하진 않지만 수많은 작은 혁신의 결과인 경우가 많았다.[11] 사려 깊은 경영자는 성장을 촉진하기 위해 자원을 할당할 때 획기적인 접근방식과 점진적

접근방식 사이의 미묘한 균형을 이해한다.[12]

레고 그룹(LEGO Group)이 2004년 거의 파산 지경에서 벗어났을 때 새로운 CEO는 회사 연간 매출의 95퍼센트를 촉진할 점진적이며 지속적인 제품 개선 체계를 구축했다. 획기적인 혁신에 초점을 맞춘 별도의 그룹은 평균 72개의 새로운 콘셉트를 개발해야 하나가 채택되곤 했지만, 점진적 제품 그룹의 아이디어는 80퍼센트의 채택률을 기록했다. 레고는 그렇게 채 10년이 지나지 않아 세계에서 가장 수익성이 높은 장난감 제조 업체가 됐다.[13]

획기적인 접근방식과 점진적인 접근방식 사이의 갈등은 온라인 비즈니스뿐 아니라 대부분의 환경에서 찾을 수 있다. 예를 들어 의학 분야에서는 환자에게 변화를 안겨줄 수 있는 비수술적 치료법을 찾고자 오랫동안 노력해왔다. 그러나 외과 의사이자 연구원인 아툴 가완디(Atul Gawande)가 주장하듯이 성공의 핵심은 "일회적이며 순간적인 승리가 아니라(물론 이것도 일정한 역할은 하지만) 지속적인 발전을 가져오는 장기적 관점의 점진적 발걸음"이다. 그는 이렇게 덧붙였다. "그것이 차이를 만든다는 것의 진정한 모습입니다. 다양한 노력이 중요하다는 의미죠."[14]

제조 부문은 수십 년 동안 그 접근방식의 진가를 알고 실천에 옮겨왔다. 예를 들어 토요타(Toyota)의 유명한 생산 시스템에서는 공장 근로자가 문제를 해결하기 위해 실시간 실험을 하는 것이 지속적인 개선 시스템의 필수적인 부분이다. 여기서도 사람들은 명확하고 검증 가능한 가설을 세우고, 각각의 개선 시도에 대한 나름의 논거를 설명

해야 한다.[15]

물론 점진적 접근에는 한계가 있기에 획기적인 돌파구와 파괴적인 혁신은 성장을 촉진하는 데 여전히 중요한 역할을 할 것이다. 기업들은 웹페이지 버튼에 가장 적합한 색조를 찾는 것과 같은 지엽적인 최적화에 갇히곤 하는데, 10미터짜리 사다리를 오르는 것으로 제한을 둔다면 하늘에 도달할 수는 없지 않겠는가. 또 일부 회사는 아주 작은 변경 사항을 테스트할 수 있을 정도로 고객 트래픽이 충분하지 않아 더 큰 실험을 하는 데 제한을 받기도 한다. 하지만 여기에서도 '모든 것을 실험'하는 접근방식은 새로운 문제 및 솔루션 공간을 탐색하는 데 도움이 된다.

2017년 부킹닷컴은 급진적인 실험을 진행했다. 자사의 랜딩페이지를 완전히 파란색으로 바꾼 후 중앙에 작은 창만 내놓고 그 안에 '숙박시설, 항공편, 렌터카'라고 써놓은 것이다. 부킹닷컴에서 몇 년 동안 최적화했던 모든 콘텐츠 및 디자인 요소(사진, 텍스트, 버튼, 메시지)가 사라진 모양새였다. 어떤 사람들은 너무 많은 변화가 원인 변수의 분리를 불가능하게 만들 것이라고 주장했다. 또 어떤 사람들은 실험군(B, 도전자)에 속하는 수백만 고객이 익숙하지 않은 랜딩페이지를 처음 접하고 보일 반응에 대해 우려했다. 고객이 특성 없는 웹사이트의 외관에 혼란을 느끼고 아무런 참여 없이 떠날지도 모른다는 걱정이었다. 결국 그 실험은 고객이 어느 정도의 변화까지 받아들이는지 회사에 알려줬고, 후속 실험에서 얻은 통찰이 결국 홈페이지에 구현됐다.[16]

대규모 실험 시스템에 투자하라

100여 년 전 백화점 소유주인 존 워너메이커(John Wanamaker)는 다음과 같은 명언을 남겼다. "광고에 쓰는 돈의 절반이 낭비된다. 문제는 어느 쪽 절반이 그런지 알지 못한다는 것이다."

비슷한 맥락이 새로운 아이디어에도 적용된다. 대다수의 아이디어가 실험에서 실패하고 전문가조차도 종종 어떤 아이디어가 성과를 올릴지 잘못 판단한다. 구글과 빙에서는 실험의 약 10~20퍼센트만이 긍정적인 결과를 생성한다.[17] 마이크로소프트에서는 전체적으로 보면 3분의 1이 효과적인 것으로 입증되며 3분의 1은 중립적인 결과를, 3분의 1은 부정적인 결과를 낳는다. 이 모든 것은 결국 기업이 왕자를 찾으려면 수많은 개구리에게 키스해야 한다는 것을 의미한다.

제안되는 대부분 아이디어를 과학적으로 테스트하려면 도구(클릭이나 마우스 움직임, 이벤트 시간 등을 기록하기 위한), 데이터 파이프라인, 분석가, 데이터과학자 등의 인프라가 필요하다. 제삼자 소프트웨어 도구 및 서비스를 사용하면 실험을 쉽게 실행할 수 있지만, 규모를 확장하려면 실험 역량을 자사의 프로세스와 조직에 긴밀하게 통합해야 한다. 그렇게 하면 나아가 각 실험의 비용을 낮추고 신뢰성을 높이며 의사결정을 개선할 수 있다. 이런 인프라가 부족하면 테스트의 한계 비용이 커지고, 고위 경영진이 더 많은 실험을 꺼리게 될 수 있다.

우선은 소규모 작업으로 시작하는 것이 좋다. 그러면 빠르게 역량을 키울 수 있기에 회의론자들을 잠재울 수 있다. 2007년 12월, 버락 오바마의 대선 캠페인이 문제에 봉착했다.[18] 그의 팀은 캠페인의 새로운 웹사이트가 유권자의 참여 및 선거 자금 기부를 늘려주길 희망했다. 동영상과 이미지, 버튼, 메시지 등 콘텐츠에 대한 아이디어는 부족하지 않았다. 하지만 동영상에 대한 스태프들의 강한 선호를 제외하고는 어떤 아이디어 조합이 가장 큰 영향을 미치는지가 명확하지 않았다. 이를 알아보기 위해 그들은 30만 명 이상의 웹사이트 방문자를 대상으로 24개의 조합을 테스트했다. 놀랍게도 캠페인 스태프들이 선호하던 콘텐츠(동영상)는 테스트된 모든 이미지보다 성과가 떨어졌다. 그에 비해 가족 이미지를 보여주고 '자세히 알아보기' 버튼을 단 솔루션이 최고의 성과를 올렸는데, 원래의 페이지보다 방문자의 가입률을 41퍼센트 늘렸으며 기부금을 약 6,000만 달러나 증가시켰다. 그 이후로 테스트는 정치 캠페인을 진행할 때 반드시 해야 하는 과제가 됐다.

마이크로소프트는 실질적인 규모를 갖춘 테스트 인프라의 좋은 예다(물론 소규모 기업이나 사업 자체가 마이크로소프트만큼 실험에 의존하지 않는 기업은 비교적 작은 규모의 인프라로도 나름의 성과를 거둘 수 있다). 마이크로소프트의 분석팀과 실험팀은 80여 명의 직원으로 구성돼 있으며 매일 빙과 코타나(Cortana), 익스체인지(Exchange), MSN, 오피스(Office), 스카이프(Skype), 윈도(Windows), 엑스박스(Xbox)를 포함한 다양한 제품에 실시하는 수백 개의 온라인 대조실험에 기여한다.[19] 이들의 각 실험에서는 대개 수십만(때로는 수천만)의 유저가 새로운 기능이나 변경 사항에 노출된다. 팀은 이런 모든 테스트에 대해 엄격한 통계분석을 수행하여 수백에서 수천 개의 메트릭스를 점검하고, 중요한 변경 사항을 표시하는 스코어카드를 자동으로 생성한다.

빙에서의 실험 성장은 빠르게 실험 역량을 확대하려는 모든 회사에 중요한 교훈을 제공한다(그림 3-2 참조). 우선, 마이크로소프트는 2011년경에 사실상 무제한의 테스트 수용력을 갖췄다. 실험 건수가 이제

그림 3-2 빙에서의 실험 성장

빙의 실험 플랫폼은 무엇을 하는가?

- 대조군과 실험군 간에 최상의 분할을 찾는다.
- 기본적인 정확성을 위해 '실험 전' 체크포인트를 점검한다.
- 적은 비율의 유저로 실험을 시작하고 실시간 메트릭스를 빠르게 컴퓨팅하여 문제가 있는 경우 15분 내에 실험을 중단한다.
- 몇 시간을 기다린 후 더 많은 메트릭스를 컴퓨팅한다. 자동 안전 가드레일을 넘어가면 실험을 중단한다. 그렇지 않은 경우 목표로 삼은 유저의 비율(예를 들어 10퍼센트 또는 20퍼센트 또는 50퍼센트)까지 증가시킨다.
- 하루가 지나면 플랫폼은 더 많은 메트릭스(> 1,000)를 컴퓨팅하고, 주요한 움직임이 포착되면 이메일 알림을 보낸다(예를 들어 브라우저 X의 성공 도달 시간이 Y% 감소함).
- 동시 실험(> 300)을 통해 유저를 수십억 개의 변형에 노출한다.

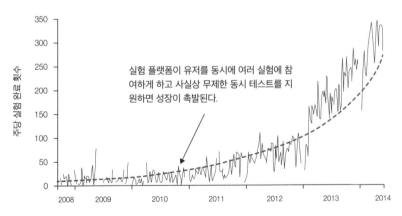

실험 플랫폼이 유저를 동시에 여러 실험에 참여하게 하고 사실상 무제한 동시 테스트를 지원하면 성장이 촉발된다.

출처: R. Kohavi, "Pitfalls in Online Controlled Experiments," paper presented at Code@MIT Conference, MIT, Cambridge, MA, October 14-15, 2016; R. Kohavi and S. Thomke, "The Surprising Power of Online Experiments," *Harvard Business Review*, September-October 2017.

회사의 가설 '공급' 능력으로만 제한될 정도였다. 기업이 이런 변곡점에 도달하면 (실험 성장은 조직의 문제로 인해 제한되는데) 경영진은 문화, 의사결정에 테스트 통합, 심지어 거버넌스와 같은 문제에 집중해야한다. 일테면 다음과 같은 문제 말이다. '수행할 실험과 실행에 옮길 변경 사항은 누가 결정하는가?' 또한 대규모 실험 장치를 유지할 수 있는 가설 파이프라인을 창출하는 것이 중요하다.

실험조직 모델을 구상하라

일단 온라인 실험 역량을 구축한다는 결정이 내려지면, 경영진은 실험 인력을 조직하는 방법으로 세 가지 선택안을 가질 수 있다. 중앙집권형(centralized) 모델, 분산형(decentralized) 모델, 탁월성 센터형(center of excellence) 모델이다(그림 3-3 참조).

중앙집권형 모델

이 접근방식에서는 전문가팀(예를 들어 개발자, 유저 인터페이스 디자이너, 데이터 분석가 등)이 회사 전체의 실험을 관장한다. 각 사업부문에서 아이디어를 생성할 수 있지만, 실험의 실행 및 자원은 중앙에서 관리한다. 장점은 팀이 더 나은 실험 툴을 구축하거나 첨단 통계 알고리즘을 개발하는 등의 장기 프로젝트에 집중할 수 있으며, 연결 및 접촉의 중심점 역할을 할 수 있다는 것이다. 주요한 단점 한 가지는 각 사업부문의 우선순위가 다르기 때문에 자원 및 비용 할당에서 충돌이 발생할

그림 3-3 **실험 인력의 조직**

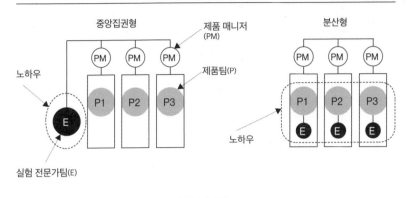

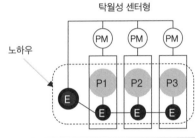

수 있다는 것이다. 또 다른 단점은 팀이 각 사업부문을 상대할 때 외부
자처럼 느껴질 수 있고, 해당 부문의 목표와 전문지식에 적절히 대응
하지 못해 점을 연결하고 관련 통찰력을 공유하는 일이 어려워질 수
있다는 것이다. 나아가 전문가팀은 필요한 실험 툴의 구축에 투자하
도록 고위 경영진을 설득하는 데 영향력이 부족할 수 있고, 각 사업부
문의 책임자들이 서로 협력하고 실험 결과를 신뢰하게 하는 데 어려
움을 겪을 수 있다.

분산형 모델

이 접근방식에서는 각기 다른 비즈니스 단위에 전문가팀을 분산시킨다. 이 모델의 이점은 팀의 구성원이 각 비즈니스 영역에서 전문가가 될 수 있다는 것이다. 단점은 이런 전문가들에게 명확한 경력 경로가 생기지 않을 가능성이 크다는 것이다. 이 전문가들은 경력 발전에 필요한 동료의 피드백이나 멘토링을 받지 못할 수도 있다.

또 다른 단점은 비즈니스 단위 간에 지식 공유가 거의 없어지거나 실험 목표 및 핵심성과지표(KPI)에 상충이 발생하거나 기능 개발에서 조정이 잘 이뤄지지 않을 수 있다는 것 등이다. 또한 개별 단위의 실험은 필요한 사내 툴 구축을 정당화할 수 있는 임계질량을 갖지 못할 수 있다. 그러나 경영진이 제삼자 테스트 툴을 사용하기로 한다면, 분산형 모델은 실험 작업을 신속하게 개시하고 효과적으로 학습하며 실험 건수를 확대하는 데 도움이 된다. 프로그램 관리나 베스트 프랙티스 조언과 같은, 규모를 확대하는 데 필요한 일부 노하우는 그런 툴을 통해 이용할 수 있다.

탁월성 센터형 모델

세 번째 선택안은 일부 실험 전문가를 중앙집권형 기능에 배치하고, 또 일부를 여러 비즈니스 단위에 배치하는 방식이다(마이크로소프트가 이 접근방식을 사용한다). 탁월성 센터는 주로 대조실험의 설계와 실행 및 분석에 중점을 둔다. 전사적인 실험 플랫폼과 관련 툴을 구축함으로써 실험 업무에 들어가는 시간과 자원을 크게 줄일 수 있는 접근법이다. 또한 강의나 콘퍼런스를 개최해 조직 전체에 실험의 베스트 프랙티스를 보급할 수 있다. 주요한 단점은 탁월성 센터와 제품팀 간에 소유권 및 책임의 소재가 불분명해질 수 있다는 것이다. 예를 들어 다양한 부서에서 실험을 늘릴 때 더 많은 전문가를 고용하는 데 드는 비용은 누가 부담해야 하고, 결과가 신뢰할 수 없음을 나타내는 경고 및 점검 사항에 대한 투자는 누가 책임져야 하는가?

어떤 것이 옳은 모델이고 어떤 것이 틀린 모델이라고 할 수는 없다. 소규모 회사는 일반적으로 중앙집권형 모델로 시작하거나 제삼자 툴을 사용하고, 성장한 후 다른 두 가지 중 하나로 전환한다. 여러 사업 부문이 있는 기업에서는 특정 우선 사항에 대한 테스트를 고려하는 관리자가 경영진 단위에서 조직적인 접근방식을 개발할 때까지 기다리지 않을 수도 있다. 이 경우 적어도 처음에는 분산형 모델이 의미가 있을 것이다. 그리고 온라인 실험이 우선 사항인 경우에는 중앙 단위에서 표준을 개발한 후, 이를 비즈니스 단위로 보급하고 제품팀의 작업 흐름에 포함할 수 있다. 일부 조직에서는 실험의 요구 사항을 중심으로 여러 분야의 팀이 구성될 수도 있다. 부킹닷컴에서는 온라인 테스트를 설계하고 진행하는 데 필요한 디자이너와 제품책임자, 코드개발자 등이 제품팀에 포함된다.

금융상품과 에너지의 비교 서비스를 제공하는 영국의 온라인 가격 비교 업체 머니슈퍼마켓(MoneySuperMarket)의 사례를 살펴보자. 과거 회사 경영진은 실험의 가치를 이해하고 있었지만, 회사의 테스트 활동은 소수의 웹사이트 변환 전문가가 주도했다.[20] 그 팀은 가설을 테스트하기 전에 소프트웨어 코드 작성을 외부 공급 업체에 의뢰해야 했는데, 작업에 통상적으로 1주에서 3주의 시간이 소요됐다. 그런 후 의미 있는 결과를 얻기 위해 적어도 한 달 동안 테스트한 다음 중앙의 팀이 결과의 가치를 회사 각 비즈니스 단위에 '이해시켜야' 했다. 2017년 회사는 모든 비즈니스 제품(보험, 돈, 에너지 등)에 대해 66건의 실험을 했다.

익스피디아(Expedia)의 제품 담당 부사장 출신으로 현재 머니슈퍼마켓의 보험 및 홈 서비스 제품책임자인 마니시 가즈리아(Manish Gajria)에 따르면, 그들은 온라인 실험의 규모와 영향을 증대하기 위해 조직을 변경해야 했다.[21] 2018년 회사는 제품관리 조직에 긴밀하게 통합된 실험을 거의 250건이나 실행했다. 작용 방식은 다음과 같았다. 첫째, 경영진은 테스트 책임을 분산하고 온라인 실험을 회사의 제품개발 로드맵에 포함했다. 그 덕분에 제품관리자와 엔지니어, 데이터과학 담당자들의 참여도가 높아졌다. 고위 경영진은 검토 회의에서 테스트 결과를 요청했고 이에 따라 전문가뿐만 아니라 조직 전체에서 아이디어가 나오기 시작했다. 둘째, 회사는 풀스택 실험을 지원하는 제삼자 실험 툴로 전환했다. 셋째, 회사는 테스트 주기를 극적으로 단축했다. 이제 머니슈퍼마켓에서는 가설에서 테스트를 시작하여 예컨대 가격 책정 정보가 표시되는 방식의 영향을 이해하기까지 전 과정을 3~4시간 정도에 처리할 수 있다.

하지만 실험 전문가 중심에서 분산된 접근방식으로 전환하는 데 아무런 어려움이 따르지 않았던 것은 아니다. 우선, 경영진은 실험이 통제를 벗어나거나(그런 일은 발생하지 않았다) 조직이 점진적 변화에 너무 집중하게 될까 봐(앞서 살펴본 바와 같이 이것은 좋은 일일 수도 있다) 걱정했다. 여기서 가즈리아가 익스피디아에서 경험한 내용이 도움이 됐다.

"나는 큰 변화가 경영진이 기대하는 만큼의 영향을 미치는 일은 드물다는 것을 알고 있었습니다. 가장 큰 발전은 빠른 속도로 테스트되는 많은 작은 변화에서 비롯되죠."

머니슈퍼마켓은 실험 규모를 늘리기 위해 회사의 주요 메트릭스에 실험 횟수와 테스트에 노출되는 고객의 트래픽까지 포함했다(후자는 1년 만에 12퍼센트에서 55퍼센트로 급증했다). 규모에 초점을 맞추자 조직 설계를 넘어서는 도전 과제가 드러났다. 즉 하나 이상의 실험을 병렬로 실행하고, 폐쇄 루프 시스템의 자동화를 통해 고객 수익 전환에 대한 피드백을 가속화하고, 실험 역량을 더욱 강화하기 위해 고객 규모를 늘리는 등의 방안을 강구했다.

성공의 메트릭스를 정의하라

모든 비즈니스 그룹은 전략적 목표에 부합하는 실험을 위해 적합한(일반적으로 혼합적인) 평가 메트릭스를 정의해야 한다. 간단하게 들릴지 모르지만, 장기적인 결과를 제대로 예측할 수 있는 최상의 단기 메트릭스를 결정하는 일은 결코 쉽지 않다. 그래서 잘못 정의하는 기업들도 적지 않다. 제대로 하려면, 즉 전체 평가 기준(Overall Evaluation Criterion,

OEC)을 올바르게 설정하려면 심사숙고해야 하며, 종종 광범위한 내부 토론이 요구된다. 이를 위해서는 전략을 이해하는 고위 경영진과 메트릭스 및 트레이드오프를 이해하는 데이터 분석가 사이에 긴밀한 협력이 필요하다. 또한 OEC는 일회성 활동이 아니며, 주기적으로 조정돼야 한다.

빙의 경험이 보여주듯이, 온라인 실험을 위한 OEC에 도달하는 일은 그리 간단하지 않다. 빙의 경우 주요한 장기 목표는 검색엔진 조회(질의어)의 점유율을 높이고 광고 수익을 늘리는 것이다. 흥미롭게도 검색 결과의 관련성을 낮추면 유저가 더 많은 사항을 질의어로 입력할 수밖에 없고(따라서 조회 점유율이 증가하고) 광고를 더 많이 클릭하게 된다(따라서 수익이 증가한다). 하지만 그런 이득은 단기로 끝날 수밖에 없다. 사람들이 결국 다른 검색엔진을 찾아 떠날 것이기 때문이다. 그렇다면 어떤 단기 메트릭스가 조회 점유율 및 수익의 장기적인 개선을 잘 예측할 수 있을까? OEC에 대한 논의에서 빙의 경영진과 데이터 분석가는 각 작업이나 세션에 대한 유저의 조회 수는 최소화하고 유저가 수행하는 작업이나 세션의 수는 최대화하기로 했다.

OEC의 구성 요소를 분석하고 추적하는 것도 중요하다. 일반적으로 아이디어가 성공한 이유에 대한 통찰력을 제공하기에 그렇다. 예를 들어 클릭 수가 OEC에 필수적이라면 특정 페이지의 어느 부분에서 클릭이 발생했는지 파악해야 한다. 다른 측정 항목을 살펴보는 것도 중요하다. 실험이 다른 영역에 예상치 못한 영향을 미치는지 어떤지를 발견하는 데 도움이 되기 때문이다. 예를 들어 표시되는 연관 검

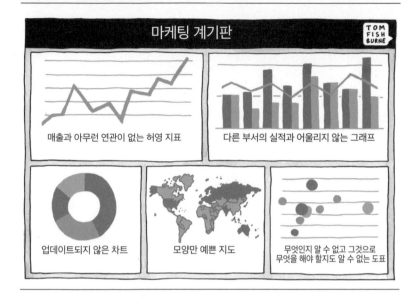

마케팅 계기판

매출과 아무런 연관이 없는 허영 지표

다른 부서의 실적과 어울리지 않는 그래프

업데이트되지 않은 차트

모양만 예쁜 지도

무엇인지 알 수 없고 그것으로 무엇을 해야 할지도 알 수 없는 도표

색어(가령 '해리 포터'라고 검색하면 해리 포터 책, 해리 포터 영화, 해리 포터 영화의 출연진 등에 대한 검색어가 표시된다)를 변경하는 팀은 그것이 (연관 검색어에 대한 검색을 늘림으로써) 검색어의 분포를 바꾼다는 사실을 인지하지 못할 수도 있다. 그런 변화가 긍정적으로든 부정적으로든 수익에 영향을 미칠 수 있는데 말이다.

OEC를 구축하고 조정하고 원인과 결과를 이해하는 과정은 시간이 갈수록 더 쉬워진다. 실험을 하고 결과를 분석 및 해석함으로써 기업은 특정 유형의 테스트에 가장 적합한 메트릭스에 대한 귀중한 경험을 얻을 뿐 아니라 새로운 메트릭스도 개발하게 된다. 빙은 그동안 수년에 걸쳐 실험자가 이용할 수 있는 메트릭스를 6,000개 이상 만들어 테스트가 포함된 영역별(웹 검색, 이미지 검색, 비디오 검색, 광고 변경 등) 템플릿에 통합 정리했다. 제삼자 실험 툴은 일반적으로 디폴트 메트릭스(예를 들어 유저 전환, 수익 등)를 제공하지만, 기업이 자체적으로 메트릭스를 정의하도록 돕기도 한다.

시스템에 대한 신뢰를 쌓아라

사람들이 실험 결과를 신뢰하지 않는다면 평가 기준이 아무리 훌륭해도 별 소용이 없다. 수치를 도출하는 일은 어렵지 않다. 믿을 수 있는 수치를 얻는 일이 어려운 것이다. 2016년 갭(Gap)이 자사의 실패한 디지털 모델을 수정하기로 했을 때(갭의 온라인 매출 성장이 답보 상태였다), 고객 경험을 개선하기 위한 실험을 필수적으로 수행해야 했다. 각 사업팀이 기본 모델에서 벗어난 테스트를 해야 하는 상황이었지만, 회사의 내부 실험 툴은 신뢰할 수 없었다. 갭의 한 임원은 당시 상황을 이렇게 설명했다.

"모든 테스트가 종교적인 싸움이 됐습니다. 다들 외쳐댔어요. '내 사이트에선 이것[테스트]을 원하지 않습니다. 이 테스트는 하고 싶지 않습니다. 그것은 사업을 위험에 빠뜨릴 겁니다'라고 말이죠."

회사는 시스템에 대한 신뢰를 구축하는 일부터 시작해야 했으며, 이는 부분적으로 사업팀들의 문제를 해결했던 제삼자 툴 공급 업체와의 파트너십을 통해 이뤄졌다.[22] 결국 회사는 그에 성공했고, 광범위한 테스트를 통해 보다 개인화한 경험이 방문당 수익과 고객 전환율을 크게 높인다는 사실을 확인했다.

신뢰를 구축하려면 경영자는 실험 시스템을 검증하고 자동화된 점검 및 보호 장치를 준비하는 데 시간과 자원을 할당해야 한다. 제삼자 툴이나 서비스를 이용하는 경우에도 통계 엔진의 품질을 확인하는 것이 중요하다. 한 가지 방법은 엄격한 'A/A' 테스트를 하는 것이다. 즉, 95퍼센트의 시간 동안 시스템이 통계적으로 유의미한 어떤 차이도 식별하지 않도록 만들기 위해 자체 테스트를 하는 것이다(유의미성 테스트를 5퍼센트로 설정한 경우에 그렇다는 뜻이다. 뒤에서 자세히 다룬다). 이 간단한 접근방식을 통해 마이크로소프트는 수백 건의 잘못된 실험과 공식의 부적절한 적용(예를 들어 모든 측정이 독립적이라고 가정하는 공식의 사용)을 식별할 수 있었다.

최고의 데이터과학자는 회의론자로서 '흥미롭거나 달라 보이는 수치는 일반적으로 잘못된 것이다'라는 트와이먼의 법칙(Twyman's law)을 따른다. 놀라운 결과는 재현돼야 한다. 그래야 유효성이 확인되고 사람들의 의심이 가라앉는다. 앞서 언급했듯이 2013년 빙은 제목, 링크, 캡션을 포함하여 검색 결과 페이지에 나타나는 다양한 텍스트의 색상으로 일련의 실험을 했다. 색상 변화는 미묘했지만, 결과는 예기치 않게 긍정적이었다. 제목에서 약간 더 어두운 색조와 캡션에서 약간 더 밝은 색조를 본 유저가 검색에서 더 많은 시간 동안 성공했으며, 원하는 결과도 훨씬 더 적은 시간을 들여 찾았다.

색상의 차이가 거의 인식할 수 없는 정도였기 때문에, 그 실험의 결과는 디자인 전문가를 포함한 여러 부문의 회의적 시각과 부딪혔다(마이크로소프트는 다른 많은 기업과 마찬가지로 수년 동안 실제 유저의 행동 방식을 테스트하는 대신 전문 디자이너에게 의존해 기업 스타일 가이드 및 색상을 정의해 왔다). 결국 실험은 3,200만 명의 유저라는 훨씬 더 큰 표본으로 다시 실행됐으며, 비슷한 결과가 나왔다.[23] 분석에 따르면 해당 색상 변경은 모든 유저를 상대로 롤아웃하는 경우 연간 1,000만 달러 이상의 수익 향상에 기여할 것으로 나타났다.

직원들이 결과를 이해하게 하라

시스템에 대한 신뢰를 구축하려면 데이터의 품질이 높아야 할 뿐 아니라 직원들이 실험 결과를 이해해야 한다. 그래야 관리자들이 잘못된 결정을 내리지 않게 되고 그런 결정을 수행하는 사람들 사이에 신뢰가 쌓인다.

실험자와 그들의 관리자, 심지어 통계에 어느 정도 식견이 있는 사람들조차도 대조실험의 결과를 잘못 해석하곤 한다.[24] 실험에서 관찰된 수익 증가를 실제 값으로 잘못 생각하고 비즈니스 모델에 변화를 주거나 결과가 결론에 이르지 않은 상황에서도 실험이 실패했다고 잘못 생각할 수 있다. 잘못된 결론을 도출하는 이유는 작은 표본 크기나 무작위 배정과 같은 설계 문제의 차원을 넘어선다. 관리자가 일부 기본적인 통계 개념을 잘못 해석해서 잘못된 결론이 도출되는 경우가 흔하다는 뜻이다.[25] 따라서 관리자는 실험자가 사용하는 개념과 언어를 이해하는 것이 중요하다(표 3-1은 온라인 실험에서 사용되는 용어를 설명하는데, 이 용어들은 온라인 외의 제반 실험에도 광범위하게 적용된다).

표 3-1 실험에 사용되는 용어

용어	설명	예
가설	가능한 제안	'개점을 1시간 늦추는 것[처치]은 일별 판매 수익[측정 항목]에 영향을 미칠 것이다.'
귀무가설	처치와 측정 항목 사이에 관계가 없다는 가설	'1시간 늦춰서 매장을 열어도 일별 판매 수익에 영향을 미치지 않을 것이다.'
대립가설	처치와 측정 항목 사이에 관계가 있다는 가설(실험자가 증명하고자 하는 내용)	'개점 시간을 1시간 늦추면 일별 판매 수익에 영향이 미칠 것이다.'
대조군('챔피언')	일반적으로 현재의 관행(오리지널)	영업시간을 변경하지 않는 경우
실험군('도전자')	다양한 수준의 처치	1시간 늦춘 개점, 2시간 늦춘 개점 등
A/B/n 테스트	비교를 위해 유저를 대조군(A)과 다양한 수준의 처치(B/n)에 무작위로 노출하는 테스트	현재의 웹사이트(A)를 변경한 폰트 및 색상(B/n)과 비교하고 전환율을 비교한다.
1형 오류 (거짓 양성)	관계가 없는데도 관계를 찾는 경우(옳은 귀무가설을 기각함)	1시간 늦게 매장을 여는 것이 수익에 영향을 미친다는 결론을 내린다.
p 값	제1종 오류의 발생 확률(임곗값은 일반적으로 0.05 또는 0.10으로 선택된다)	p 값이 0.05인 경우, 매장을 1시간 늦게 여는 것이 수익에 영향을 미친다는 잘못된 결론을 내릴 확률은 5퍼센트다.
신뢰(참 음성)	관계가 없을 때 관계없음을 찾는 경우(옳은 귀무가설을 기각하지 않음)	신뢰 수준 = 1 - p 값. 따라서 p 값이 0.05인 경우 신뢰 수준은 95퍼센트다.
2형 오류 (거짓 음성)	관계가 있을 때 관계없음을 찾는 경우(거짓 귀무가설을 기각하지 않음)	1시간 늦게 매장을 여는 것은 수익에 영향을 미치지 않는다는 잘못된 결론을 내린다.
검정력 (참 양성)	관계가 있을 때 관계를 찾을 확률(거짓 귀무가설을 기각함). 검정력은 표본 크기와 영향의 크기, 유의 수준과 더불어 증가한다.	1시간 늦게 매장을 열면 수익에 영향을 미친다는 결론을 내린다(이것이 사실일 경우, 바람직한 검정력은 종종 0.80에서 0.95 사이에 놓인다).
A/A 테스트	현재의 관행을 그 자체와 비교하는 테스트	실험 툴의 품질 확인(p = 0.05인 경우 5퍼센트의 시간 동안 귀무가설이 기각돼야 함)

다변수 실험	(상호작용의 영향을 찾기 위해) 변수 조합을 동시에 테스트하는 경우	개점 시간 1시간 지연 및 무료 매장 내 조식이 수익에 미치는 영향을 테스트한다(가능한 상호작용의 확인).
풀스택	백엔드 코드에서 사용자 인터페이스에 이르는 모든 소프트웨어 단계	알고리즘 변경(예를 들어 가격 책정 모델, 할인), 코드 변경

출처 : S. Thomke and D. Beyersdorfer, "Booking.com," Harvard Business School Case 619-015(Boston: Harvard Business School Publishing, 2018).

그 이유를 이해하기 위해 실험에서 무엇을 배울 수 있는지 살펴보겠다. 간단한 A/B 테스트의 경우 유저 표본을 대조군과 실험군에 배정하고 우리가 관심을 둔 측정 항목에 대한 표본의 평균을 계산한다. 기초적인 평균이 동일하더라도 무작위 편차 때문에 표본 평균이 달라질 수 있다는 점에 유의해야 한다. 처치(즉 변경)의 효과는 두 표본 평균 간의 차이이고, p 값은 실제적 처치의 효과가 없다고 가정할 때(즉 귀무가설이 맞는다고 가정할 때) 관찰된 차이(또는 더욱 극단적인 차이)가 우연히 발생할 확률이다. 확률이기 때문에 p 값은 0과 1(또는 0퍼센트와 100퍼센트) 사이에 놓인다. p 값이 낮으면(일반적으로 과학 분야에서는 0.05 미만을 낮다고 보지만 온라인 실험에서는 종종 0.10까지 거기에 해당하는 것으로 간주한다) 귀무가설을 기각하고 대안, 즉 처치 효과가 0과 다르다는 사실을 받아들인다.[26]

예를 들어보겠다. 웹사이트의 변경안이 수익을 증가시키는지 평가하기 위해 대조실험을 하는 경우다. 테스트 결과는 제안된 변경, 즉 처치에 대한 평균 수익이 대조군의 평균 수익보다 2퍼센트 더 크고 p 값이 0.05임을 보여준다. 이는 귀무가설(여기서는 처치가 수익에 영향을 미치지 않으리라는 가설)이 사실인 경우 수익이 2퍼센트 이상 증가할 가능성이 20분의 1, 즉 5퍼센트라는 것을 의미한다. 확률이 이렇게 낮으므로 p 값은 처치가 수익에 미치는 영향이 우연이 아니라 실제적이라는 강력한 증거를 제공하는 셈이다.

하지만 여기에 숨은 문제가 있다. 경영자는 실질적인 영향력이 없을 리스크가 5퍼센트에 불과하다고 결론을 내리고 그 수치를 비용편익 분석에 사용할 수 있다. 이것이 잘못된 이유는 다음과 같다. p 값은 처치가 아무런 영향이 없는 경우 관찰된 결과(또는 더욱 극단적인 결과)가 발생할 확률을 나타낸다. 그러나 경영자는 그 반대, 즉 관찰된 결과를 고려할 때 처치가 영향이 있을 확률을 알고 싶어 한다. 이를 계산하려면 신학자이자 통계학자인 토머스 베이즈(Thomas Bayes)가 정립한 통계적 방법인 '베이즈 정리(Bayes' rule)'를 이용해야 한다. 이 정리에서는 사건의 확률을 계산할 때 사전 지식 또는 심지어 신념까지 포함한다. 예를 들면, 관절염으로 고통받을 확률을 더 정확하게 평가하기 위해 사람의 나이(또는 여타의 관련 조건)를 이용하는 식이다.

또 다른 예를 살펴보자. 마이크로소프트는 실험 결과가 기업의 전략적 목표와 일치하는지 평가하기 위한 핵심 측정 항목(또는 여러 측정 항목의 조합), 즉 OEC로 측정했을 때 실험의 약 3분의 1이 실제로 수행력을 증진했음을 사전에 알고 있다. 특정 실험에 충분한 수의 유저가 있고(상주 통계학자 또는 툴은 80퍼센트의 통계적 검정력으로 유저의 수를 계산할 수 있다. 검정력의 정의는 표 3-1 참조), 실험 결과의 p 값이 0.05라고 가정해보자. 처치의 영향이 실제가 아닐 확률은 얼마일까? 앞에서 언급한 것처럼 여기서는 5퍼센트가 아니라 11퍼센트다. 사전 지식을 포함하기 때문이다(베이즈 정리에서 파생된 수학 공식을 이용하여 계산한다).[27] 이 경우 직관적으로 다음과 같은 생각이 든다. 과거의 경험에서 나온 증거(3분의 2는 수행력 향상으로 이어지지 않았음)가 분석에 포함된 까닭에 확률이 올라간 것이다. 이제 다시 혁신팀이 3분의 1이라는 과거의 성공률을 보는 대신 500번의 실험에서 단 한 번의 성공을 거둔 바 있는 혁신 카테고리에서 작업하고 있으며, 실험의 p 값은 역시 5퍼센트라고 가정해보자. 이렇게 놓고 영향이 실제가 아닐 확률을 다시 계산하면 96.9퍼센트로 뛰어오른다. 이는 경영자가 비용편익 계산에 잘못 사용했을 수도 있는 5퍼센트와 극적인 차이를 보이는 수치다.

마지막으로, 낮은 p 값이 실험자가 승리를 선언해야 한다는 의미는 아니라는 점에 유의해야 한다. 테스트 결과가 이전 경험과 충돌하는 경우, 되도록 표본 크기를 키우고 유의 수준 임곗값을 낮춰서 실험을 다시 실행해야 한다. 현대 통계학의 창시자인 로널드 피셔 경은 실험의 목표를 다음과 같이 요약했다.

개인적으로 나(피셔)는 5퍼센트포인트보다 낮은 기준을 설정하고 이 수준에 도달하지 못하는 모든 결과를 완전히 무시한다. 어떤 과학적 사실이든, 적절하게 설계된 실험이 이 수준의 중요성을 제공하는 데 좀처럼 실패하지 않는 경우에만 실험적으로 확립된 것으로 간주해야 한다.[28]

데이터가 고품질인지 확인하라

결과를 신뢰할 수 있으려면 고품질의 데이터를 사용해야 한다. (평균치에서 크게 벗어나는) 이상값을 제외하고 수집 오류를 식별하는 등의 작업이 필요할 수 있다. 온라인 세계에서 이 문제는 여러 가지 이유로 특히 중요하다. 인터넷 봇을 예로 들어보겠다. 빙에서는 리퀘스트의 50퍼센트 이상이 웹상에서 자동화된 작업을 실행하는 소프트웨어 봇에서 비롯된다. 이 데이터는 결과를 왜곡하거나 노이즈를 추가하여 통계적 유의성을 감지하기 어렵게 할 수 있다. 또 다른 문제는 이상 데이터 포인트의 유포다. 예를 들어 아마존은 특정 개별 유저들이 A/B 테스트 전체를 왜곡할 수 있는 대량의 도서를 주문했다는 사실을 발견했다. 알고 보니 도서관 계정이었는데, 그런 데이터는 조정하거나 제거해야 한다.

또한 일부 세그먼트가 다른 세그먼트보다 훨씬 크거나 작은 효과를 경험할 때도 주의를 기울여야 한다(통계학자들이 '이질적인 처치 효과'라고 부르는 현상이다). 특정한 경우에는 하나의 양호 또는 불량 세그먼트가 전체 결과를 무효화할 정도로 평균을 왜곡할 수도 있다. 마이크로소프트의 한 실험에서 그런 일이 실제로 발생했다. 그 실험에서 인터넷 익스플로러(Internet Explorer) 7의 유저라는 한 세그먼트가 자바스크립트(JavaScript) 버그 탓에 빙 검색 결과를 클릭할 수 없었고, 그 일이 아니라면 긍정적으로 나왔을 전체 결과가 부정적으로 바뀌었다. 실험 툴은 이런 비정상적인 세그먼트를 감지해야 한다. 그러지 않으면 평균적인 영향을 보는 실험자들이 좋은 아이디어를 나쁜 아이디어로 치부할 수 있다.

기업이 한 실험에서 이용한 대조군 및 실험군을 다른 실험에서 재사용하는 경우에도 결과가 편향될 수 있다. 사람들의 실험 경험이 미래의 행동 방식을 바꾸는 이월 효과가 발생하기 때문이다. 이런 현상을 방지하기 위해 기업은 다른 실험으로 넘어갈 땐 유저를 다시 '섞어야' 한다.

마이크로소프트의 실험 플랫폼이 실시하는 또 다른 일반적인 검사는 실제 실험에서 대조군 및 실험군의 유저 비율이 실험 설계와 일치하는지 확인하는 것이다. 거기서 차이가 발생하면 표본 비율 불일치 때문에 편향이 생길 수 있고 결과도 무효화되기 때문이다.[29] 예를 들어 50.2퍼센트 대 49.8퍼센트(821,588 대 815,482 유저)의 비율은 기대하는 50퍼센트 대 50퍼센트 비율에서 충분히 벗어나는 것이다(50 대 50이 우연히 일어날 확률은 50만분의 1보다 적다). 이런 불일치는 정기적으로 (일반적으로 매주) 발생하며 팀은 그 이유를 이해하고 해결하기 위해 신경을 써야 한다.

단순하게 가라

과거에는 실험에 비용이 많이 들었기 때문에 과학자와 엔지니어들이 각 실험에서 최대한 많은 것을 끌어내기 위해 주의를 기울였다. 그에 반해 온라인 실험은 사실상 무료이며 인프라만 제대로 갖추면 수월하게 개시할 수 있다. 또한 매우 큰 표본 크기(수백만 명의 유저)에 접근함으로써 기업은 아주 작은 변화의 영향도 감지할 수 있다. 따라서 무엇이 달라붙는지 확인하기 위해 모든 것을 소문난 벽에 던져보고 싶다는 유혹도 강하기 마련이다.

하지만 그런 전략은 학습에 방해가 될 수 있다. 테스트에 너무 많은 변수를 포함하면 인과관계를 파악하기가 어렵다. 총체적인 영향이나 방향성에 대해서는 무언가를 배울 수 있을지 몰라도 말이다. 그런 테스트에서는 결과를 분리해서 해석하기가 어렵다. 이상적으로 실험은 인과관계를 쉽게 이해할 수 있을 만큼 간단해야 한다. 지나치게 복잡한 설계의 또 다른 단점은 실험을 버그에 훨씬 더 취약하게 한다는 것이다. 만약 어떤 새로운 특징이 테스트를 중단해야 하는 심각한 문제를 유발할 가능성이 10퍼센트인 경우, 7개의 새로운 특징을 포함하는 변경에 치명적인 버그가 발생할 확률은 50퍼센트 이상이 된다.

복잡한 실험의 또 다른 우려 사항은 실험팀이 모든 사소한 결정을 테스트하는 데 몰두하느라 획기적인 사고의 여지를 거의 가지지 못한다는 것이다. 예를 하나 들자면, 구글은 제품팀이 툴바의 색상과 모양을 결정할 수 없었을 때 파란색의 진하기를 41단계로 나눠 테스트했다.[30] 한 디자이너는 자신의 구글 근무 마지막 날, 그런 세부 사항에 대한 모든 실험을 되돌아보면서 한탄했다.

최근에도 한 경계선의 너비가 3픽셀이어야 하는지 4픽셀이나 5픽셀이어야 하는지에 대한 논쟁이 있었는데, 내가 그냥 하나를 정해서 얘기하니까 그 타당성을 증명해보라고 하더군요. 나는 그런 환경에서는 일할 수 없습니다. (…) 이 세상에는 도전해야 할 더 흥미로운 디자인 문제가 널려 있는데 말입니다.[31]

아마도 가장 큰 리스크는 팀이 사소한 복잡성에 빠져들 수 있다는 사실일 것이다. 그렇게 되면 실험을 통해 완전히 새로운 지형을 탐험하는 데 필요한 큰 도약이 이뤄지지 않는다. 더 큰 실험을 하는 것, 그것이야말로 대규모 고객 샘플에 접근할 수 없는 소규모 기업이 번창하는 기반이다.

대규모 실험 역량을 구축한다고 해서 팀이 실험 설계를 신중하게 고민하지 않아도 된다는 얘기는 아니다. 실험은 이해하기 쉽고, 안전 조치를 적용해야 하며, 인간의 의사결정에 유용해야 한다. 통계학자인 조지 박스(George Box)가 이런 재담을 했다. "모든 모델이 잘못됐지만, 그중 몇몇은 쓸모가 있다." 많은 변수를 추가하고 모든 상호작용을 테스트한다고 해서 반드시 실험이 더 유용해지는 것은 아니라는 의미다.[32] 때로는 간단한 실험이 가장 유용하다.

이 원칙은 제품개발팀이 하드웨어에서도 깨닫기 시작한 사항이다.[33] 많을수록 더 좋다는 태도는 오늘날의 제품이 왜 그렇게 복잡한지 설명한다. 리모컨은 사용하기가 거의 불가능해 보이고 컴퓨터는 조립에 너무 많은 시간이 걸리며 자동차에는 비행기 조종석에서나 볼 수 있을 것 같은 스위치와 손잡이가 너무 많이 달린다. 애플은 예외다. 애플의 경영진은 단순함이 궁극적인 정교함이 될 수 있다고 믿는다. 적은 것이 더 많은 것일 수 있다는 원칙을 기업들이 받아들이고 구현하게 하는 것은 문제 정의에 추가적인 노력이 필요하기에 쉽지 않은 일이다. 팀이 해결하려고 하는 문제를 명확히 하는 것은 혁신 프로세스에서 가장 과소평가되는 부분이다. 너무 많은 회사가 여기에 너무 적은 시간을 투자한다. 하지만 이것은 팀이 목표를 명확히 이해하고, 실험을 통해 테스트하고 구체화할 수 있는 가설을 생성하는 단계이기 때문에 매우 중요하다. 문제 설명의 품질은 결국 정말로 중요한 변경 사항에 집중할 수 있는 팀의 능력에 큰 차이를 만든다.

나만의 학습 실험실 만들기

이 장에서 설명한 일곱 가지 방법(다음 페이지 표 3-2 참조)은 확산과 정립에 시간이 걸리지만, 온라인 실험의 힘은 이제 제삼자 도구를 통해 광범위하게 활용할 수 있으며 A/B 테스트에 대한 관심도 급증하고 있다.[34]

실제로 많은 회사가 변화 및 변경을 평가하기 위해 온라인 실험을 이용하기 시작했다. 조직이 비즈니스 가설을 테스트하는 방법에 대한 이해를 돕기 위해 현존하는 최고의 실험 플랫폼 옵티마이즐리가 고객들이 수행한 실험에 대한 접근 권한을 익명 처리한 데이터로 제공해줬다(옵티마이즐리의 대규모 고객 기반에는 〈포천〉 선정 100대 기업 가운데 26개사 이상이 포함돼 있다[35]). 그 데이터에는 2016년 11월부터 2018년 9월까지 그 플랫폼에서 수행된 모든 실험이 담겨 있었다. 나는 하버드 경영대학원의 박사 과정 연구원인 소로브 고시(Sourobh

표 3-2 온라인 실험을 위한 베스트 프랙티스

테스트	• 고객 경험이나 소프트웨어 변경, 비즈니스 모델 등을 최적화하기 위해 A/B 테스트를 이용하고 있는가? • A/B 테스트의 결과를 경영진의 의사결정에 포함하고 있는가?
점진주의	• 작은 변화의 가치를 인식하고 있는가? • 충분히 빨리 성공과 실패를 경험하고 있는가?
규모	• 온라인 테스트 활동을 어떻게 확장하고 있는가? (고려해야 할 인프라 문제는 다음과 같다. 인적 자원의 기술, 이용의 용이성, 프로그램의 관리, 통계 엔진의 품질, 풀스택 실험의 역량 등.)
조직	• 적절한 조직 모델(중앙집권형, 분산형, 탁월성 센터형)이 있는가?
메트릭스	• 종합적 평가 기준(OCE)은 무엇인가? • 단기 메트릭스가 장기적 결과에 대한 훌륭한 예측 지표로 작용하는가?
신뢰성	• 도구의 통계 엔진 품질을 정기적으로 점검하는가(예: A/A 테스트를 함으로써)? • 분석(예: p값)을 이해하고 있는가? • 도구에 결과를 왜곡할 수 있는 이상(예: 이상값, 수집 오류)을 표시하는 자동화된 점검 및 보호 장치가 있는가?
단순성	• 너무 많은 변수를 포함하고 있지는 않은가? (실험의 단순한 설계는 인과관계와 팀의 의사결정을 이해하는 데 더 효과적이다.) • 사소한 변경의 변형을 너무 많이 테스트하고 있지는 않은가?

Ghosh)와 함께 이 데이터를 사용하여 견고성과 데이터 무결성을 신중하게 점검한 후 대규모 데이터베이스를 구축했다. 실험은 충분한 고객 트래픽(주당 1,000명 이상의 방문자)이나 진정한 실험(A/A 테스트가 없거나 버그 수정) 등의 몇 가지 품질 기준에 따라 필터링됐다.[36] 그렇게 선별 과정을 거친 결과 1,342명의 고객이 수행한 2만 1,836회의 실험이 남았다. 우리는 그 영향을 측정하기 위해 각 실험이 달성한 상승도(퍼센트)와 그것이 통계적으로 유의미한지에 초점을 맞췄다.

고객당 평균 실험 횟수에 대해 몇 마디 덧붙이자면 다음과 같다.

우리의 품질 및 견고성 필터는 편향적이지 않고 엄격했으며, 애초에 설정한 전체 횟수는 조직들이 옵티마이즐리 플랫폼에서 실행한 실제 실험의 횟수보다 적었지만 그렇게 크게 차이가 나지는 않았다. 데이터 세트에 있는 대부분의 회사가 온라인 테스트의 잠재력을 완전히 활용하기 위해서는 실제로 수행한 것보다 훨씬 더 많은 수의 실험을 했어야 하는 것도 사실이다(다음 장에서는 규모를 늘리기 위해 프로세스와 문화 및 관리 문제를 해결하는 방법을 보여줄 것이다).

예비 분석에서 발견한 내용은 다음과 같다.

- 변이의 평균 개수는 대조군을 포함하여 1.5개(중앙값은 2개)였으며, 실험의 약 70퍼센트는 단순한 A/B 테스트였다. 조직에서 의도적으로 테스트를 단순하게 유지했는지 아니면 그저 그렇게 시작한 것뿐인지는 확실하지 않다.
- 실험 기간의 중앙값은 3주이지만 평균은 4.4주였다. 많은 실험이 몇 달 동안 그저 '유지'만 됐는데, 일부 테스트는 15주 또는 20주 이상 실행돼야 하는 이유를 정당화하기가 어려웠기 때문이다. 이런 상황은 잘못된 조직 관행과 프로세스 표준의 부족에 기인할 가능성이 크다.
- 이 연구에서 가장 많이 실험된 산업 부문은 소매와 첨단 기술, 금융 서비스, 미디어 등이었다. 우리는 첨단 기술 기업이 가장 '효율적인' 실험자라는 사실을 발견했다(실험당 더 큰 상승도를 이뤘기 때문이다).

- 전체 실험의 19.6퍼센트가 그들의 주된 메트릭스에서 통계적 유의미를 달성했다. 다음은 주의 사항이다. 10.3퍼센트는 긍정적인 의미, 9.8퍼센트는 부정적인 의미를 나타냈다. 주된 메트릭스가 (양의) 고객 전환인 경우, 부정적인 결과는 회사에서 손실을 유발하는 기능을 출시하지 않게 할 수 있다. 그런 결과가 향후의 실험에서도 유효하다면 말이다(마이크로소프트에서는 실험의 약 3분의 1이 부정적인 결과를 낳는다는 점을 참고하라).

- 대규모 데이터 세트를 통해 우리는 근본적인 질문에 대한 답도 얻을 수 있었다. 변형으로 기준보다 더 나은 성과를 올리는가? 확언하자면 우리는 분석이 왜곡되지 않도록 이상값을 제거했으며 총 3만 개 이상의 변형을 검토했다. 증거에 따르면 평균적으로 변형이 기준보다 더 나은 성과를 올렸다($p = 0.000$). 이는 실험이 작동한다는 확고한 증거인 셈이다![37]

해당 연구 프로젝트는 지금도 진행 중이지만, 예비 조사 결과만 봐도 광범위한 산업 분야의 조직들이 무엇을 하고 있는지 알 수 있다. 옵티마이즐리의 고객 데이터베이스에 대한 분석을 계속해나가면 실험 사례에 대한 더 많은 통찰이 드러날 것이다. 현재 시점에서 한 가지 확실한 것은 온라인 세상이 격동적으로 움직이고 위험으로 가득 차 있지만, 통제된 테스트는 우리가 그 세상을 헤쳐나가는 데 도움을 준다는 사실이다. 통제된 실험은 답이 명확하지 않거나 사람들의 의견이 상충하거나 특정 아이디어의 가치를 확신하지 못할 때 올바른 방향을 알려줄 수 있다. 몇 년 전 빙은 광고주가 특정 방문 페이지에 대한 링크를 포함할 수 있도록 광고를 크게 만들지 어떨지를 놓고 논의에 들어갔다(예를 들어 대부회사는 홈페이지와 관련된 하나의 링크만 달게 하는 대신 '이자율 비교' 및 '회사 정보' 등의 링크까지 제공할 수 있게 하자는 아이디어였다. 그림 3-4 참조). 잠재적인 장점은 각 광고의 클릭률이 더 높아진다는 것이었다.

단점은 더 큰 광고가 분명히 더 많은 화면 공간을 차지하게 되는데, 이는 유저의 불만과 이탈을 증가시키는 것으로 알려져 있다. 해당 아이디어를 고려하는 사람들은 서로 의견이 엇갈렸다. 그래서 빙 팀은 광고에 할당하는 전체 화면 공간은 일정하게 유지하면서 광고 크기를 늘리는 실험을 했다. 이것은 화면에 뜨는 광고의 수가 적어진다는 의미였다. 그 결과 더 큰 광고를 적은 수로 게재하는 것이 큰 개선

그림 3-4 광고 링크 실험

A: 대조군

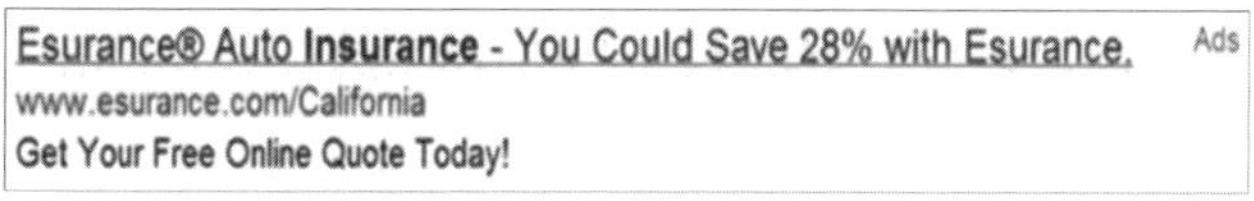

B: 실험군(아래에 링크 사이트 추가)

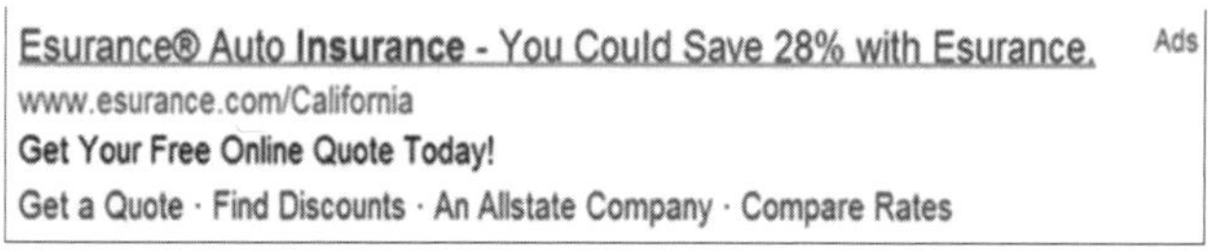

출처: R. Kohavi et al., "Online Controlled Experiments at Large Scale," *Proceedings of the 19th ACM SIGKDD International Conference on Knowledge Discovery and Data Mining*(KDD 2013), Chicago, August 11-14, 2013, New York: ACM, 2013.

으로 이어진다는 사실이 드러났다. 즉, 사용자 경험의 주요 측면을 손상하지 않으면서 수익을 연간 5,000만 달러 이상 증가시킨다는 결과를 얻은 것이다.

실험의 가치를 정말로 이해하고 싶다면, 예상 결과와 실제 결과의 차이를 살펴보라. 어떤 일이 발생하리라고 생각했는데 그 일이 발생했다면, 당신은 별로 배우지 못한 셈이다. 하지만 어떤 일이 발생하리라고 생각했는데 그 일이 발생하지 않았다면, 당신은 의미 있는 무언가를 배운 것이다. 그리고 사소한 일이 발생하리라고 생각했는데 큰 놀라움과 도약으로 이어지는 결과가 나왔다면, 당신은 매우 가치 있는 무언가를 배운 셈이 된다.

소프트웨어 플랫폼의 힘과 온라인 통제 실험의 과학적 엄격함을 결합하면 기업의 환경은 모든 의사결정이 사실에 근거하는 학습 실험실이 된다. 그럼으로써 비용 절감 또는 수익 증대, 훨씬 향상된 사용자 경험 등 막대한 성과를 거둘 수 있다. 여기서 중요한 것은 규모다. 방대한 양의 테스트를 생성하고 실행하고 흡수할 수 있는 역량 말이다.

4장

성공하는 조직의 실험은
무엇이 다른가

곤경에 빠지는 것은 무언가를 모르기 때문이 아니다.
모르는 무언가를 확실히 안다고 착각하기 때문이다.
마크 트웨인, 작가

EXPERIMENTATION WORKS

2000년대 초 3M CEO 자리에 올랐을 때, 제임스 맥너니 주니어(W. James McNerney Jr.)는 신속하게 회사의 군살을 빼고 더 효율적인 조직으로 재편하는 작업에 착수했다. 예산을 긴축하고 수천 명의 근로자를 정리해고하는 한편, 엄격한 프로세스 개선 방법론인 식스 시그마(Six Sigma)를 구현했다(식스 시그마는 원래 1980년대에 제조의 품질을 높이기 위해 도입됐던 방법론이다). 표면적으로 맥너니의 조치는 충분히 합리적으로 보였다. 어쨌든, 그런 조치는 그가 10년 이상 중역으로 재직한 GE에서도 꽤 효과가 있었으니까.

그러나 효율성 중심의 문화를 구축하려는 3M의 공격적인 추진력에는 무언가 빠진 게 있었다. 당시 신슐레이트(Thinsulate)와 스카치가드(Scotchgard), 포스트잇 노트(Post-it Notes) 등의 블록버스터 제품을 발명한 이 회사는 혁신의 우위를 잃고 있었다. 한 강력한 통계 수치가 회사의 문제를 요약해서 보여주는데, 과거에는 매출의 3분의 1이 신제품(지난 5년 이내에 출시된 제품)에서 발생했지만 2007년에 이를 때까지 그 비율은 4분의 1로 떨어졌다.[1] 사실 당시 3M만 그런 것은 아니었다. 많은 기업이 낭비를 줄이고 효율성을 높이기 위해 노력을 기울이고 있었다. 이를 위해 경영자들은 자원 이용률을 높이고 프로세스 표준화, 예측 가능한 일정, 결과물에 중점을 두는 회사 문화를 구축하고자 노력했다.

하지만 불행히도 3M이 발견한 것처럼, 원래 제조의 가변성을 없애기 위해 설계된 그 방법론은 혁신을 잠재우는 의도하지 않은 결과를 초래했다. 물리적 제품을 제조하는 세계에서는 작업이 반복적이고 활동은 합리적으로 예측 가능하며 생성된 품목은 한 번에 한 장소에만 있을 수 있다. 반면 혁신에서는 많은 작업이 고유하고 프로젝트 요구 사항은 지속적으로 변화하며 산출물은 (부분적으로 CAD 및 시뮬레이션 도구의 광범위한 사용 덕분에) 동시에 여러 위치에 있을 수 있는 정보가 된다.[2] 이런 중요한 차이점을 인식하지 못하면 실험의 계획과 실행 및 평가가 손상될 수밖에 없다. 실제로, 가변성을 제거하면 실험이 제한되기 마련이다. 실험은 혁신의 생명선인데 말이다.

앞서 우리는 실험이 얼마나 가치 있는 것인지 확인했다. 그 가치를 고려하건대 다음과 같은 질문을 던져야 마땅하다. '왜 기업은 훨씬 더 많이, 더욱 광범위하게 실험을 하지 않는가?'

확실히 효율성을 증대하고자 하는 추진력은 예측 가능성을 추구하는 기업 문화를 창출했다. 하지만 또 다른 요인이 작용했을 수도 있다. 고위 경영진에게는 종종 단기에 집중하고 계획을 고수함으로써 보상을 받고자 하는 강력한 동기가 있다. 행동경제학자인 댄 애리얼리(Dan Ariely)는 기업이 장기적 이익을 얻기 위한 단기적 손실을 견디는 데 능하지 못하기에 실험을 꺼리는 경우가 많다고 주장한다. 그는 "기업(과 사람)은 그런 트레이드오프에 능숙하지 못한 것으로 악명이 높습니다"라고 말했다.[3] 시장 상황이 많은 기업에 허리띠를 졸라매라고 요구하는 어려운 경제 시기에는 산업계의 근시안이 더욱 심각해진다.

성공적인 혁신을 위해 기업은 예산이 빠듯한 경우에도 대규모 실험을 추구하는 문화를 구축해야 한다. 사실 실험은 오늘날 그 어느 때보다도 저렴하고 수월하게 수행할 수 있다. 지금까지 함께 살펴본 컴퓨터 시뮬레이션과 A/B 테스트 도구 및 여타의 접근방식을 통해 팀은 '만약에?'라는 질문을 끝없이 던질 수 있다. 실제로 기업이 사내의 도구나 타사의 도구를 통해 실험 역량을 구축해나가면, 더 많은 실험을 하고자 할 때 기술적인 어려움에서 문화적인 어려움으로 병목현상이 옮겨가는 경우가 종종 있다. 규모가 크고 광범위한 테스트를 위한 행동 방식과 신념 및 가치의 공유를 포함하는 진정한 실험 문화를 구축하려면, 리더는 조직 문화에 다음 일곱 가지 특성을 담아야 한다.

1. 학습 사고방식
2. 가치 및 목표와 일치하는 보상
3. 오만을 이기는 지적 겸손
4. 실험의 진실성
5. 도구에 대한 신뢰
6. 탐색과 활용의 균형 유지
7. 새로운 리더십 모델을 수용하는 능력[4]

표 4-1 실험 문화의 일곱 가지 특성

학습	• 뜻밖의 놀라움을 음미한다. • '이기지 못함'은 지는 것이 아니며 실패는 실수가 아니다(실수는 새롭거나 유용한 정보를 거의 생성하지 못하는 것이다).
보상	• 경영자는 메시지의 혼합을 피한다. • 인센티브와 업무 목표를 일치시킨다.
겸손	• 모든 사람이 자신의 이익과 신념, 규범에 반하는 실험 결과도 수용한다[제멜바이스 반사(Semmelweis reflex: 기존의 상식이나 규범 등에 반하는 지식이 진실인 경우에도 받아들이지 않으려는 현상-옮긴이)에 빠지지 않는다]. • 혁신에 대한 HiPPO(Highest-Paid Person'S Opinions, 최고 급여를 받는 사람의 의견)가 다른 직원의 의견보다 더 중시되지 않는다.
진실성	• 실험의 윤리성(실질 측면에서든 인식 측면에서든)이 조직의 교육과 지침, 토론에서 누락되지 않는다.
사용 도구	• 도구에 대한 신뢰가 도구의 채택과 통합에 필수 조건으로 작용한다.
탐구	• 조직은 혁신을 통한 가치 창출(탐색)과 운영을 통한 가치 포착(활용) 사이에서 균형을 잘 유지한다.
리더십	• 리더는 다음 사항에 중점을 둔다. 첫째, 장대한 도전 목표를 설정한다. 둘째, 대규모 실험을 위해 신뢰할 수 있는 시스템과 자원, 조직 설계, 표준 등을 적절히 배치한다. 셋째, 다른 사람들과 같은 규칙을 준수하는 근면한 역할 모델이 된다.

첫 번째, 학습 사고방식

다양한 아이디어, 때로는 터무니없어 보이는 아이디어까지 실험하는 것은 혁신에 매우 중요하다. 하지만 더 자주 더 빠르게 실험을 하면, 그 대부분은 필연적으로 실패에 이를 수밖에 없다. 3장에서 우리는 빙과 구글의 온라인 실험 가운데 10~20퍼센트만이 긍정적인 결과를 생성한다는 것을 확인했다. 긍정적인 결과란 도전자(B, 새로운 조치)가 챔피언(A, 현재 상황)보다 더 나은 성과를 낸 경우를 말한다. 게다가 아이디어가 더 일찍 테스트될수록 핵심 성과 메트릭스의 바늘을 움직일 가능성은 줄어든다.

하지만 이런 초기의 실패는 바람직할 뿐 아니라 필요하기도 하다. 실험자가 바람직하지 않은 옵션을 신속하게 제거하고 (종종 실패한 아이디어를 기반으로 하는) 더 유망한 대안에 집중할 수 있기 때문이다. 경영진 역시 챔피언이 여전히 지배적임을 확인함으로써 도전자에 대한 무익한 토론에서 벗어나 다른 새로운 비즈니스 전술로 관심을 돌릴 수 있다. 다시 말하지만 '일찍 자주 실패하는 것'은 바람직할 뿐만 아니라 실험 프로그램의 자연스러운 부산물이기도 하다. 새 차가 매력적이지 않다는 사실, 새 음료가 소비자의 취향에 맞지 않는다는 사실, 새로운 웹 인터페이스 디자인이 고객을 혼란스럽게 한다는 사실을 발견하는 것은 모두 실험의 바람직한 결과다. 이런 결과가 자원을 거의 소모하지 않은 상태에서 드러나고, 설계는 여전히 유연하며, 대체 솔루션을 테스트할 수 있다면 말이다.[5] 즉 실험은 실패했다고 해서 그대로 끝나거나 시간 낭비가 되는 게 아니다. 오히려 낮은 실패율은 직원들이 리스크를 감수하기를 꺼린다는 사실을 나타낸다.

실험은 잘못 설계되거나 잘못 실행돼 결론이 나지 않는 결과가 나오는 경우에만 진정한 실패라고 할 수 있다. 예를 들어 신제품 판매를 위한 쿠폰 프로모션의 효과를 실험하면서 고객 목록의 절반에게는 토요일에 쿠폰이 있는 제안을 하고, 나머지 절반에게는 수요일에 쿠폰이 없는 제안을 한다고 해보자. 결과적으로 수익이 증가하더라도 쿠폰 프로모션 때문인지 주말 효과 때문인지는 알 수 없게 된다. 이 경우, 무작위로 두 그룹을 선정해 쿠폰이 있는 제안과 없는 제안을 동시에 하는 것이 확실히 더 나은 설계다.

뜻밖의 놀라움을 음미하라

의식적으로 실험을 시도하지 않는 경우에도 이와 동일한 학습 사고 방식을 적용할 수 있다. 아마존이 모바일 장치용 항공기 기반의 타워 디펜스 게임인 에어패트리엇(Air Patriots)의 개정판을 출시했을 때, 개발팀은 놀라운 사실에 직면했다.[6] 모든 품질 검사를 거쳐 출시한 게임인데, 부주의 탓에 난이도가 10퍼센트 정도 높아진 것이었다. 팀원중 누구도 그에 대해 크게 생각하지 않았다. 하지만 그 결과로 게임의 7일 유지율(앱 설치 이후 7일이 지나도 계속해서 사용하는 유저의 비율–옮긴이)이 70퍼센트나 떨어졌고 수익은 30퍼센트나 감소했다. 개발팀은 출시 실패를 선언하는 대신, 게임을 더 쉽게 만드는 것이 유지율과 수익에서 같은 수준의 큰 이득을 가져올 수 있는지 확인해보기로 했다. 이를 알아보기 위해 그들은 대조군과 더불어 4단계의 난이도로 A/B/ n 테스트를 했고 가장 쉬운 변형이 가장 효과적이라는 사실을 확인했다. 곧바로 아마존은 몇 가지 추가적인 개선 작업을 거친 후 에어패트리엇의 새로운 버전을 출시했다. 이번에는 사용자가 20퍼센트 더 오래 플레이했고 수익도 20퍼센트 증가했다. 팀원들에 따르면 이런 변경 작업에는 약 하루의 근무일이 소요됐다. 우연히 벌어진 놀라운 사건 덕에 아마존의 개발팀은 회사의 전반적인 실험 도구를 가장 적절하게 이용할 수 있는 놀라운 통찰력을 얻었다.

놀라움의 어려운 측면은, 일단 놀라움으로 다가온다는 것이다. 경영자에게 종종 요구되는 수준의 정밀도로 특정한 놀라움의 가치를 추정하기는 어렵다. 그에 비해 특정한 행동의 비용은 계산하기가 상대적으로 쉽다. 경제학자 앨버트 허시먼(Albert Hirschman)은 이 비대칭성에 대한 해결책이 때로는 고의적인 오판이라고 말했다.

> 창의성은 항상 우리에게 놀라움으로 다가옵니다. 따라서 우리는 그것이 일어나기 전까지 그것에 의존하지 말아야 하며 그것을 감히 믿으려 하지도 말아야 합니다. 다시 말해서, 우리는 창의성이 뒤따라야 성공이 보장되는 작업에는 의식적으로 매달리지 말아야 합니다.[7]

경영자들이 창조적 도약을 좌우하는 활동에 자원을 할당하기를 꺼리는 것은 사실이다. 허시먼에 따르면 해결책은 요구되는 것을 과소평가하는 것이다.

> 그러므로 우리가 창의적 자원을 충분히 활용하는 유일한 방법은 과업의 성격을 오판하는 것입니다. 과업을 나중에 드러날 상황보다 더 일상적이고 단순하며, 진정한 창의성에 대한 요구가 많지 않은 것으로 인식하는 거죠.[8]

물론 이 난제에 대한 해결책은 (거기에 재정적 가치를 부여하기가 어렵기는 하지만) 놀라움과 창의성을 중시하는 문화를 배양하는 것이다. 실험의 출발점이자 결과로서 놀라움을 음미하고(아울러 즐기고) 적극적으로 찾는 것이 실험 문화의 핵심이다. 직장에 이런 문화를 창출하는 것은 허시먼의 이론을 수용하기 위해 행동에 따르는 비용을 경시하는 것이 아닐 뿐만 아니라 실험의 이점을 높여 이런 행복한 사건의 발생 가능성을 높이는 것이다.

'이기지 못함'이 곧 지는 것은 아니다

낮은 수율의 실험에 시간을 낭비하는 것에 대한 우려로 승리를 지나치게 강조하는 경영자는 의도치 않게 직원들이 친숙한 솔루션과 단기적인 이익에 집중하도록 부추길 수 있다. 3장에서 살펴본 영국의 온라인 비교 업체 머니슈퍼마켓의 사례를 다시 생각해보자.[9] 2017년에는 6~7명의 웹사이트 전환 전문가로 구성된 소규모 그룹으로 테스트가 제한됐다. 이 전문가들은 1년 동안 총 66회의 실험만 했기 때문에 경영진은 성공에 대단히 큰 중점을 뒀다. 그래서 전문가들은 성공할 가능성이 있는 테스트만 하기 시작했다. 그뿐 아니라 실패한 실험에 대해서는 더 많은 통찰력을 얻기 위해 다시 시도하는 대신 즉시 포기하는 쪽을 택했다. 결과적으로 테스트의 약 50퍼센트가 성공으로 판명됐다. 이는 비정상적으로 높은 성공률로, 경보가 울려야 마땅했다.

이 전문가들은 과연 이익이나 손실을 야기하는 진정한 실험을 한 걸까? 아니면 효과가 있을 것으로 짐작하고 있던 무언가를 확인한 걸까? 이 문제는 경영 연구조사에서 우리가 알고 있는 한 가지 사실 때문에 중요하다. 실험의 단기 손실은 장기적으로 혁신과 성과를 촉진할 수 있다는 연구조사 결과가 바로 그것이다. 실패 가능성이 더 큰 활동을 선호하는 직원은 어려운 일이 닥쳤을 때도 인내하고 더 도전적인 작업에 참여할 뿐 아니라 안전을 추구하는 동료보다 더 나은 성과를 내는 경향이 있다.[10]

불행히도 실패에서 배우는 것은 관리하기가 어려울 수 있다. 실패는 당혹감을 안기거나 지식의 격차를 단적으로 드러냄으로써 결과적으로 개인의 자부심과 조직에서의 지위를 크게 손상시킬 수 있다. 귀중한 자원의 재배치를 초래하는 잘못된 아이디어를 조기 노출한 데 대해(예를 들어 나쁜 프로젝트를 중단시킨 데 대해) 보상을 받는 경우가 얼마나 되는가 하는 문제다. 특히 '실패를 용인하지 않는' 또는 '결함이

실패한 아이디어의 불확실한 '보상'

없는' 작업 환경을 지향하는 조직에서 그렇다. 이런 방향의 고수는 낭비와 사기 저하를 초래할 뿐이다. 여기서 말하는 낭비는 낮은 생산성과 출시 시간 지체로 발생할 뿐만 아니라 실험의 혁신적인 잠재력을 활용하지 못하는 데 기인하기도 한다.

따라서 신속한 실험을 위한 역량과 수용력을 구축한다는 것은 조직 내에서 실패의 역할을 재고하는 것을 의미한다. 이는 또한 실험 행동 방식을 촉진하는 데 필요한 사항들을 더욱 깊이 이해하고 더욱 민감해져야 한다는 뜻이다. 제프 베조스는 이를 인식하고 이렇게 말했다.

"회사가 성장하면 그에 따라 모든 것이 확장돼야 하며 거기에는 실패한 실험의 규모도 포함됩니다. 실패의 크기가 커지지 않으면 실제로 상황을 눈에 띄게 바꿀 정도의 창의력을 발휘할 수 없습니다."[11]

실패는 실수가 아니다

실패를 실수와 혼동해서는 안 된다.[12] 실패와 달리 실수는 새롭거나 유용한 정보를 거의 생성하지 않으므로 가치가 없다.[13] 예를 들어 잘못 계획되거나 잘못 수행된 실험은 연구자들이 그 실험을 반복하게 할 수 있다. 또 다른 일반적인 실수는 과거 경험에서 배우지 못하는 것이다. 아마존은 첫 번째 물류 포장 센터를 세운 후 최적의 위치와 배치, 자재 흐름 등에 대해 많은 교훈을 얻었다. 오늘날 아마존은 북미에 75개 이상의 센터를 두고 있는데, 만약 새로운 센터의 주요 측면이 잘못됐다면 프로젝트를 제대로 실행하지 못한 사례로 간주할 수밖에 없다. 즉, 이제 아마존 프로젝트에서 결함이 발견되면 그것은 명백한 학습 목표가 있는 실패가 아니라 과거 실수의 반복으로 간주된다는 의미다.

실패와 실수를 구별하는 것이 바람직하지만, 최고의 조직조차도 실패를 촉진하고 실수를 제거하는 동시에 둘을 신중하게 구별하는 데 필요한 관리 시스템이 부족한 경우가 많다. 하지만 이는 혁신에 성공하고자 하는 기업이 반드시 갖춰야 할 일반적인 사항이다. 연구에 따르면 장기적인 성공을 위해서는 점진적인 혁신과 변화뿐 아니라 불연속적인 혁신과 변화까지 동시에 추구하는 능력이 필요하다. 이를 위해서 기업은 양손잡이가 돼야 한다. 즉, 모순되는 구조와 프로세스, 문화를 만들어야 한다.[14]

마찬가지로, 실험 역량의 대규모 증진에 투자하는 회사는 성공하지 못한 결과를 관리하는 데서도 양손잡이가 돼야 한다. 직원들이 조기에 실패를 초래하는 실험을 하도록 격려해야 하지만, 동시에 실수를 초래하고 새로운 학습에 기여하지 않는 나쁜 실험을 억제해야 한다. 따라서 기업 문화와 태도에 근본적인 변화가 필요하다. 이런 변화의 중요성은 수십 년간 IBM을 이끌었던 톰 왓슨 시니어(Tom Watson Sr.)의 에피소드를 통해 배울 수 있다.

리스크가 큰 새로운 벤처 사업을 맡은 촉망받던 젊은 간부 한 명이 사업을 성공시키기 위해 노력하는 동안 1,000만 달러가 넘는 손실을 냈다. 왓슨의 사무실로 불려 간 그 젊은 간부는 많은 돈을 잃은 데 대한 책임을 지겠다고 말했다. "제가 사임하는 게 맞겠지요, 사장님."

하지만 놀랍게도 왓슨은 이렇게 대꾸했다. "그렇게 심각하게 생각하지 말게나! 우리는 그저 자네를 교육하는 데 1,000만 달러를 쓴 것 뿐이니까."[15]

그날 왓슨을 마주한 젊은 간부는 오늘날 많은 사람이 자신이 속한 조직에 대해 느끼는 것과는 사뭇 다른 감정을 느꼈을 것이다. 많은 조직에서 사람들은 실패를 통해 배우라는 말을 들었지만 그렇게 하기에 충분히 안전하다고 느끼지 못한다. 나의 동료인 에이미 에드먼슨(Amy Edmondson)은 학습률의 차이와 그 원인을 이해하기 위해 2개의 도시 병원에서 8개의 간호 교육 훈련팀을 연구할 때 그런 긴장의 예를 발견했다.[16] 그녀는 이들 팀이 학습한 정도를 측정하기 위해 오류의 횟수를 기록하면서, 더 나은 리더십 아래 상대적으로 안정적인 팀이 더 많은 것을 배우므로 더 적은 실수가 보고될 것으로 추정했다. 하지만 놀랍게도 현실은 정반대였다. 보고된 오류율이 가장 높은 간호사팀은 관리자뿐만 아니라 서로에게 더 편안함을 느꼈다. 반면 보고된 오류가 낮은 팀은 권위주의적 특성을 가진 리더 아래에서 일했고 책임을 질 준비가 돼 있지 않았다. 후속 연구에서 에드먼슨은 '심리적 안전성'이 더 큰 팀이 더 많은 오류를 보고할 뿐만 아니라 더 많이 배우고 일을 더 잘한다는 사실을 발견했다. 그런 안전감을 창출한다는 것은 격식에 얽매이지 않고 개방적인 문제 해결 문화를 만드는 것과 성과를 강조하는 것 사이에서 균형을 잘 잡는 것을 의미한다. 이런 환경은 실험과 혁신에서 성공적이길 원하는 기업들에 매우 중요하다.

두 번째, 가치 및 목표와 일치하는 보상

새로운 실험 도구를 최대한 활용하는 문화를 만들려면 실험 행동 방식에 영향을 미치는 요인을 더욱 깊이 이해해야 한다. 이를 염두에 두고 미시간대학교의 피오나 리(Fiona Lee)와 모니카 워라인(Monica Worline), 그리고 하버드 경영대학원의 에이미 에드먼슨과 나는 조직의 가치와 보상, 개인의 지위가 실험에 어느 정도의 영향을 미치는지 연구했다.[17] 이런 요소가 우리에게 특히 매력적이었던 이유는 그것들이 이미 조직의 성과에 영향을 미치는 중요한 요인으로 확인됐으며 경영진이 영향을 줄 수 있는 부분이었기 때문이다.

메시지의 혼합을 피하라

우리의 연구조사는 서로를 보완하도록 설계된 두 가지 연구로 구성됐다. 실험실에서 몇 달에 걸쳐 진행한 첫 번째 연구에서 우리는 185명의 개인에게 경영 시뮬레이션 연습을 위해 설계된 전자적 미로를 탈출하라고 요청했다. 이 전자 작업을 완수하려면 광범위한 실험이 필요했으며, 이를 통해 바람직한 실패와 낭비적인 실수를 명확하게 구분하고자 했다. 이 실험실 연구에서 우리는 각 요인을 다음과 같이 조작해 실험 행동 방식 및 수행에 미치는 영향을 연구했다.

1. 가치: 실험을 장려하는 경우와 억제하는 경우
2. 보상: 실패를 처벌하는 경우와 그렇지 않은 경우

3. 지위: 참가자의 지위가 비교적 낮은 경우와 비교적 높은 경우

우리는 가치와 보상이 실패에서 배우는 것의 가치를 명시적으로 강조하고 그런 실패에 대해 처벌하지 않는다는 일관된 메시지를 줄 때, 지위가 낮은 개인이 실험을 더 기꺼이 하려 한다는 사실을 발견했다. 실패를 처벌하는 보상 시스템을 유지하면서 실험을 장려하는 것과 같은 혼합 신호를 제공하면, 성과가 악화될 뿐 아니라 실험을 꾸준히 억제하는 경우보다 실험 횟수가 줄어들었다. 이는 한 가지 요소(가치 또는 보상)만 변경해도 직원의 성과가 저하될 수 있는, 경영자의 지나치게 단순한 개입의 위험성을 보여준다. 그와 달리, 지위가 높은 개인은 메시지가 혼합된 경우에도 실험을 더 기꺼이 수행하려 했다. 그들은 단순한 개입의 의도치 않은 결과에 덜 민감하게 반응했다.

두 번째 연구에서 우리는 이런 결과를 테스트하기 위해 미 중서부의 한 대규모 의료기관을 대상으로 실증적 연구를 했다. 이 조직은 병원 내 여러 부서의 데이터를 통합하고 최신 임상 정보(예를 들어 혈액 검사 결과와 약물 처방 등)를 의료진에게 전달하는 새로운 웹 기반 시스템을 갖추고 있었다. 의사와 간호사, 제휴 보건 제공자(예를 들어 영양사), 지원 직원 등이 병동과 사무실 및 개인 가정에서 시스템에 접근할 수 있는 주요 사용자였다. 시스템의 사용 여부는 자유의사에 맡겨진 데다가 교육 훈련도 제공되지 않았기에 무엇보다 개인의 실험 의지가 시스템의 채택과 생산성에 매우 큰 영향을 미쳤다. 이전에는 이곳의 의료 종사자들이 환자 정보에 접근하려면 정기적으로 업데이트되지도 않고 완전하지도 않은 다른 시스템을 사용해야 했다.

우리는 120개의 외래 진료소와 30개의 의료센터, 5개의 교육 병원을 포함하는 해당 의료 조직 전체에서 688명의 개인을 대상으로 설문조사를 했다. 설문조사에는 새로운 정보기술(IT)을 시도하려는 의지와 새로운 시스템의 스물아홉 가지 다른 기능을 실제로 어떻게 사용하는지, 그리고 그들의 다양한 문제 해결 전략 등에 대한 질문이 포함됐다. 지위는 개인의 직무를 토대로 유추했다. 가장 높은 수준은 의사였고, 그에 이어서 의대생과 간호사, 제휴 보건 제공자, 비서, 행정 직원 순으로 정했다.

두 번째 연구조사의 결과는 실험실 연구의 결과와 놀라울 정도로 유사했다. 우리는 경영진이 명시적으로 실험을 장려하고 실패에 대한 처벌(또는 의욕을 꺾는 분위기)을 정하지(또는 조장하지) 않는 두 가지를 일관되게 지킬 때 개인이 새로운 시스템 기능을 더 기꺼이 사용하고자 한다는 사실을 발견했다. 이전과 마찬가지로 메시지가 뒤섞여 있는 경우 혼란과 불신이 발생하여 새로운 시스템의 기능을 써보고자 하는 시도가 덜했다. 낮은 지위의 개인은 실패에 대한 가장 높은 사회적 비용에 직면하는 까닭에 일관성 없는 메시지에 훨씬 더 많은 영향을 받았다. 예를 들면, 의대생은 실험 실패가 (환자나 병원에 대가를 치르게 하지 않더라도) 자신의 경력에 해를 끼칠 수 있다는 생각에 다른 사람들 앞에서 시스템에 대한 친숙도 부족을 드러내는 것을 훨씬 꺼렸다. 그와 달리, 의사들은 가치나 보상에 대한 신호가 혼합된 경우에도 새로운 기술을 기꺼이 테스트했다. 우리는 또한 실험(그리고 실패) 횟수의 증가를·통한 학습이 더 나은 성과를 가져온다는 사실도 알게 됐다. 실제로 가장 많이 실험한 사람들이 새로운 기술을 더 빨리 익히고 가장 능숙한 사용자가 됐다. 그들은 또한 환자와 상대하는 시간을 더 효율적으로 사용한다고 보고했다.

인센티브를 업무 목표에 맞춰 조정하라

조직 내 팀들이 일상 업무를 하며 실험도 하는 이중 목표를 수행하는 경우 인센티브가 제대로 정렬되지 않을 수 있다. 뱅크오브아메리카의 사례를 살펴보자.[18] 이 은행이 자사에 중요한 애틀랜타 시장에 약 24개의 자칭 '인생연구소'를 도입했을 때, 고위 경영진은 전통적으로 안정성과 표준화에 의존해온 은행 조직에 실험과 혁신 정신을 불어넣고자 했다. 각 연구소는 외형상 보통의 은행과 다를 바 없는 은행 지점이었지만, 모든 위치에서 새로운 제품 및 서비스 개념을 지속적으로 테스트하는 임무를 띠고 있었다. 이 실험에는 금융 및 투자 뉴스를 표시하는 비디오 모니터인 '가상 창구'와 직원들이 고객의 계좌 개설과 대출 상담, 오래된 수표 사본의 회수 등을 도와주는 독립형 키오스크인 '호스팅 스테이션'이 포함됐다. 경영진 입장에서 골치 아픈 문제 한 가지는 직원들에게 동기를 부여하는 방법이었다. 지속적인 실험의 일부인 이런 직원들의 성과를 기존의 방식으로 측정하고 보상할 수 있을까(그리고 그렇게 하는 게 마땅한가)?

당시 영업사원 보상의 약 30~50퍼센트는 10년 된 포인트 시스템에 기반한 성과 기반 보너스에서 파생됐는데, 이는 (제품과 고객만족도,

현지 시장 인구 통계, 관리자의 재량권 등에 따라 포인트가 달라지는) 판매 할당량을 이용하는 방식이었다.[19] 이것은 영업사원들이 고객의 실제 요구를 무시하고 싶다는 유혹에 빠지게 하는 시스템이었다. 내부의 한 재무 컨설턴트는 이렇게 말했다.

"예를 들어 그들은 포인트가 발생하지 않는 저축 계좌보다는 1포인트를 얻을 수 있는 당좌예금 계좌를 개설하도록 고객에게 권유하고자 했습니다."[20]

처음 몇 달 동안 실험 이니셔티브는 기존의 인센티브 계획을 유지했으며, 영업사원들은 추가적인 활동을 좋아하는 것처럼 보였다. 그 이니셔티브에 포함됐다는 사실에서 무언가 특권 의식을 느꼈기 때문이다. 그러나 곧 그들이 고객 호스트로 일하는 역할은 말할 것도 없고 실험 방법을 다루는 특별 교육 세션에 근무 시간의 4분의 1을 써야 한다는 것이 분명해졌다. 보너스 포인트는 전혀 발생하지 않는 실험에 참여하면서 말이다. 결국 직원들은 실제 영업 활동의 일부로서 고객과 보내는 시간이 더 적은데도 동일한 월별 포인트 할당량을 충족해야 했기 때문에 보상이 줄어들어 불이익을 받는다고 느끼기 시작했다. 이런 문제가 발생한 직후 고위 경영진은 '연구소' 지점의 직원에 대한 보상을 고정 인센티브로 전환했다. 대부분 직원은 이런 변화를 환영했고, 그로 인해 자신이 특별하다는 느낌이 증폭되기까지 했다. 이는 또한 최고 경영진이 실험 프로세스에 진정성 있게 임한다는 표시이기도 했다. 그러나 모든 직원이 새로운 고정 인센티브를 환영한 것은 아니었다. 포인트의 유혹이 사라지자 일부 직원은 영업 활동의 동기를 상실했다. 아울러 연구소 지점 외부의 은행 직원들은 자기들을 소외시킨 특별 보상 프로그램에 불만을 품기도 했다.

한 임원은 이렇게 지적했다. "[실험] 부서에 있는 사람들은 이제 다른 사람들과 같은 수준으로 애쓰지 않아도 된다고 생각했어요."

또 다른 관리자는 직원 한 명의 직무를 다시 배정해야 했다며 이렇게 덧붙였다. "그 직원이 이제 수동적으로 책상에만 앉아 있었기 때문이죠. 그 직원은 고객을 위해 일하는 팀 정신을 등한시했습니다."[21]

은행의 실험 프로그램에 모든 관심과 자원이 쏟아졌기에 뱅크오브 아메리카의 고위 경영진 일부는 조바심을 내기 시작했다. 다른 전통적인 지점 직원들의 분노도 이런 감정의 고조에 한몫했다. 새로운 그룹은 이미 다른 지점보다 더 많은 자원을 누렸는데, 그 밖의 추가적인 인센티브 계획으로 그들이 은행의 일상적인 현실에서 더 많이 멀어질 것이라는 두려움이 팽배해졌다. 경영진은 또한 다른 시장의 다양한 조건 탓에 연구소 지점에서 테스트한 개념이 전국적으로 작동할지도 불확실하다고 느꼈다.

불편과 불만이 커지자, 고위 경영진은 6개월간의 시험 끝에 직원에 대한 보상을 기존의 포인트 기반 인센티브 시스템으로 다시 전환했다. 당연히 보너스 점수 획득과 실험 참여 사이의 긴장이 빠르게 되돌아왔다. 더욱이 그런 180도 태도 전환에 일부 직원은 낙담하며 혁신 자체에 대한 경영진의 약속에 의문을 품게 됐다. 실험에 대한 보상 방식의 모호성은 리스크 감수와 실패에 대한 직원의 행동 방식에도 영향을 미쳤다. 실험 대상이 된 약 40개의 개념 중 단 4개만 실패로 끝나 결과적으로 실패율은 10퍼센트로 나타났다. 이것은 경영진이 뱅크오 브아메리카를 혁신적인 조직으로 전환하는 데 필요하다고 생각한 목표 실패율 30퍼센트에 확실히 못 미친다. 뱅크오브아메리카의 경영진은 하나는 지점 운영에 초점을 맞추고 다른 하나는 R&D 유형 환경에 초점을 맞춘 두 가지 모델을 경험했다. 이를 통해 운영과 실험의 이중 특성에도 종종 갈등을 유발하는 두 가지 목표의 긴장을 이해하고, 균형을 맞추는 인센티브 시스템이 필요하다는 사실을 배웠다.

세 번째, 오만을 이기는 리더의 지적 겸손

실험의 결과는 때로 확고한 이익이나 신념, 문화적 규범을 거스를 수 있다. 그런 상황이 발생하면 사람들은 종종 결과를 반사적으로 거부하는 반응을 보인다. 예를 들면 다음과 같다. 어느 인기 있는 제삼자 테스트 플랫폼의 기술 지원 관리자가 도구의 부적절한 분석 기능에 불만을 품은 사용자한테서 전화를 받은 적이 있다. 전화를 건 사람은 자신이 대규모 소비자 그룹을 대상으로 실시한 정교한 테스트에 따르면 온라인 쇼핑객이 더 많은 정보가 아니라 더 적은 정보를 보유했을 때 회사의 성과 지표가 개선되는 것으로 나타났다고 불평했다. 그런 결과는 자신의 직관과 수년간의 경험에 어긋나는 것이었기에 결과에 대한 분석이 분명히 잘못됐으리라는 얘기였다. 그는 이 문제를 어떻게 해결했을까? 도구를 수정해 자신의 가설에 맞는 결과가 나올 때까지 실험을 반복했다.

이 사례는 모든 실험자가 직면하는 도전을 여실히 드러낸다. 우리는 자신의 편견을 확증해주는 좋은 결과('승리')를 기꺼이 받아들이는 경향이 있다. 그것이 기분이 좋기 때문이다. 반대로 자신의 가정에 반대되는 나쁜 결과('패배')에 대해서는 도전 의식을 불태우며 철저히 조사하는 자세를 보인다. 제프 베조스는 실험을 통해 신념을 부정하는 것이 자연스러운 행동은 아니라고 예리하게 지적했다. 그러면서 조직에서 대규모 실험 프로그램을 실행할 때는 매우 빠른 속도로 신념을 부정할 줄 알아야 한다고 강조했다. 이는 관리자에게 스트레스를 주지만 조직이 한계점을 넘어설 수 있도록 돕는다.

제멜바이스 반사

제멜바이스 반사는 실험 결과에 대한 무모한 거부를 뜻하는데, 19세기 유럽에서 산욕열 퇴치의 선구자로 활약한 이그나즈 필리프 제멜바이스(Ignaz Philipp Semmelweis)의 이름을 딴 것이다. 오스트리아 빈에 있는 병원의 헝가리 출신 의사 제멜바이스는 19세기에 유럽에서 100만 명이 넘는 여성의 목숨을 앗아간 치명적인 질병인 산욕열이 시체를 부검한 후 손을 제대로 씻지 않은 의사와 의대생들 때문에 발생한다는 사실을 발견했다.[22] 그가 의사와 학생들에게 환자를 진찰하기 전에 염소 처리된 석회 용액으로 손을 철저히 씻게 하는 정책을 도입한 후 사망률은 거의 10분의 1로 감소했다. 그러나 제멜바이스는 이 절차가 효과적인 이유는 설명할 수 없었다. 심지어 그 병원은 그의 발견을 무시하고 조롱했으며 결국 그를 해임하기까지 했다. 당시 질병은 관련 없는 많은 원인에 기인하는 것으로 여겨졌으며, 각각의 의학적 사례는 고유한 것으로 간주됐다. 청결 부족이라는 단 하나의 원인이 있다는 제멜바이스의 가설은 의료기관이 받아들이기엔 너무 극단적이었다.

이후 헝가리로 돌아온 그는 그곳에서 자신의 발견을 복제해서 적용했지만, 이번에도 아무 소용이 없었다. 의료기관들은 전과 마찬가지로 그의 발견을 무시하거나 거부했다. 1865년 제멜바이스는 신경쇠약에 걸렸고, 결국 정신병원에서 사망했다. 제멜바이스의 이론과 치료법은 1879년 루이 파스퇴르(Louis Pasteur)가 산욕열이 발병한 여성들이 연쇄상구균에 감염됐음을 증명한 후에야 받아들여졌다.

이 사례의 교훈은 새로운 통찰력에 이르렀음에도 인과관계에 대한 인정된 이론이 뒷받침되지 못하는 실험은 편견과 거부에 직면할 위험이 크다는 것이다. 반대로 검증 가능한 예측이 뒷받침되어 원인을 근본적으로 이해하게 된다면 수용과 변화로 이어질 수 있다. 기본 이론을 개발할 수 없는 경우에도 검증 가능한 예측을 갖춘 엄격한 실험 시스템은 사람들의 동참을 끌어내는 데 이용할 수 있다. 그리고 테스트 결과가 이전 경험과 상충하면 반복적인 실험으로 확인하는 과정을 거쳐야 한다. 복제는 과학의 초석이며 다수의 실험에서 얻은 증거는 우리의 직관과 믿음에 도전하는 데 필요한 일단의 증거를 강화한다. 경영진은 각 단계의 중요성을 인식하고 조직이 이 프로세스를 신속하게 밟도록 이끌어야 한다(자료 4-1 참조).

인간의 편견은 명백한 거부만큼 쉽게 관찰되지 않을 수 있다. 편향

자료 4-1: A/B 테스트의 예

특정 실험 결과가 조직의 확고한 이익이나 신념, 규범에 어긋나면 종종 거부당한다. 실험 결과에 대한 그런 무모한 거부를 '제멜바이스 반사'라고 한다. 그의 이야기에는 문화적 수용의 단계별 과정에 대한 중요한 교훈이 담겨 있다.

- 1단계: 잘못된 믿음은 오만과 나쁜 결과(출산 후 높은 사망률)로 이어질 수 있다.
- 2단계: 이런 결과를 이해하고 대체 설명을 배제하기 위해 측정과 실험적 통제로 새로운 통찰력을 끌어낼 수 있지만, 종종 원인과 결과에 대한 이론(식단 통제, 출산 자세 등)이 부족하다.
- 3단계: 권장 조치(염소로 손 씻기)가 보상이나 신념, 규범에 어긋날 경우 초기에는 거부되리라는 점을 예상해야 한다.
- 4단계: (되도록) 이론이나 검증 가능한 예측이 뒷받침하는 더 깊은 이해는 수용으로 이어질 수 있다(루이 파스퇴르는 산욕열이 발병한 여성에게서 박테리아를 찾아냈다). 이에 대한 대안으로, 실험 시스템의 엄격함과 그에 대한 신뢰는 실험 결과의 복제성과 결합하여 인과관계 이론 없이 수용으로 이어질 수 있다.

성은 매우 미묘하여 때때로 실험 과정에 몰래 스며들 수도 있다. 이와 관련된 한 가지 예가 전 세계 국가에서 보이는 침술의 효능에 대한 인식이다. 침술이 더 널리 받아들여지는 아시아에서는 1966년에서 1995년 사이에 수행된 47개의 모든 임상연구에서 침술이 효과적이라는 결론을 내렸다. 침술을 그다지 신봉하지 않는 미국과 스웨덴, 영국에서도 같은 기간에 94건의 임상시험이 있었는데, 단지 56퍼센트만이 '약간의' 치료 효과를 발견했다. 이런 차이는 사람들이 과학적 방법이 제대로 제시된 경우에도 어떻게든 자신의 편견과 신념을 확인할 방법을 찾는다는 사실을 시사한다.[23] 의식적인 것이든 무의식적인 것이든, 편견을 제거하려면 대규모 실험 프로그램을 수행하는 회사는 완전한 투명성을 추구하고 장려해야 한다. 직원 모두가 모든 실험 프로토콜과 데이터에 접근할 수 있어야 한다는 뜻이다. 최상의 소독제가 햇빛인 것처럼 말이다.

오만에서 지적 겸손으로

조직이 실험을 완전히 흡수하려면 억제되지 않은 호기심이 강한 의견과 편견을 몰아내는 분위기가 마련돼야 한다. 사업 결정의 운에 따라 승진이 좌우되는 고위직 개인(부문별 책임자나 사장단 등)의 경우 특히 그런 자세가 필요하다. 새로운 무언가에 관해서는 고위직에 있는 이들도 틀릴 수 있다. 그리고 그것은 넷스케이프(Netscape)의 전 CEO인 짐 박스데일(Jim Barksdale)의 사례가 보여주듯이, 큰 문제가 될 수 있다. 보도에 따르면 그는 이렇게 말했다. "데이터가 있다면 데이터를 봅시다. 그런데 만약 의견이 각기 다르다면 내 의견대로 갑시다."

아마존에서도 한 직원이 온라인 쇼핑 카트에 들어간 상품을 기반으로 고객에게 개별화한 추천을 제공하는 소프트웨어 프로토타입을 만들 때 이와 유사한 일이 발생했다. 수석 부사장은 그 기능이 계산하려는 고객의 주의를 산만하게 할 것이라며 완강하게 반대했다. 직원은 그 프로젝트를 추진하지 못하게 됐다. 다행히 그가 상사의 지시를 무시하고 대조실험을 했는데, 그 기능이 매출 증대에 큰 영향을 주는 것으로 나타났다. 해당 기능이 즉시 출시된 것은 물론이다.[24]

의사결정에 하향식 접근방식을 선호하는 강력한 경영자를 나타내기 위해 HiPPO(최고 연봉자의 의견)라는 용어가 조롱조로 종종 사용된다.[25] 그들이 지위나 설득을 통해 나쁜 아이디어를 밀어붙일 위험성이, 실험으로 그것이 틀렸음이 입증된 경우에도 저항할 위험성이 있다는 의미다. 세계에서 가장 위험한 동물 중 하나인 하마(hippo)의 플라스틱 버전을 조직에 배포하면 조직이 직면한 문화적 도전을 상징적으로 상기시킬 수 있다[마이크로소프트 CEO 사티아 나델라(Satya Nadella)가 플라스틱 하마를 옆에 두고 무대에 앉아 있는 모습이 종종 목격됐다[26]]. 과학적 방법론의 선구자인 프랜시스 베이컨은 의심을 인정하는 것이 오만을 극복하는 데 중요한 역할을 한다는 것을 이해했다.

"확신으로 시작하는 사람은 의심으로 끝나지만, 의심으로 시작하는 사람은 확신으로 끝날 것이다."[27]

지적으로 겸손한 자세를 취하고 "모릅니다" 또는 "내 아이디어는 아마 아무런 영향을 미치지 못할 것입니다"라고 말하기란 쉬운 일이 아니다. 인간 본연의 생각과 행동 방식에 어긋나기 때문이다. 행동경제학자 대니얼 카너먼(Daniel Kahneman)은 다음과 같이 말했다.

"자신의 직감을 따르는 경우 우리는 종종 무작위적인 사건을 체계적인 것으로 잘못 분류하는 실수를 저지를 수 있습니다. 인생에서 보는 많은 것이 무작위적이라고 생각하지 않는 성향이 있기 때문이죠."[28]

다시 말해, 인간은 관련 없는 것들 사이에서 연결성과 의미를 보는 경향이 있다. 이것이 발생하는 이유에 대해서는 여러 이론이 있는데, 패턴 인식 과정에서 인지 오류가 발생하기 때문이라는 것과 인간이 인과관계가 없는 상황에서도 인과관계를 보는 쪽으로 뇌가 진화했기 때문이라는 것이 대표적이다.[29] 그렇게 우리는 사물을 관찰하거나 일화를 들을 때 그런 오류를 저지르는 경향을 보인다. 경영자도 예외는 아니다. 특히 리더십 스타일이나 팀 성과의 변화와 같이 측정하기 어려운 변수에서 인과관계를 찾는 것에 인센티브가 달렸을 때 그렇다. 미국 작가인 업턴 싱클레어(Upton Sinclair)가 말한 바와 같이 "자신이 이해하지 못하는 무엇에 급여가 달렸을 때, 그가 그것을 이해하게 하는 것은 어려운 법"이다.[30]

어쩌면 반대의 경우도 마찬가지일 것이다. 경영자의 자부심이 무언가에 대한 믿음에 달렸을 때 그가 그것을 믿게 하는 것은 쉬운 일이다. 이는 1장에서 살펴본, 론 존슨이 JC페니의 낭패에서 얻은 교훈 중 하나다. 그는 자신을 오만한 경영자라고 생각하지 않았지만, 하버드 경영대학원에서 한 연설에서 학생들에게 다음과 같이 주의를 기울일 것을 당부했다.

여러분은 제가 '상황적 오만'이라고 부르는 것에 빠질 수 있습니다. 여러분이 자신의 경험과 인맥을 바탕으로 무엇이 옳은지 정확히 알고 있다고 생각할 때 바로 그런 일이 생길 수 있습니다. (…) 그러나 사업은 운에 좌우되는 경우가 많습니다. (…) 어째서 그런 일이 효과가 있었는지 이해하고 자신을 너무 높이 평가하지 않도록 주의를 기울여야 합니다. 저는 25년 동안 여러 행운이 따른 덕분에 큰 성공을 누렸지만, JC페니에 대한 나름의 관점을 확립할 때는 상황적 오만에 빠졌습니다. (…) 우리 모두에게 마음에 새겨야 할 흥미로운 교훈이 있습니다. 겸손은 아주 훌륭한 것이고, 오만은 정말 나쁜 것입니다. 그런 오만이 어디에 있는지 이해하려면 거울을 아주 깊이 들여다봐야 합니다.[31]

프랜시스 베이컨은 인간의 편견이 새로운 지식을 습득하는 데 가장 큰 장애물이 될 수 있다는 점을 이해했다(자료 4-2 참조). 물론 해결책은 실험이다. 우리는 실험을 통해 '본성에 의문을 던질 수' 있다.[32]

- **무작위 상황에서 관련성을 보는 것에 대해**

  "인간의 이해는 그 독특한 본성으로 인해 상황이나 사건에서 실제로 발견되는 것보다 더 큰 질서와 균등성이 존재한다고 쉽사리 가정한다. 그리고 자연의 많은 것이 고유하고 불규칙적임에도 유사성이나 접점, 연관성을 만들려고 한다."

  - 《신기관》 제1권, 잠언 45

- **확증편향에 대해**

  "(일반적인 인정이나 믿음 또는 그것이 주는 즐거움에 기인해서) 어떤 명제든 일단 규정되고 나면 인간의 이해는 다른 모든 것을 동원해 지지와 확증을 더하려고 한다. 그에 반하는 설득력 있는 사례가 풍부한 경우에도 첫 번째 결론을 뒤집기보다는 폭력적이고 해로운 편견으로 설득력 있는 사례를 경멸하거나 모종의 구분으로 거부하고 제거하려 한다."

  - 《신기관》 제1권, 잠언 46

- **증거를 거부하는 감각의 힘에 대해**

  "무엇보다 인간 이해를 막는 가장 큰 원인은 감각의 둔함과 무능, 오류에서 비롯된다. 감각을 자극하는 것은 무엇이든 다른 모든 것보다 우세하다. 즉 각적으로 감각을 자극하지 않는 것들은 아무리 우월하더라도 감각을 자극하는 것에 밀릴 수밖에 없다는 뜻이다. 결과적으로 심사숙고는 대부분 눈에 보이는 것 때문에 중단되고, 보이지 않는 대상에 대해서는 거의 또는 아무런 고려도 이뤄지지 않는다."

  - 《신기관》 제1권, 잠언 50

출처: F. Bacon, *Novum Organum*(1620; rep. Newton Stewart, Scotland: Anodos Books, 2017).

한편 의사결정권자 대부분은 매우 개연성이 높은 결과를 예측하는 것조차 능숙하지 못하다. 나는 최근에 약 70명의 경영자가 있는 강의실에 들어갔는데, 그들은 70명 중 두 참가자의 생일이 같다는 것을 알고 놀라워했다. 그들은 방금 극히 드문 사건을 접한 것처럼 행동했다. 그러나 두 사람의 생일이 같을 가능성이 생기려면 몇 명이 모이면 될까? 답은 23명이다.[33]

네 번째, 신뢰라는 자산을 쌓는다

2012년 페이스북은 사람의 감정 상태가 온라인 소셜네트워크를 통해 다른 사람에게 전달될 수 있는지 아닌지를 연구하는 일주일간의 실험을 진행했다. 2011년경 페이스북은 자체 모바일 앱을 제외하고도 하루에 470만 인시(人時)를 소비하고 있었다. 소셜미디어가 도입된 지 얼마 지나지 않은 시점이었지만, 이미 사람들이 상호작용하는 방식에 큰 변화가 일고 있었다. 당연히 13억 5,000만 유저에게 심리적 악영향을 끼칠 가능성이 있는지에 대한 논의가 광범위하게 일어났고, 상충하는 가설들이 등장했다.[34] 그래서 페이스북은 직접 조사해 보기로 했다.

페이스북은 소셜네트워크의 뉴스피드, 즉 페이스북 친구들에 대한 (알고리즘으로 선별된) 뉴스 리스트(게시물, 이야기, 활동)를 사용하여 긍정적인 뉴스 스토리를 적게 보는 것이 유저의 긍정적인 게시물 감소로 이어지는지 테스트했다. 또한 유저가 부정적인 뉴스 스토리에 덜 노출되면 위와 반대의 현상이 발생하는지 테스트했다. 실험에는 무작위로 선택된 68만 9,003명의 유저가 관련됐다. 그 가운데 약 31만 명(조건당 15만 5,000명)의 (본인은 실험 참가 사실을 모르는) 참가자는 자신들의 뉴스피드에서 조작된 감정 표현에 노출됐고 나머지 유저에게는 그 부분과 상응하는 분량의 스토리가 무작위로 생략되는 통제 조건이 적용됐다.[35]

2014년 6월, 페이스북과 코넬대학교의 연구원들은 그 실험의 결과를 한 학술지에 '소셜네트워크를 통한 대규모 감정 전염의 실험적 증거'라는 도발적인 제목으로 발표했다.[36] 대중은 극히 분노했다. 페이스북의 데이터과학팀은 추호의 의심도 하지 않는 유저들을 대상으로 몇 년 동안 논란 없이 실험을 진행해왔지만, 회사가 감정을 조작할 수 있다는 개념 자체가 대중의 신경을 건드린 것이었다. 비평가들은 페이스북이 자사 유저들에게 심리적 상해를 입혔을 뿐 아니라 동의가 필요한 정보를 알리지 않은 것에 대해 우려를 제기했다. 〈월스트리트저널〉은 '페이스북 실험실은 한계가 없는가'[37]라는 제목의 1면 기사로 그 실험 '스캔들'을 다뤘고, 학술지 편집자들은 이례적으로 '편집자들의 우려 표명'을 발표했다.

문제는 페이스북의 일반적인 데이터 사용 정책에 대한 참가자의 동의가 윤리적으로 의미가 있는지, 그래서 유저에게 선택적 거부권을 주어야 하는지 아닌지였다. 학습이라는 관점에서 보면 실험은 성공적이었다. 감정적 전염이 존재하지만 유저에게 미치는 영향은 매우 적다는 것이 결론이었다. 그 실험이 반드시 기만적인 것은 아니었다. 게

시물은 실제적인 것이었으며, 유저에게 사전에 실험 참여 사실을 알렸다면 편향적인 결과가 나왔을 터였다. 하지만 일부 유저가 자신은 실험용 쥐로 등록할 의사가 없었는데 과학이라는 명목으로 자신의 감정에 대한 아무런 배려 없이 회사에 의해 조작당했다고 느낀다는 사실 때문에 논란이 증폭됐다.

윤리적으로 의미 있는 것이 무엇인지에 대한 토론은 기업에 분명히 중요하다. 페이스북의 이 실험은 엄청난 반발을 불러일으켰고, 결국 회사 경영진이 공식적으로 사과해야 했다. 더불어 페이스북은 개인 정보 보호 및 데이터 보안 분야의 대규모 전문가 패널이 일상적인 제품 테스트의 수준을 뛰어넘어 연구조사를 검토하는 규율을 포함하여 전보다 훨씬 더 엄격한 실험 지침을 도입했다. 그러나 검토해야 하는 것과 검토하지 말아야 하는 것에 대한 윤리적 문제는 기회비용과 비교해 신중하게 따져봐야 한다. 내부 조사가 너무 많으면 실험 속도가 느려질 수 있고, 너무 적은 조사는 '감정적 전염 실험'과 같은 폭발로 이어질 수 있다.

2000년 아마존이 동일한 DVD 타이틀에 대해 고객별로 다른 가격을 부과하는 실험을 했을 때도 그런 일이 일어났다. 이 테스트는 고객들의 불안을 야기했으며 일부는 온라인 소매 업체가 인구 통계에 기반해 가격 차별을 자행했다고 비난했다(아마존은 부인했다). 제프 베조스는 그 실험이 '실수'였음을 인정하고, 만약 아마존이 차등 가격을 다시 테스트하면 처음에 제안된 가격과 관계없이 모든 구매자에게 가장 낮은 가격을 치르게 한다는 정책을 도입했다.[38]

테스트를 하기 전에 이해관계자들은 그 실험이 가치가 있다는 데 동의해야 한다. 여기에는 실험의 좋고 나쁨을 판단하는 진실성 및 윤리성에 대한 인식이 포함돼야 한다. 아마존이 애초 동일한 제품에 대해 다른 가격을 부과할 의도가 없었다면 왜 굳이 대중의 분노를 불러일으키는 실험을 해야 했을까? 진실은 실험자들이 종종 더 높은 기준에 직면한다는 것이다. 이유는 다음과 같다. 새로운 아이디어(B, 도전자)를 현재 상태(A, 챔피언)와 비교하여 고객에게 효과가 있는 것과 그렇지 않은 것을 파악하고자 하는 회사는 실험을 전혀 하지 않는 경쟁자보다 훨씬더 철저한 조사 및 검토에 직면하기 마련이다. 생명윤리학자 미셸 마이어(Michelle Meyer)는 이 딜레마를 'A/B 환상'이라고 부른다.

특정 관행이 조직 전반에 구현돼 있을 때, 우리는 그것이 다른 대안들과 비교하여 효과가 확인되지 않은 경우에도 가치가 있다고 (즉 효과가 있다고) 가정하는 경향이 있다. A/B 테스트나 그와 유사한 테스트를 통해 안전성과 효능을 확립하려는 시도는 따라서 일부 사람들(B에 속하는 사람들)에게서 표준 관행을 박탈하는 것으로 간주된다. A/B 환상이라는 마법에 걸린 사람들은(우리 모두 언젠가는 그런 상황에 처할 수 있다) 관행 A와 B를 비교하기 위한 실험이 시작된 순간을 도덕적 기능이 분출하는 순간으로 본다. 관행 A가 안전성이나 유효성에 대한 증거 없이 일방적이고 획일적으로 시행된 순간으로 인식하는 것이 더 적절한 태도인데 말이다.[39]

다시 말해 사람들은 현재의 관행이 얼마나 비효율적이든 상관없이 배경에 있는 현재 상태보다 전면에서 세간의 이목을 끄는 실험에 초점을 맞추는 경향이 있다. 한 흥미로운 연구에서 마이어와 그녀의 동료들은 건강 관리와 차량 디자인, 글로벌 빈곤과 같은 영역에서 세 가지 유형의 인구(즉 흑인, 백인, 황인) 5,873명이 참가한 16개의 연구 내용을 조사했다. 그들이 발견한 것은 다음과 같다. 참가자들은 A/B 테스트가 전체 인구에 대한 실험되지 않은 관행의 보편적인 구현보다 도덕적으로 더 의심스럽다고 생각했다. 이 의심은 B보다 A를 선호할 객관적인 이유가 없는 상황에서조차도 지속됐다.[40]

페이스북은 실험을 전혀 거치지 않고 그냥 뉴스피드 알고리즘(또는 기타 비즈니스 관행)을 변경할 수도 있었다. 그러나 그것은 바람직한 경영 관행이 아니며 윤리적이지도 않다. 어쩌면 페이스북은 그저 A/B 환상의 희생양이 됐던 것일 수도 있다. 어쨌든, 그들은 인식을 더욱 적극적으로 관리했어야 했다. 기업이 대규모 실험을 빠른 속도로 수행하면 실험의 진실성에 대한 결정 역시 개인이나 팀이 빠르게 내릴 수밖에 없다. 그렇기에 일부 주요 실험조직에서는 표준 직원 교육에 윤리 지침(사례 연구 포함)을 포함한다.

다섯 번째, 실험 도구를 적극적으로 활용한다

약 10년 전, 한 의료기기회사에 R&D 생산성을 높이는 방법에 대해 조언한 적이 있다. 내가 제안한 몇 가지 사항 중에는 엔지니어를 위한 모델링·시뮬레이션 도구의 대규모 채택 및 통합이 포함돼 있었다. 나는 이미 나름의 연구조사를 통해 그런 도구가 실험의 경제학을 변화시켰음을 보여준 바 있다. 적절한 도구가 없던 예전에는 '가정' 질문을 제기하고 예비 답변을 생성하는 일이 경제적으로 쉽지 않았다. 그러나 이런 도구는 비용을 절감하고 학습을 가속화하여 더 높은 R&D 성과와 혁신, 고객을 위해 가치를 창출하는 새로운 방법 등을 위한 길을 열었다.[41]

그 회사의 경영진이 자사의 엔지니어들은 이미 시뮬레이션 도구를 사용하고 있다고 주장했을 때, 나는 R&D 시설을 둘러보게 해달라고 요청했다. 진실은 작은 칸막이 방에 숨겨져 있었다. 그 회사의 한 미래지향적인 연구원은 실제로 회사 제품의 중요한 측면에 대해 고급 가상 실험을 하고 있었다. 그러나 대다수의 연구원과 엔지니어는 그렇지 않았다. 이것을 한 대형 자동차회사의 선임 엔지니어링 매니저의 경험과 비교해보자.

우리 엔지니어 중 다수가 시뮬레이션 테스트의 결과는 실제가 아니라는(또는 실제로 생각되지 않는다는) 이유로 받아들일 준비가 되어 있지 않았다. 고위 경영진은 IT와 시뮬레이션 소프트웨어, 전문 인력 등에 투자하기로 하면서 상당한 비용 절감을 기대했다. 그러나 시뮬레이션을 많이 할수록 시뮬레이션이 정확한지 확인하기 위해 더 많은 물리적 프로토타입을 제작해야 했다. 아무도 컴퓨터 모델만을 기반으로 결정을 내리려 하지 않았고, 헌신하려 하지도 않았

다. 당연하게도, 시뮬레이션 때문에 프로토타입 테스트에 이전보다 더 많은 돈을 지출하게 됐다.[42]

두 회사 모두 실험 도구의 엄청난 발전을 최대한 활용하지 못한 이유가 무엇일까? 선도적인 반도체회사가 칩 설계 및 기술의 혁신을 발표하면, 그들의 승리는 해당 R&D팀의 기술은 물론이고 최신 도구의 급속한 발전에 대한 증거가 되는 셈이다. 실제로 집적회로의 기하급수적인 성능 향상은 오늘날의 설계팀을 위한 컴퓨터 모델링 및 시뮬레이션 도구의 극적인 발전을 가져왔다. 이런 진전은 이제 상호 보완적으로 이뤄지는 상황에 이르렀다. 즉, 오늘날의 복잡한 칩은 그것의 도움으로 제작된 도구 없이는 설계 및 제조가 불가능하다. 당연히 기업은 이런 혁신 플랫폼과 도구가 성과 향상과 비용 절감, 혁신 촉진 등에 기여할 것으로 기대하면서 수십억 달러를 투자하고 있다. 그러나 도구가 아무리 발전했다고 해도 자동으로 그런 이점을 제공하는 것은 아니다. 얼마나 많은 개선이 가능할 것인지 상상하는 흥분 속에서 기업은 이런 인공물이 그 자체로 제품과 서비스를 만들거나 더 나은 의사결정을 끌어내진 않는다는 사실을 쉽게 잊어버릴 수 있다. 사실, 조직에 잘못 통합된 경우(또는 전혀 통합되지 않은 경우) 새로운 도구는 실제로 성과를 저해하고 비용을 증가시키며 혁신을 좌초시킬 수 있다. 간단히 말해서 도구는 사람과 조직이 신뢰하면서 사용할 때만 효과적이다.[43]

2007년 경제학자 로버트 솔로(Robert Solow)는 "생산성 통계를 제외하고 어디에서나 컴퓨터 시대를 목도할 수 있다"라고 지적하며, 그 이후로 학자와 경영자를 괴롭힌 역설에 주의를 집중시켰다.[44] 이 '생산성 역설(종종 '솔로 역설'이라고도 함)'이 바로 이 책에서 다루는 기업 및 프로젝트 수준의 문제와 유사한 산업 수준의 도전 과제를 적시한다. 새로운 실험 도구가 제공하는 혁신의 엄청난 잠재력은 어떻게 활용해야 할까? 매킨지글로벌연구소(McKinsey Global Institute)가 수행한 한 연구에 몇 가지 강력한 관찰 결과가 담겨 있다.[45]

1년에 걸쳐 진행된 그 연구는 무엇보다도 1995년과 2000년 사이에 IT가 수행한 역할과 생산성에 미친 영향을 조사했다. 솔로를 포함한 학술 자문위원회의 도움으로 그 연구소는 59개의 경제 부문을 연구했는데, 미국의 경우 IT 집약도와 생산성 증가 사이에는 상당한 상관관계가 없다는 사실을 발견했다. 하지만 관찰된 생산성 향상의 대부분을 주도한 6개 경제 부문(소매, 도매, 증권, 텔레콤, 반도체, 컴퓨터 제조)과 과도한 IT 투자를 생산성 향상으로 전환하지 못한 3개 부문(호텔, 소매금융, 장거리 데이터 전화 통신)에 대한 심층 분석에서 몇 가지 흥미로운 결과가 나타났다. 6개 '상승' 부문의 증가 대부분은 기업이 제품과 서비스를 제공하는 방식의 근본적인 변화로 설명됐으며, 이는 때에 따라 새로운 기술이나 오래된 기술의 도움으로 이뤄졌다. 이 연구의 저자들은 이렇게 결론지었다.

이 연구 결과는 IT가 관리 혁신을 가능하게 하고, 기능과 직무를 더욱 생산적인 접근방식으로 재구성하도록 촉진하고, 노동 집약적

인 활동에 적용될 때만 생산성을 끌어올리는 데 중요한 역할을 한다는 것을 시사한다.[46]

실험 도구의 잠재력은 혁신 성과의 제고와 관련하여 유사한 질문과 도전 과제를 제기한다. 1장의 팀뉴질랜드 사례와 여타 기업의 경험은 경쟁 업체보다 적은 기술 투자로 더 나은 성과를 달성할 수 있음을 보여줬다. 기업이 새로운 실험 도구에 투자하는 것은 고통스러운 일이지만 사실 이는 쉬운 부분에 속한다. 훨씬 더 어려운 부분은 '사용 중인 도구'를 관리하기 위해 어떻게 도구를 신뢰하고, 어떻게 효과적으로 사용하는가 하는 것이다. 이를 위해서는 실험 수행에 참여하는 인간과 관련된 사항에 주의를 기울여야 하며, 때로는 모든 단계를 자동화하려는 유혹에 저항해야 한다. 예를 들어 5장에서 연구할 회사인 부킹닷컴은 커뮤니티 피드백을 촉진하는 것과 같이 인간의 참여를 요구하는 도구를 의도적으로 설계했다.

여섯 번째, 혁신 창출과 혁신 활용의 균형을 유지한다

실패와 성공, 실험과 표준화, 그리고 궁극적으로 비즈니스의 장기 및 단기 압력이라는 역설이 균형을 이루는 실험 문화를 구축하는 일은 쉽지도 않고 간단하지도 않다. 혁신을 통한 가치 창출(탐색)과 운영을 통한 가치 포착(활용) 사이의 긴장은 성공적인 비즈니스 운영의 핵심이다.[47] 토머스 에디슨이 자신의 조직을 발명의 주체에서 돈벌이 중심으로 옮기려 시도하면서 직면했던 것처럼, 올바른 균형을 찾는 일은 고위 경영진에게 힘겨운 도전 과제가 될 가능성이 크다. 에디슨의 발명 조직 문화는 실험실의 발명품을 상업적으로 활용하는 데 필요한 대량 생산 방식의 채택을 방해한 것으로 밝혀졌다. 그가 체계적인 비용 절감에 기반한 제조 전략을 결정하고 20년이 지난 후에도, 웨스트오렌지에 있던 그의 공장은 여전히 그에 필요한 설계 표준화와 생산적 운영의 장기화를 달성하지 못했다.[48] 그의 시설은 엔지니어링 설계가 지속적으로 변경되는 범용이었으며 생산적 운영이 상대적으로 짧게 이뤄졌다. 실험에 매우 적합했던 공장과 실험실의 물리적인 근접성은 이제 핸디캡으로 바뀌었다. 제품 제조에 대한 수요가 설계 프로세스의 마무리를 '추월'한 것이다. 역사가 앙드레 밀러드(Andre Millard)는 당시 에디슨이 직면한 도전을 다음과 같이 요약했다.

이것은 생산 엔지니어링보다 실험을 우선시하던 조직 문화의 유산이다. 웨스트오렌지의 직능 계층 구조는 〔공장의〕 공장장보다 실험실의 연구원에게 우위를 부여했다. 하나의 안정적인 디자인을 유지하는 것보다 제품을 개선하는 것이 우선순위 목록에서 훨씬 더 위쪽에 놓였고, 망나니들〔실험실 연구원들〕과 그들의 상사에게도 훨씬 더 많은 보상이 제공됐다. 이런 가치 기준은 발명 조직 문화에 적합하긴 했지만, 이를 유지하는 데에는 높은 제조 비용이라는 대가가 따랐다.[49]

오늘날, 활용에 중점을 둔 기업은 자신들을 성공하게 해주는 바로 그 요인이 탐색 능력을 저해한다는 사실을 발견한다. 몇 가지 면에서 에디슨이 겪은 문제가 역으로 작용하는 셈이다. 프로세스 표준화와 효율성은 실패와 실험, 혁신을 통해 학습하는 데 방해가 될 수 있다. 이를 해결하기 위해서는 회사 경영진의 개입이 필요하다. 제프 베조스는 이것을 '방랑(wandering)'의 힘이라고 부르며 이렇게 지적했다.

"비즈니스에서 방랑은 비효율적이지만 무작위도 아니다. (…) 방랑은 효율성에 대한 필수적 균형이다. 우리는 둘 다 채택해야 한다. 거대한 발견, 즉 '비선형' 발견은 방랑에서 발생할 가능성이 매우 크다."[50]

오스트리아의 기업 오스트리아마이크로시스템스(ams AG) 사례를 보자. ams는 소비자, 산업, 의료, 모바일 통신, 자동차 시장의 고객을 위한 센서와 무선 칩 등 고성능 전자제품의 제조사이자 반도체 설계사다. 전형적인 애플리케이션에는 극도의 정밀도와 정확성, 동적 영역, 민감도, 초저전력 소비 등이 필요하다. 이에 ams는 2007년 1월 기술 우위를 높이기 위해 당시 CEO 존 휴글(John Heugle)의 지휘 아래 비즈니스 실험을 위한 주요 이니셔티브를 시행했다.[51] 모든 직원이 중앙 조정자에게 실험을 제안하도록 권장한 것이다.

새로운 실험은 뚜렷한 학습 목표를 지녀야 했으며, 제안된 활동에는 고객을 위한 타당성 조사나 여타 일상 직무 연구 등의 정규 작업이 포함될 수 없었다. 회사는 제안된 실험 가운데 약 3분의 2를 승인했지만, 그 비용은 근무 시간 기록표나 작업 명세서에 기록되지 않았다. 요점은 경영진이 실험을 감독하지 않았다는 것이다. 직원들은 자율적으로 아이디어를 제시하고, 테스트를 설계하고, 실행에 옮겼다. 일반적인 직무 책임에 더하여 이런 일을 한 것이다.

이런 활동 전체를 기록으로 남기기 위해 회사는 매년 실험 보고서를 발간했다. ams는 2012년 11월에 369개의 완료된 테스트를 문서화했는데, 그중 80퍼센트 이상이 기술적인 성격을 띠었고 약 10퍼센트는 조직 관련 테스트였으며 나머지는 마케팅 및 영업과 관련된 테스트였다. 또한 학습 목표나 결과로 측정한 성과 기준으로 최고의 실험에 보너스가 수여됐다. 아울러 ams는 직원들이 모든 정규 업무를 중단하고 24시간 내내 자기 아이디어를 연구하는 '24시간의 날' 이벤트와 같은 전사적 실험도 진행했다.

마침내 ams의 실험 중 다수는 새로운 프로젝트와 제품 개선, 특허 및 신제품 제안의 출발점이 됐다. 그렇게 실험은 2008년 글로벌 경기 침체 이후 경제가 회복되던 시기에 ams가 충분한 수의 제품을 제공할 수 있도록 도왔다. 다른 기업이 혁신 활동을 축소하는 동안 ams의 리더십은 방향을 계속 제대로 유지했을 뿐 아니라 판돈을 올리기까지 했다. 회사는 주요 이니셔티브를 출발시켰고, 효율성과 실험 문화 구축 사이의 미묘한 균형을 성공적으로 관리했으며, 직원들이 새로운 것을 시도할 수 있도록 권한을 부여했다. 그 결과 ams는 경쟁 업체들이 움츠러드는 동안 시장의 상승세에 대비할 수 있었다.

일곱 번째, 새로운 리더십 모델을 받아들인다

각종 보도에 따르면 기업들은 현금을 비축하고 있다. 확실히 금융 유동성 확보에는 이점이 있으며 부적절한 계획에 무모하게 투자하는 것은 절대 권장할 일이 아니다. 그러나 혁신과 관련하여 너무 검소하게 움직이는 것도 단점이 될 수밖에 없다. 특히 그 결과 신제품 및 서비스 파이프라인이 고갈되기 시작하는 경우에는 더더욱 그렇다. 이것이 바로 표준화와 최적화, 낮은 변동성을 중시하는 매우 효율적인 사업체가 직면하는 위험이다. 실험에도 투자하지 않아 스스로를 취약하게 만든다.

3M은 그 교훈을 어렵게 배웠다. 2000년대 중반 제임스 맥너니 CEO가 회사를 떠난 후, 새로 부임한 CEO 조지 버클리(George Buckley)는 전임자의 조치 중 일부를 취소했다. 무엇보다 R&D 예산을 크게 늘리면서 연구 과학자들을 식스 시그마의 지배에서 해방했다. 그는 '발명이란 본질적으로 무질서한 과정'이라며 이렇게 설명했다.

"식스 시그마 프로세스를 그 영역에 집어넣고 '흠, 내가 발명에서 뒤처지고 있으니 수요일에 세 가지 좋은 아이디어를, 금요일에 두 가지 좋은 아이디어를 내도록 일정을 잡겠다'라고 말할 수는 없죠. 그것은 창의성이 작동하는 방법이 아닙니다."[52]

버클리의 현명한 말은 혁신이 전적으로 예측 가능한 것도, 매우 효율적인 프로세스도 될 수 없는 이유를 간명하게 설파한다. 경영진이라면 누구나 이 단순한 경영 철학을 기억하고, 대규모 실험을 다룰 수 있는 문화를 구축하는 데 투자하는 것이 온당하다.

리더는 또한 계층 구조를 다룰 필요가 있다. 인튜이트의 공동 창업자로서 장기간 집행위원회 회장을 역임한 스콧 쿡에 따르면, 기업은 규모가 커질수록 혁신성이 떨어지며 그 원인은 이따금 상위 계층과 하위 계층 간의 거리가 멀어지는 데 있다. 가장 창의적인 아이디어는 조직의 낮은 수준에서 나오는 경향이 있는데, 그런 유형의 이니셔티브는 조직의 미로를 헤치고 사다리를 올라가 고위 경영진의 승인을 받는 데 어려움을 겪는다. 최고의 아이디어가 이따금 내부 정치와 조직의 관성 때문에 중도에서 길을 잃는다는 얘기다. 이를 방지하기 위해 쿡은 인튜이트의 문화를 재정비하는 노력을 기울였다. 이제 그 회사에서 이니셔티브를 진행할지 말지를 결정할 때 던지는 주요 질문은 다음과 같다.

- 어떤 실험을 했는가?
- 당신의 믿음에 도약을 가져온 가정은 무엇이었는가?

테스트가 아직 수행되지 않은 경우에는 다음과 같은 질문을 던진다.

- 얼마나 빨리 실험을 수행해 그 결과를 기반으로 결정을 내릴 수 있는가?

하지만 이 모든 것은 최고 경영진과 관련하여 까다로운 문제를 제기한다. 모든 주요 결정이 실험을 통해 내려진다면, 고위직 리더의 역

할은 무엇일까? 쿡은 인튜이트에서 자신의 새로운 역할 중 하나가 하위직 직원들이 실험을 더 쉽게 실행할 수 있도록 돕는 것이라고 말했다. 예를 들면, 그는 근본적인 혁신이란 본질상 허용 가능한 범위에 부딪히는 경향이 있기에 늘 법적 고려 사항이 큰 장애물로 작용했다고 지적한다. 사전에 알려지지 않은 혁신보다 이미 존재하거나 존재하려고 하는 것에 대해 법적 경계를 정의하는 일이 더 쉽기 마련이다. 따라서 이런 장애물을 최소화하기 위해 인튜이트는 제안된 실험이 사전 정의된 광범위한 지침을 충족하는 경우 기업 법무 부서와 상의할 필요 없이 실험을 할 수 있게 했다. 이런 지침은 쿡이 인튜이트를 더 실험 중심적인 조직으로 변화시킨 방법의 한 예일 뿐이다. 미국의 경제 월간지 〈Inc.〉와의 인터뷰에서 쿡은 최고위 간부로서 자신이 맡게 된 새로운 역할 중 하나를 이렇게 요약했다.

"파워포인트나 사내 정치, 계층 구조상의 지위가 아니라 빠른 주기의 실험으로 의사결정을 내리는 시스템과 문화를 창출하는 것입니다."[53]

진정한 실험조직은 새로운 리더십 모델을 기꺼이 수용한다(자료 4-3 참조). 이 모델은 리더를 의사결정자라기보다 다음 세 가지 중요한 책무를 수행하는 사람으로 본다.

자료 4-3: 리더십과 대규모 실험

익스피디아 그룹 CEO 마크 오커스트롬(Mark Okerstrom)과의 인터뷰

스테판 톰키(ST): 익스피디아 그룹에서 과학적 방법은 얼마나 중요합니까?

마크 오커스트롬(MO): 과학적 방법은 익스피디아 그룹의 사업 운영과 경쟁 방식에서 절대적으로 중요합니다. 우리는 수백만 명의 방문자가 참여하는 수백 건의 동시 실험을 수시로 실행하고 있습니다. 실험으로 효과가 입증되면 전 세계 시장에 적용합니다. 익스피디아 브랜드만 해도 2016년과 2018년 사이에 연간 수천 건의 제품 테스트를 했는데, 그 모두가 제품·사용자 경험에만, 하나의 브랜드에만 국한된 것이었습니다. 우리의 다른 모든 브랜드에서도 그런 대규모 실험이 이뤄지고 있습니다. 사용자 경험의 혁신을 위해서뿐 아니라 인적 자원과 영업, 전통적인 TV 광고 등을 포함한 영역에서 실험을 하고 있습니다. 제품 리더와 엔지니어, 데이터과학자 등 약 7,000명의 인원이 실험에 적극적으로 참여하고 있습니다. 그리고 우리의 2만 5,000여 정규 직원 중 대다수도 어떤 형태로든 과학적 방법을 활용합니다. 우리는 또한 더 나은 협력 방법에 대한 가설을 테스트하기 위해 많은 외부 파트너를 참여시키고 있습니다.

ST: 대규모 실험을 위한 문화를 구축할 때 CEO의 역할은 무엇입니까?

MO: 제품과 관련하여 어떤 결정이 옳은지 그른지를 말하는 것은 CEO인 제일이 아닙니다. 제 역할의 필수적인 부분은 일종의 조직 시스템 설계자가 되는 것입니다. 혁신과 실험이 번창할 수 있는 환경을 조성하기 위해 모든 필수 요소가 제자리에 있도록 조치하고 확인하는 일이죠. 올바른 문화와 인센티브, 자원, 비즈니스 프로세스, 조직 설계 등의 요소 말입니다. 브랜드와 부서 전반에 걸쳐 표준화된 도구 및 메트릭스와 함께 공통 플랫폼을 구성하는 것도 매우 유용합니다. 그런 다음 직원들에게 과학적 방법에 대한 훈련을 받게 해야 합니다. 직원들이 좋은 가설을 공식화하는 방법을 알고, 실행 가능한 제품이 무엇인지 이해하고, 그것을 구축하고 테스트하는 효율적이고 저렴한 방법을 찾아야 하기 때문입니다. 그들은 실패가 성공의 필수 조건이며 많은 사람에게 어려운 일임을 받아들여야 합니다.

익스피디아 그룹이 지금의 환경에 이르기 위해서는 문화적 혁명이 필요했습니다. 회사의 고위 경영진이 이끄는 혁신이죠. 솔직히 말해서 아직 작업이 완료되지 않았고 (…) 앞으로 언제 완료될지도 모릅니다. 어쨌든 이런 변화의 초기 단계에서 우리는 타이틀 때문에 웹사이트가 어떻게 보일지 정확히 결정할 수 없는 상황을 겪었습니다. 이후 '테스트해봅시다'와 '테스트하고 배웁시다'가 회사의 기풍이 됐습니다. 아이디어나 가설이 조직의 어느 계층에서 나오든 실험 대상으로 고려할 기회는 동등하게 부여받습니다. 그러나 이런 문화적 변화는 하루아침에 이뤄진 것이 아닙니다. 문화를 올바른 방향으로 움직이고 과학적 방법을 회사 전체로 확장하는 데 여러 해가 걸렸습니다. (…) 다시 말씀드리지만, 작업은 아직 완료되지 않았습니다.

ST: 대규모 실험을 할 때의 어려움은 무엇입니까?

MO: 너무 많은 테스트 능력을 갖추면 팀은 혁신에서 너무 점진적이고 단기적인 경향을 보일 수 있으며, 리스크를 충분히 감수하려 하지 않고 장기적으로 생각하지 않을 수도 있습니다. 또 정확하게 측정할 수 있고 직접 통제할 수 있으며 최적화하기 쉬운 것에 지나치게 집중할 수도 있습니다. 따라서 고위 경영진은 항상 익스피디아 그룹 전반에 걸쳐, 그리고 조직의 경계를 넘어 큰 그림을 봐야 합니다. 우리는 우리 팀이 단기와 장기 모두에 대해 생각하고, 비교적 작은 리스크와 더불어 잘 고려된 큰 리스크도 감수하는 균형을 유지하고, 자신들이 직접 측정할 수 있는 것과 자신들의 사일로(silo: 외부와 소통하지 않고 내부 이익만 추구하는 부서 또는 그런 조직의 문화-옮긴이)에 대비하여 전체 플랫폼과 생태계에 대해서도 생각하도록 독려합니다. 저는 또한 실험이 통찰력을 얻는 유일한 방법이 아니라는 사실을 우리 팀들에 설명합니다. '실험과 정성적 연구조사를 어떻게 결합해야 하는가?', '유저의 기본적 동기와 요구 사항을 제대로 파악하는 방법은 무엇인가?' 같은 질문을 늘 염두에 둔다면 결국 조직이 얼마나 빨리 학습할 수 있는지가 관건이 됩니다. 저의 일은 가능한 모든 방법을 통해 그런 학습을 가속화하도록 조직을 밀어붙이는 것입니다.

ST: 다른 CEO들에게 해주고 싶은 조언은 무엇입니까?

MO: 점점 디지털화하는 세상에서 대규모 실험을 하지 않으면, 장기적으로 죽은 조직이 된다고 봐야 합니다. 산업에 따라서는 그 시간이 매우 짧을 수도 있습니다. 사람은 정보의 양이 적고 수집하기 어려울 때 결정을 가장 잘 내릴 수 있습니다. 디지털화되지 않은 데이터 소스를 이해하고, 모호한 환경에서 큰 결정을 내리는 뛰어난 능력을 보유하고 있으니까요. 그러나 데이터가 풍부한 환경에 살고 있는 우리는 이 놀라운 데이터 이점을 활용할 수 있는 시스템을 구축해야 합니다. 익스피디아 그룹은 수억 명의 유저를 대상으로 실험하기에 고객이 무엇을 원하는지 추측할 필요가 없습니다. 우리는 현존하는 가장 방대한 '고객 설문조사'를 반복해서 실행하여 고객이 원하는 것을 말하게 할 수 있습니다. 회사가 이런 활동을 하지 않는다면, 한동안은 운이 좋을지 모르지만 결국에는 실질적인 실험 시스템을 갖춘 경쟁자에게 승리를 빼앗길 것입니다.

첫째, 고위 경영진의 임무는 테스트 가능한 가설과 주요 성과 지표(예를 들어 '업계 최고의 고객 경험')로 나눌 수 있는 큰 과제를 설정하는 것이다. 둘째, 신뢰할 수 있는 대규모 실험을 가능하게 하는 시스템과 자원, 조직 설계, 표준(예를 들어 도구, 프로그램 관리, 기술 교육)을 마련해야 한다. 셋째, 임원은 모든 직원의 역할 모델이 되어야 한다. 이것은 곧 다른 모든 사람과 동일한 규칙에 따라 생활하는 것을 의미한다. 제품 기능이나 출시와 관련된 사항뿐만 아니라 그들 자신의 아이디어도 테스트를 거치고 실험을 요구해야 한다.

리더는 또한 놀라움을 음미하고 이 장에서 설명한 일곱 가지 문화적 특성에 세심한 주의를 기울여야 한다. 실험의 결과가 실적을 관리하는 것과 같이 정기적인 경영진 회의와 작업 흐름의 일부가 될 때 변곡점이 찾아온다.

경영진이 인내심을 갖추는 것도 중요하다. 성공적인 실험을 요구하는 것은 거짓 양성을 증가시킬 뿐이다. 앞서 봤듯이 사람들은 이미 특정 비즈니스 행동이 성과에 긍정적인 영향을 미친다는 점을 증명하기를 열망하며, 이는 종종 그들의 직관이나 아이디어를 확인하는 과정이 될 뿐이다. 여기에 경영진의 압력이 더해지면 사람들은 테스트 결과를 시간 단위, 심지어 분 단위로 확인한다. 그러면서 마음에 드는 결과가 나오면 승리를 선언하고 경영진에게 결과를 보고한다.[54] 그러나 그것은 실험이 효과를 발휘하는 방식이 아니다. 좋은 실험은 충분히 큰 표본의 평균 효과에 의존하는 통계적 원리를 기반으로 한다. 고객 반응은 계절적인 악천후나 주말, 공휴일 등 무작위적이거나 고유한 사건(또는 심지어 예측 가능한 사건) 등의 이유로 언제든 달라질 수 있다(밸런타인데이를 앞두고 초콜릿 판매량이 늘어나는 것을 보고 놀랄 수는 없잖은가). 이런 영향을 최소화하려면 실험의 실행 시기와 기간을 적절히 조율하는 것이 가장 좋다. 일부 온라인 회사에서는 테스트가 제대로 수행되지 않거나 문제(예를 들어 버그)가 있다는 초기 증거가 없는 한 이런 실행 시간을 통상 몇 주 이내(종종 2주)로 설정한다.

진정한 실험 문화를 구축하려면 리더는 자사의 문화에 이 장에서 논의된 일곱 가지 특성이 확실히 구현되게 해야 한다. 그런 문화를 구축하는 일은 종결 없이 늘 진행되는 작업이지만, 이 일곱 가지 특성 모두에서 탁월성을 획득한 기업들이 없는 것도 아니다. 5장에서 그런 조직과 그곳의 사람들을 만날 것이다. 그 과정에서 진정한 실험조직을 구축하는 것이 어떻게 회사의 혁신 게임을 촉진하고 경쟁 능력을 높이는지 배우게 될 것이다.

5장

실험으로 혁신에
성공한 조직들

실험은 지식을 얻는 가장 겸손한 방법이다.
아이작 아시모프(Isaac Asimov), 소설가 · 화학자

EXPERIMENTATION WORKS

2012년, F1 경기에 처음으로 참가한 로터스F1팀이 거둔 성과는 수많은 관중을 놀라게 했다. 팀의 드라이버였던 키미 라이코넨(Kimi Räikkönen)이 (경기에 참가한 25명의 레이서 중에서) 종합 순위 3위로 결승선을 통과하며 로터스F1팀이 메르세데스(Mercedes)를 앞질렀기 때문이다. 메르세데스는 2014년부터 해마다 우승을 놓치지 않은 팀이었다. 다른 팀들에 비해 터무니없이 낮은 연간 예산 1억 8,000만 달러로 이뤄낸 성과였다는 점도 놀랍지만, 그보다 중요한 것은 로터스팀이 돈과 기술을 쏟아붓는다고 하더라도 그것이 곧 우승을 보장해주지 않는다는 점을 이미 알고 있었다는 데 있다. 토요타가 F1 기간에 치러지는 여덟 번의 시즌에 참가하며 값비싼 대가를 치른 후에 얻었던 바로 그 교훈 말이다. 토요타는 어떤 팀보다 많은 재원을 투입했지만 (2008년 한 해에만 4억 4,600만 달러를 쏟아부었다) 총 140회의 경기 중에서 단 한 번도 우승하지 못했다. F1에서 우승하려면 최고의 드라이버, 기량, 기술, 빠른 학습, 충분한 예산 그리고 맹렬한 속도로 실험할 수 있는 팀 등 여러 요소가 필요하다. 로터스팀의 기술감독은 자신들의 도전을 이렇게 설명했다.

"매년 랩 속도 1.5초 단축이 목표였습니다. 그러려면 완전히 새로운 차체와 공기역학이 필요하죠. 하지만 그것만으로는 충분치 않습니다.

시즌을 이어가는 중에도 끊임없이 차를 개선해야 합니다. 우리는 연간 대략 3만 건의 새로운 디자인을 만들어냅니다."[1]

F1 팀이 매년 3만 건의 새로운 디자인을 적용하면서 경주에 참가하는 일이 어떻게 가능했을까? 온라인 플랫폼에서 고객 경험을 극대화하는 과정과 마찬가지로 F1 자동차 또한 숨 가쁘게 이어지는 시즌 일정 중에 지속적인 기능 향상 및 조정 작업을 진행해야만 한다. 그 과정에서 컴퓨터 시뮬레이션, 풍동 테스트, 주행 시뮬레이터, 경주 트랙 등을 이용한 맹렬한 실험 행위들이 조직 내부에서 매끄럽게 통합될 필요가 있다. 실제로, 대규모 실험이 경쟁우위를 제공한다는 사실을 인지한 F1 규제 당국은 2013년까지 컴퓨터 시뮬레이션 40시간 수행 후 60시간 중단, 풍동 테스트 하루 15회로 제한, 시즌 시작 전 트랙 주행 테스트는 12일 초과 불가 등 각 팀에서 수행하는 테스트를 엄격히 제한하는 여러 규정을 시행했다. 그 결과, 경주에 참가하는 F1 팀으로서는 주어진 시간 동안 이뤄지는 테스트를 통해 최대의 효과를 끌어내야만 경쟁우위를 점할 수 있게 됐다. 예를 들면 이런 것이다. 드라이버는 자동차의 디자인 변경이 적용된 이후 주행 성능의 변화에 대해 엔지니어에게 정확한 피드백을 제공해야 한다. 그것은 다시 최고의 성능을 발휘할 수 있는 자동차로 탄생하기까지 끊임없는 피드백과 학습 과정이 반복되는 더 많은 실험으로 이어진다. 로터스F1팀 CEO는 그 과정을 이렇게 요약했다.

시즌이 시작되기 전 그리고 각각의 경주에 앞서, 우리는 경기 중에 관찰될 만한 실질적인 자동차 역학 자료를 가능한 한 많이 재생하기 위해 경기가 치러질 트랙과 자동차의 모든 특징을 자체적으로 보유하고 있는 실제 규모의 주행 시뮬레이터에 입력합니다. 부품하나를 교체했을 때 그것이 차체에 미치는 영향까지 재생할 수 있습니다. 모의 주행 실험을 마치고 나면 드라이버에게 피드백을 받고 엔지니어는 해당 부품을 적절하게 수정하기 위해 노력합니다. 규정상 실제 트랙에서의 주행 테스트 시간이 제한돼 있기 때문에 시뮬레이션은 드라이버가 운전석에 앉았을 때 자동차의 성능을 어떻게 받아들이는가를 이해하는 데 핵심적인 실험인 셈이죠.[2]

조직 내부의 각기 다른 부서 간에 존재하는 의사소통의 장벽, 이른바 사일로 효과, 더딘 의사결정, 커뮤니케이션의 부재 등은 모두 속도가 관건인 이 경쟁에서 패배를 초래하는 확실한 요인들이다. 효율적인 경쟁을 위해서 팀은 반드시 고속 학습 역량을 갖춰야 한다.

실험 행위를 점차 늘려나가는 기업들이 습득한 교훈도 이와 다르지 않다. 그들은 한 달 동안 10여 개의 테스트를 하는 일이 조직 차원에서는 약간의 부담으로 작용할 수 있으나 그런 소규모의 실험으로는 아마존이나 마이크로소프트, 구글과 같은 선도적 기업들의 경쟁우위를 넘어설 수 없다는 사실 또한 알게 됐다. 그러나 실험의 규모를 증대시키는 일에는 다수의 기업이 이제껏 한 번도 경험해보지 못한 일련의 도전 과제도 수반된다. 조직 내에서 공유되는 행동, 신념, 가치는 물론 관리, 의사결정, 지배구조 등을 포함한 모든 측면에서 전방위적

의구심이 제기될 수 있다.

이 장에서 우리는 B2B 및 B2C 실험을 회계 업무만큼이나 일상적인 것으로 만들고 조직의 의사결정 과정에 통합한 부킹닷컴의 사례를 깊이 들여다볼 것이다. 그런 변화의 과정을 통해 부킹닷컴은 경쟁이 치열한 여행 업계에서 엄청난 재무적 성공을 누리고 있다. 혁신은 물론, 비즈니스의 관점에서 일상적인 실험이 갖는 중요성에 대해 부킹닷컴 임직원들의 생생한 견해를 듣게 될 것이다. 앞서 소개한 로터스 F1팀의 사례와 마찬가지로 부킹닷컴의 사례가 극단적이며 도저히 따라 할 수 없는 것으로 인식될 수도 있다. 그러나 이런 기업이 전면적 '실험조직'으로서 어떻게 가동되는지 그 면면을 살펴보고 이해하는 일은 앞서가는 실험조직을 설계하는 데 꼭 필요하다.[3]

부킹닷컴 들어가기

부킹닷컴은 1996년 네덜란드의 작은 스타트업 기업에서 출발해 2017년 현재 세계 최대 규모의 온라인 여행사(Online Travel Agency, OTA)로 성장했다.[4] 10여 개의 건물을 사용하는 암스테르담 소재 본사에는 100여 개에 이르는 다양한 국적의 직원들이 일하고 있다. 팀 단위 업무수행을 기반으로 하는 조직 문화의 핵심은 자율성과 권한의 위임이다. 신입사원의 선발 기준에서 핵심은 실험 정신의 유무다. 그 외에 혁신적 사고, 신속한 의사결정, 대담함 그리고 실수를 기꺼이 공유할 수 있는 자세 등이 포함된다. 부킹은 여행자들에게 숙박시설에 대한 세계 최대 규모의 선택권을 부여한다고 자부한다. 227개 국가에 있는 160만 개의 숙소를 대상으로 매일 150만 건의 예약이 부킹 플랫폼을 통해 이뤄진다. 부킹닷컴은 '세상을 경험할 수 있는 권한의 부여'라는 기업의 사명을 실현하기 위해 '여행을 더욱 편리하게 해주는' 디지털 기술에 아낌없이 투자한다. 부킹은 온라인 실험(A/B 테스트가 대표적 사례다)을 통한 철저한 고객 중심 제품의 개발과 조직 전반에 걸친 민주적 실험 문화로 명성이 높다. 고객 경험의 최적화를 위해 부킹의 직원들은 매일같이 웹사이트와 서버, 앱에서 동시에 이뤄지는 1,000개 이상의 엄격한 테스트를 한다. 랜딩페이지를 구성하는 1,000조 개의 순열이 실시간으로 조합되는 부킹의 웹사이트를 통해 숙소를 예약하는 고객 또한 이 기업 실험 생태계의 일부다(그림 5-1 참조).

부킹은 고객이 부킹닷컴의 웹사이트에서 숙소를 예약하고 숙박료는 숙소에서 직접 지급하는 '대리점 모델(agency model)'로 운영된다. 2018년 당시 CEO였던 길리언 탄스(Gillian Tans)는 이렇게 말했다.

"대리점 모델은 사업 규모를 단기간에 신속하게 키우는 방법입니다. 결제 인프라를 구축할 필요가 없고 목록 관리는 해당 숙소에서 담당하기 때문이죠. 선결제에 익숙하지 않고 융통성을 원하는 유럽 지역의 고객들이 선호하는 방식이기도 합니다."

부킹의 주요 매출원은 월 1회 해당 숙소로 예약 목록을 발송하고 거래 완료된 예약에 대해 거둬들이는 수수료(건당 평균 15퍼센트) 수익이었다. 2000년대 초반, (1996년에 설립된) 미국 기업 익스피디아 등의 경쟁 업체들이 유럽 시장으로 진출했지만 고전을 면치 못했다. 그들

그림 5-1 부킹닷컴의 랜딩페이지

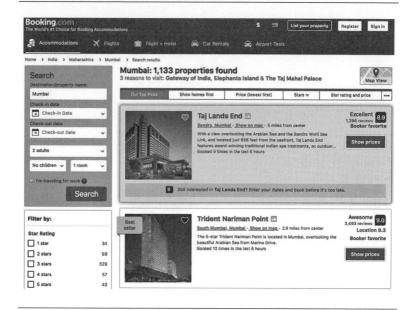

출처: S. Thomke and D. Beyersdorfer, "Booking.com," Harvard Business School Case 619-015(Boston: Harvard Business School Publishing, 2018).

이 채택한 운영 방식은 일정 부분의 숙소를 판매자가 사전에 직접 알아보고 웹사이트를 통해 숙소를 예약하는 고객들이 예약 시점에 숙박료를 지급하도록 한 '판매자 모델(merchant model)'이었다. 탄스는 이렇게 덧붙였다.

"경쟁사들은 항공편이나 기타 옵션들을 모두 취급하는 여행사에 가까웠습니다. 따라서 판매자 모델이 더 적합할 수밖에 없었고, 결제가 빨리 이뤄질수록 수익은 물론 현금흐름 측면에서도 이득이었던 셈이죠."

플랫폼에 등록된 목록의 수를 늘려나가기 위해 부킹은 호텔을 비롯한 기타 숙소 제공자들의 글로벌 네트워크를 구축하고 그들을 '파트너'라고 불렀다. 제품메시징(product messaging) 담당자 에이드리엔 엥기스트(Adrienne Enggist)는 이렇게 설명했다.

"우리 플랫폼은 양면적입니다. 양쪽을 연결해주는 수단, 다시 말해 고객에게는 숙소 제공자를 찾아주고 공급자인 파트너에게는 최적의 제품 전시 기회를 제공하는 중개자의 역할을 하는 거죠. 이는 흥미로운 시도 중 하나입니다."

부킹은 새로운 파트너들이 길고 긴 협상 과정을 거치고도 제품을 온라인에 등록하기까지 OTA의 승인을 기다려야 하는 대신 처음부터 엑스트라넷, 앱, 데이터 연결 등을 통해 어렵지 않게 등록 절차를 완료하고 제품을 전시할 수 있게 했다. 파트너들은 플랫폼에 접속하여 직접 재고 관리를 수행하며 예약 가능한 숙소를 자신들이 설정한 가격으로 업로딩하는 작업도 할 수 있다. 부킹은 전 세계에 산재한 200여 개의 사무실에서 근무하는 4,000여 명의 계정 관리자가 지역 홍보대사 및 신규 파트너를 위한 예약 지원 업무를 수행하게 했다. 대다수의 신규 등록이 자동 웹 링크를 통해 이뤄지지만, 대형 파트너들은 여전히 개인적인 상호작용을 중요하게 여겼다. 부킹의 부가적 가치에는 전 세계의 잠재 고객에게 재고목록을 노출할 수 있는 인지도 높은 플랫폼 제공도 포함됐다. 또한 자기 집을 숙소로 제공하는 부동산 소유자들이 (요구에 따른 정보, 가격 정책, 경쟁 업주들에 대한 집합적 통계 자료, 고객 후기 등의) 분석 자료를 통해 더 효율적으로 사업을 운영할 수 있도록 지원했다.

2017년, 에어비앤비(Airbnb)를 비롯해 '대안적 숙박시설'의 제공을 표방하는 새로운 경쟁 업체들이 등장함에 따라 부킹은 그 범주에 속하는 개인 주택과 아파트를 숙소로 제공하는 상품의 수를 120만 건으로 늘렸다. 2016년에 비해 53퍼센트 증가한 셈이다.[5] 또한 다수의 시장에서 관광명소를 둘러볼 수 있는 입장권 판매와 같은 '도착지에서의 여행 경험'으로 테스트를 했다. 2017년 12월까지 부킹은 전 세계 12만 개의 도착지에 있는 (호텔, 아파트, 별장, 조식 포함 숙소 등) 160만 건 이상의 숙박상품을 제공하게 됐고, 부킹의 웹사이트와 모바일 앱은 43개 언어로 운용됐다. 70개 국가 199개 영업장에서 1만 5,000명의 임직원을 고용했으며, 그중 3분의 1은 대부분의 기업 기능을 담당하는 암스테르담 본사에서 근무했다. 나머지 직원들은 이스라엘의 소규모 기술 센터, 상하이의 제품 및 마케팅 센터 그리고 전 세계에 산재한 콜센터에 배치됐다. 부킹을 소유한 프라이스라인 그룹 (Priceline Group)[지금은 부킹홀딩스(Booking Holdings)다]이 2017년 창출한 수익은 127억 달러로, 2016년 대비 18퍼센트 상승했다. 업계 전문가들은 그룹 전체 수익의 70~80퍼센트가 부킹에서 창출된 것으로 추측했다. 프라이스라인 그룹의 총 여행 예약 건수는 19퍼센트 증가한 812억 건이었으며, 총수익은 21퍼센트 증가한 124억 달러에 달했다.[6] 2017년 12월 기준 프라이스라인 그룹의 시가총액은 900억 달러에 육박했으며 분석가들은 그 경제적 성공에 부킹의 역할이 크다고 평가했다.

실험의 힘

부킹은 초창기부터 고객 경험 최적화에 중점을 뒀으며 현재도 마찬가지다. 최고제품책임자(CPO)인 데이비드 비스만(David Vismans)은 이렇게 설명했다.

"멋진 고객 경험을 제공하는 것이야말로 성공의 관건입니다. 제품개발의 유일한 지향점 또한 만족스러운 고객 경험의 제공이죠. 고객이 우리 웹사이트에 접속했을 때 경쟁사보다 만족스러운 경험을 할 수 있어야만 다시 찾을 테니까요."

고객이 만족스러움을 느끼는 지점을 파악하기 위해 웹사이트 개발자들은 질적 연구가 증강된 온라인 대조실험을 통해 끊임없이 새로운 아이디어를 실험했다. 개선에 도움이 되기만 한다면 실패 또한 정상적인 부산물로 수용됐다. 수석제품책임자 루카스 페르메이르(Lukas Vermeer)의 말이다.

"우리는 이 과정을 '근거에 기반을 둔 고객 지향적 제품개발'이라고 부릅니다. 제품과 관련된 모든 의사결정은 고객의 행동과 기호에 대한 신뢰할 수 있는 근거에 기반을 두고 있죠. 우리는 대조실험이 고객이 원하는 제품을 구축하는 가장 성공적인 접근법이라고 확신합니다."

가장 단순한 형태의 대조실험은 A(대조군)에 B(실험군, 무언가를 개선하기 위해 시도하는 변경)를 대항하게 하는 A/B 테스트다. (새로운 레이아웃과 같은) 부킹의 랜딩페이지 변경, (알고리즘 향상과 같은) 백엔드 변경 또는 (숙박료 할인과 같은) 이전과 다른 비즈니스 모델 등이 개선을 위해 시도하는 변경에 해당한다. 테스트를 하는 팀이 가장 중요하다고 생각하는 것은 어떤 것이든 (판매, 반복 사용, 광고 연결률, 전환 또는 유저가 사이트에 머무는 시간 등) 최적화 방법을 학습하는 데 A/B 테스트를 활용할 수 있었다. 비스만은 이렇게 설명했다.

> 만약 '예약' 버튼을 생성해야 한다면 버튼의 색상이 어떤 것이어야 하는지를 이해하는 것이 먼저입니다. 그래서 우리는 버튼의 색상을 노란색과 파란색으로 각각 달리한 두 가지 웹사이트를 만들고 수백만 고객을 대상으로 실시간 테스트를 한 후 더 많은 예약이 이뤄진 색상을 웹사이트에 적용합니다. 결과적으로 관리자가 아닌 고객들이 직접 의사결정을 하는 셈이죠.[7]

대조군에 대항하는 실험군의 승리를 결정하는 일이 항상 쉬운 것은 아니었다. 관리자들이 성과에 대한 판단의 기준이 될 핵심성과지표(KPI) 또는 메트릭스에 동의해야 했기 때문이다. 부킹이 주로 활용한 메트릭스는 1일 예약률(Bookings Per Day, BPD)을 측정하는 유저 전환(user conversion)이었다. 그러나 비즈니스가 확대되고 제품이 자리를 잡음에 따라 예약 후 행동을 측정하는 것 또한 중요한 일이 됐다. 탄스는 이렇게 말했다.

"BPD의 문제점은 매우 단기적이며 나중에 발생할 수 있는 문제들은 고려되지 않는다는 것입니다. 예를 들어 예약 취소 정책이 불명확해졌다고 가정해봅시다. 사전 공지를 받지 못한 채 결제를 진행한 고객은 나중에 고객만족센터에 불만을 제기하겠죠. 그런 장기적 신호들을 실험을 통해 알아내기는 어렵습니다. 하지만 우리는 그런 것들도 포함하고자 노력하고 있습니다. BPD에 약간의 손실이 발생하더라도 말이죠."

대략 80퍼센트 이상의 직원이 유저 전환에 집중된 한편, 팀에서는 그들의 실험에 다른 메트릭스를 자유롭게 포함할 수 있었다. 부킹은 직감과 추측에 의존할 수 없다는 것을 진작 터득했다.

"우리는 우리 자신이 추측에 능하지 못하다는 것을 보여주는 증거를 매일같이 접합니다. 고객 행동에 대한 우리의 예측은 열 번 중 아홉 번이 빗나가죠."

페르메이르의 말이다. 유저들이 선호하는 버튼의 색상이나 그들이 높이 평가하는 기능은 어떤 것인지에 대한 예측을 통해 직감은 신뢰하기 어렵다는 점이 이미 입증됐다. 시장 조사 결과에 따라 '보행성 점수(walkability score)'를 추가함으로써 예약의 편의성을 도모할 수 있다는 가정하에 실험을 진행한 사례가 있다(자료 5-1 참조). 결과는 예측과 달랐다.[8]

탄스는 또 다른 사례를 이렇게 회고했다. "숙박과 여타 관광 상품이 패키지로 결합된 상품이 여행 안내 책자의 대부분을 차지하기 때문에 고객들이 그런 상품을 선호하리라고 단정한 것이 실수였습니다. 고객들이 예약을 진행하는 과정에 도움을 줄 수 있는 채팅 기능을 희망하리라고 생각한 것도 마찬가지였죠. 실험을 거친 결과 두 가지 모두 잘못된 판단이었습니다. 그렇게 터득해나가는 거죠."

자료 5-1: 보행성 실험

- 추정 가설: 조사 결과 유저들은 숙박시설 인근의 지역적 조건을 의사결정 과정의 일부분으로 간주하고 신경을 쓴다.
- 대체 가설: (이전 고객들이 숙박시설 주변을 걸으며 느꼈던 즐거운 산책 경험을 보여주는 것과 같은) 보행성 평가 정보를 노출하면 유저가 해당 숙박시설의 위치에 대해 더 나은 의사결정을 내리는 데 도움이 된다.

보행성 평가 실험

A. 대조군(기존 관행을 보여줌)　　　B. 변경(보행성 평가 정보를 추가함)

- 결과: 특정 변경은 핵심 메트릭스에 현저한 영향을 미치지 못했다. 가설은 입증되지 못했으며, 현재 상태를 챔피언으로 유지한다.

출처: S. Thomke and D. Beyersdorfer, "Booking.com," Harvard Business School Case No. 619-015(Boston: Harvard Business School Publishing, 2018).

비스만은 이렇게 덧붙였다. "지금까지 9년 동안 이런 방법을 사용해왔어요. 고객 입장에서 가장 가치가 높거나 사용 편의성이 가장 뛰어나다고 생각할 수 있는 무언가를 구축할 때 매우 효율적인 방법입니다. 다수가 원하는 쪽으로 따라가죠. 만약 단기간에 실패한다면 아주 많은 것을 시도해볼 수 있습니다."[9]

페르메이르도 같은 의견이었다. "마치 아주 빠른 속도로 프로토타이핑이 이뤄지는 것과 같아요. 우리는 디지털 기업이기 때문에 실험과 최적화를 구현할 수 있는 고객 접점을 아주 많이 보유하고 있죠."

고객 접점 테스트를 위한 영감의 원천 중 하나는 고객 행동에 대한 정성적 통찰력(qualitative insights)이다. 이를 확보하기 위해 부킹은 45명의 연구원으로 구성된 사용자 경험(User eXperience, UX) 연구실을 자체적으로 운영했다. 연구실에서는 고객이 각자의 일상에서 부킹 제품을 어떻게 이용하는지를 연구하기 위해 피드백 보고서, 온라인 설문조사, 유용성 테스트, 거리 실험, 가정 방문 등의 방법을 활용했다. 소비자 심리학자인 거번 란젠디치크(Gerben Langendijk)는 이렇게 설명했다.

제품개발팀에서 우리 연구실에 깔때기 실험을 요청할 수 있습니다. 사람들이 웹사이트 내에서 어떻게 이동하는지, 무슨 생각을 하며 어떤 점을 어려워하는지 관찰하는 것이죠. 제품개발팀이 이런 실험을 지켜보는 것은 매우 강력한 효과를 발휘합니다. 특히 제품팀의 관점에서는 새로운 기능이 분명히 도움이 되는데 유저들이 제대로 이해하지 못할 때가 그렇죠. 유저의 가정에서 이뤄지는 테스트는 각자의 고유한 환경에서 자기 돈을 지급하며 우리 제품에 대해 어떻게 반응하는지를 보여줍니다. 이곳 암스테르담의 길거리, 주점, 카페와 같은 현장에서도 테스트를 합니다. 사람들에게 실물 모형을 보여주고 새로운 유저 인터페이스를 경험해보게 하는 거죠. 특정 시장에 집중하고 문화적 선호도를 포착하기 위해 해외로 나가기도 합니다. 파트너사들을 위해서는 공급자 경험을 개선할 방안을 세심하게 검토합니다.

관찰 결과 수집된 데이터는 제품팀에 전달해 새로운 기능에 대한 브레인스토밍, 기존 기능의 향상, 유저 문제점 해결 등에 활용할 수 있게 했다.[10]

정성적 통찰력을 확보하기 위해 사용된 또 다른 자원 중 하나는 부킹의 고객서비스 부서다. 43개 언어로 도움과 지원을 제공하는 부킹의 고객서비스 부서는 연중무휴로 운영된다. 예약의 변경이나 취소 등 고객서비스 관련 문제 대부분은 온라인상에서 해결되지만, 원할 경우 상담사와 직접 통화를 할 수도 있다. 연구자들은 고객서비스센터를 통해 연간 1,400만 건 이상의 질의에 응답하는 과정에서 제품의 품질에 대한 고객의 기대치가 꾸준히 상승했다는 점을 알게 됐다. 서비스 부서는 관련 피드백을 개발자들에게 전달해 새로운 실험에 데이터로 활용할 수 있게 했다. 수석 데이터과학자 오노 조이터(Onno Zoeter)는 이렇게 언급했다.

"서비스센터를 통해 수집되는 정보는 고객 경험의 백엔드와 우리 제품이 더 장기적으로 지속될 방안에 관한 중요한 피드백을 제공합니다. 우리는 고객서비스 부서에 투자와 지원을 아끼지 않아요. 해외 콜센터에서는 CEO가 사용하는 것과 동일한 책상과 의자를 사용하고, 본사가 있는 암스테르담에서 매년 개최되는 부킹 회의와 파티에 참석할 수 있는 항공권도 제공합니다."

대규모 실험을 통해 비즈니스 모델을 실행에 옮기는 것이 곧 부킹이 보유한 경쟁우위라는 것이 비스만의 견해다.

"우리는 구글에 광고비를 지급하고 수요를 구매합니다. 그렇게 구매한 수요를 예약으로 변환하고 투자수익률을 높이죠. 또한 그 수요를 근거로 공급자를 찾습니다. 수익률과 상호 연관성이 있는 KPI가 있기 때문에 가능한 한 많은 실험을 할 것을 권장합니다. 모든 변화의 전제 조건은 테스트를 거쳐야 한다는 것뿐입니다. 장기간에 걸친 다수의 작은 변화가 가져오는 누적 효과에는 대적할 상대가 없죠."

또한 비스만은 부킹에는 아마존의 플라이휠 개념(그림 5-2 참조)과 유사한 나름의 경영 전략이 있다고 설명했다.

각각의 구성 요소가 가속기의 역할을 하며 네트워크 효과를 발휘하는 선순환 구조입니다. 많은 요소 중 어느 한 곳에만 투자해도 바퀴가 돌아가면서 나머지 모든 구성 요소에 혜택이 주어지고, 그것이 곧 성장으로 이어지죠. 그 출발점이 바로 만족스러운 고객 경험입니다. A/B 테스트를 통해 제품 경험을 개선하는 동시에 유저

그림 5-2 **부킹의 성장 플라이휠**

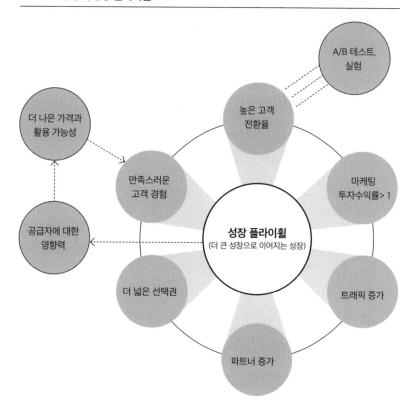

출처: S. Thomke and D. Beyersdorfer, "Booking.com," Harvard Business School Case
619-015(Boston: Harvard Business School Publishing, 2018).

전환을 가속화하는 거예요. 더 많은 유저에 의해 더 많은 전환이
일어날수록 바퀴는 더욱 빠른 속도로 회전할 수 있고, 마케팅 부분
의 투자수익률과 트래픽도 점점 더 늘어날 수 있습니다. 그러면 우
리 플랫폼에 가입하기를 원하는 파트너의 수도 늘어나 우리에게
더 유리한 환경이 만들어지죠.

이와 같은 선순환 구조는 부킹의 고객들에게 더 넓은 선택권, 더 저렴한 가격, 더 나은 서비스를 제공하게 해줬으며 그것이 곧 만족스러운 고객 경험으로 이어질 수 있었다고 비스만은 말했다.

'성장이 또 다른 성장으로' 이어지는 구조입니다. 어떤 측면도 간과할 수 없죠. 유저 전환에 문제가 생기면 계약 이행이 불가능해집니다. 그러니 메트릭스를 항상 주시할 필요가 있어요. 출발점이 어디든 상관없이 메트릭스를 설정하고 A/B 테스트를 해야 합니다. 파트너들의 활용 가능성을 더 높이고 싶다면 테스트에 착수해야 하죠. 결과적으로 비즈니스 모델 전체가 테스트의 대상이 됩니다. 그러나 먼저 전략을 이해해야 합니다. 네트워크 효과의 상호 연관성을 이해하지 못하고 A/B 테스트를 하는 것은 흡사 머리가 잘려 나간 닭이 정신없이 날뛰는 것과 같습니다.

실험조직은 어떻게 움직이는가

2017년까지 부킹에서는 특정 시점에 동시다발적으로 이뤄지는 대조 실험이 1,000건 이상 진행되고 있었다(연간 누적 건수는 2만 5,000건 이상으로 추정된다).[11] 실험은 모든 부서에서 착수되고 분석됐는데 웹사이트와 모바일 앱은 물론 파트너들이 고객서비스 용도로 사용하는 도구, 회사 내부에서 사용하는 시스템 등 모든 제품이 실험의 대상이었다. 사용자 경험 부서의 한 카피라이터는 실험의 속도와 자율성 측면에서 자신의 경험담을 이렇게 설명했다.

"아침을 먹는 도중에 아이디어가 떠오를 때가 있어요. 그러면 자전거를 타고 출근해서 곧바로 실시간 실험에 착수하고 점심시간이 되기도 전에 종료할 수 있습니다. 지금까지 이곳 외에 어떤 직장에서도 아이디어 검증의 자율성을 이 정도로 누려본 적이 없습니다."

실험의 약 80퍼센트는 '코어(core, 실제 숙소 예약 경험과 연결되는 모든 것)'에서 이뤄졌으며, 1,000조 개에 이르는 각기 다른 랜딩페이지의 변형이 동시에 발생했다. 대조군과 변형된 실험군이 무작위로 고객에게 배포됐고 대부분의 실험은 고객 트래픽의 영향을 받았다. 설계책임자 스튜어트 프리스비(Stuart Frisby)가 한 말이다.

"이렇게 만들어지는 순열의 수는 천문학적입니다. 동일한 장소에서 2명의 고객이 부킹 웹사이트에 동시에 접속하더라도 똑같은 웹페이지에 노출될 가능성은 매우 작다는 의미죠."

수석제품책임자인 앤드리아 카리니(Andrea Carini)는 이렇게 덧붙였다.

고객이 참여하는 실시간 실험을 가능한 한 많이 수행한다는 것이 우리의 철학입니다. 때에 따라서는 여러 번 반복되거나 나중에 재방문하게 될 수도 있습니다. 이것이 바로 엄청나게 많은 수의 순열이 생성되는 이유 중 하나죠. 전체적인 재설계와 기본 구조의 변경에서부터 사소한 오류의 수정까지 모든 것이 실험의 대상입니다. 소프트웨어의 버그를 수정하는 간단한 작업일지라도 반드시 사용자 경험의 개선을 위한 작업이어야 하죠. 그래서 기존의 버그를 A 그룹에 두고 수정된 결과물을 B 그룹에 두는 식으로 구분한 다음, 새롭게 수정된 코드가 실제로 문제를 해결하는 동시에 고객 메트릭스에 부정적 영향을 끼치지 않는다는 점을 확인하는 것입니다.

실험을 위한 플랫폼

부킹은 누구나 쉽게 실험할 수 있고 결과물을 엄격하게 적용하기 위해 자체적인 실험 플랫폼을 구축했다(표 5-1 참조). 페르메이르가 이끄는 7개의 코어 실험팀은 코어인프라 부서에 속해 있다. 코어인프라 부서는 실험을 위한 인프라와 도구를 관리하며, 조직 전체를 대상으로 실험에 필요한 교육과 지원을 제공한다. 페르메이르는 "우리 팀의 임무는 전 직원이 자율적으로 실험을 할 수 있게 하는 것입니다"라고 말했다. 5개의 지원팀이 부킹의 제품 부서 직속으로 배치됐고, 다른 지

표 5-1 부킹 실험 플랫폼의 설계 원칙

성공 및 실패 사례의 중앙 저장소	반복적으로 수행된 모든 실험에 대한 설명과 그에 대한 최종 의사 결정 사항을 실험하는 모든 직원에게 공개한다.
일반성과 확장성	실험 설계는 개념을 일반화하고 보고서는 자동화하며 제품은 독단성에 빠지지 않게 한다.
신뢰할 수 있는 데이터	두 가지의 각기 다른 데이터 계통에서 이뤄지는 공용 메트릭스의 컴퓨팅을 통해 데이터의 타당성을 추적 관찰한다.
느슨한 결합	비즈니스 논리와 실험 인프라는 의도적으로 분리 상태를 유지한다.
안전장치의 구축	견고한 방법론을 권장하고 데이터의 품질에 대한 검증은 제공하지만, 규칙 또는 자동화는 제공하지 않는다.

출처: S. Thomke and D. Beyersdorfer, "Booking.com," Harvard Business School Case 619-015(Boston: Harvard Business School Publishing, 2018).

원팀들은 파트너와 고객서비스 부서의 실험을 증가시키는 데 한몫했다. 페르메이르는 "지원팀은 제품 분야를 전문적으로 다루며 같은 층의 사무실을 사용하고 회의도 함께합니다"라고 설명했다. 다른 팀들은 실험 플랫폼 성능의 향상을 전담하거나 고차원적인 통계적 방법론을 연구한다.

지원팀은 부서별 실험을 위한 '헬프 데스크(help desk)' 지원과 경영진을 위한 실험 진행 상황 보고 자료 준비, 도구 및 메트릭스를 향상시키는 일에 시간을 분할해 사용한다. 페르메이르는 자율적인 실험의 중요성을 강조했다.

"만약 팀 내에서 실험을 위해 리마인더가 필요하다고 판단했다면 얼마든지 구축할 수 있습니다. 그리고 그 기능이 효율적으로 작동되고 다른 팀에서도 요청한다면 코어로 옮겨 전 직원이 사용할 수 있게 하죠. 각 지원팀은 배치된 부서 내의 보고 체계를 따르지만 제가 매일 부서를 돌며 내용을 확인합니다. 지원팀은 자체적으로 정기 회의를 열고 분기마다 외부 행사를 열어 우수 사례를 공유하기도 합니다."

부킹 플랫폼은 누구나 쉽게 실험에 접근할 수 있도록 설계됐다. 과거에 진행된 실험에 대해 성공, 실패, 반복 그리고 최종 의사결정 사항까지 관련된 모든 정보를 검색할 수 있는 중앙 저장소를 마련해 개방성을 권장하고 있다. 어떤 부서 또는 제품이든 최소한의 작업만으로 실험을 위한 기본 설정을 할 수 있는 표준 템플릿을 활용할 수 있고 유저의 모집, 무작위 추출, 방문자의 행동 기록, 보고 등의 프로세스들은 일련의 애플리케이션 프로그래밍 인터페이스(Application

Programming Interface, API)를 통해 자동으로 이뤄진다. 실험의 신뢰성을 확보하기 위해 일단의 공용 메트릭스를 완전히 독립적인 두 가지 데이터 계통에서 연산시켜 데이터의 타당성을 모니터하고, 버그를 신속하게 포착하기 위해 엔지니어들이 유지 관리 업무를 담당한다. 다수의 안전장치를 플랫폼 내부에 구축하여 실험 전과 실험 중에 실험 책임자와 커뮤니티 양쪽 모두가 모니터할 수 있게 했다. 페르메이르는 이렇게 설명했다.

"역설적이지만, 조직 전반에 걸친 분권화가 가능할 수 있었던 요인이 다름 아닌 실험 인프라의 중앙 집중화였습니다. 모두가 동일한 도구를 사용하기 때문에 데이터의 신뢰성이 높아지고 서로 토론할 수 있게 되며 책임감도 생깁니다. 마이크로소프트나 페이스북, 구글 같은 기업들은 머신러닝 등의 분야에서 기술적으로 훨씬 앞서 있을지 모르지만 우리는 단순한 A/B 실험을 통해 더욱 성공적으로 전 직원의 참여를 이끌 수 있었습니다. 조직 전반에 걸쳐 실험의 민주화를 실현한 셈이죠."

프리스비가 이렇게 덧붙였다. "기술과 제품 분야에서 일하는 1,800명의 직원 중 75퍼센트가 실험 플랫폼을 활발하게 이용하고 있습니다. 엄청난 비율이죠. 지금은 파트너와 고객서비스 분야까지 포함하고 있습니다."

페르메이르는 채용과 교육의 중요성을 강조했다. "여기서 이른바 잘나가는 사람들은 호기심이 강하고 개방적이며 새로운 것을 배우고 문제를 해결하는 일에 적극적입니다. 그리고 자기 생각이 잘못됐다는 게 입증되면 흔쾌히 수용할 수 있는 사람들이기도 하죠. 자기 아이디어를 데이터를 기반으로 검증할 수 있을 만큼 트래픽이 많은 웹사이트에서 작업하고 싶어서 입사한 이들도 있습니다." 그의 팀에서는 신입 직원에 대한 교육도 담당했다. "모두가 도구에 대해 학습하기를 기대하지만 처음 몇 시간 동안은 과학적 방법론에 대한 얘기만 합니다. 그런 다음 실험, 가설, 통계학적 용어, 실험의 설계, 윤리, 규정 준수 등으로 넘어가죠."

신입 직원에게는 각각 선임이 배정돼 업무를 더 자세히 설명해주고 플랫폼 소개, 실험과 그에 연관된 의사결정에 대한 분석까지 함께한다. 또한 신입 직원에게도 모든 도구에 접근할 수 있는 권한이 주어지기 때문에 입사 초기부터 실제 경험을 할 수 있다.

또한 약 80명의 직원이 '동료 평가 프로그램(peer-review program)'에 참여한다. 동료 평가 프로그램은 부킹의 실험 플랫폼에 있는 '무작위 실험 참가' 버튼을 눌러 지원한 사람들이 참여하며, 2인 1조로 팀을 이뤄 평가 실험을 하는 프로그램이다. 플랫폼은 피드백을 게재하고 코멘트와 답글을 위한 공간을 제공하며, 평가 결과를 작성하거나 여타 도구들에 대한 길잡이 기능을 수행할 수 있도록 설계됐다. 얼마 전부터 부킹에서는 실험 홍보대사 프로그램이 시작됐다. 실험 홍보대사는 제품팀에서 추가적 지원을 제공하는 경험이 풍부한 15명의 직원으로 구성됐다. 실험 홍보대사는 페르메이르가 이끄는 그룹에 소속돼 있지는 않지만, 지원팀 내부에서 이뤄지는 의사소통과 월간 회의에 참여하며 문제 제기를 위한 직통 회선 또한 보유하고 있다.[12] 한 개발자는 이렇게 말했다.

"부킹의 실험은 지속적으로 발전하고 있습니다. 이따금 몇 년 전 직접 진행했던 실험을 돌이켜보며 2차 메트릭스가 없었다는 사실에 스스로 실소를 금치 못할 때도 있죠. 우리는 지금도 여전히 더 높은 목표를 설정하며 혁신적인 실험 수행 방식을 모색하고 있습니다."

조직의 구성과 문화

부킹은 (규모가 가장 큰) 제품 부서를 필두로 파트너서비스, 고객서비스, 코어인프라 등 4개의 주요 업무 부서로 조직됐고 비교적 수평적인 구조를 유지하고 있다. 소수의 선임 부사장, 팀장급인 프로덕트오너(Product Owner, PO), 기술 관리자들이 배치됐고 의사결정 권한은 가능한 한 조직의 하부에 뒀다. 카리니는 이렇게 말했다.

"조직 구성이 빈틈없이 완벽한 것도 아니고, 보고 체계가 명확한 것도 아닙니다. 단기간에 급속도로 성장한 기업에서 흔히 나타나는 특징이라고도 할 수 있죠. 부킹이 설립된 것은 21년 전이지만 대다수 직원의 입사 시기는 최근 8년입니다. 빈틈없는 조직 구성이 반드시 효율적인 것만도 아니라고 생각해요. 칸막이로 구분된 책상에 앉아 누군가의 업무 지시만 기다린다면 어떻게 혁신을 할 수 있으며, 어떻게 업계의 급속한 변화에 대처할 수 있겠습니까?"

페르메이르가 이렇게 덧붙였다. "수평적 조직 구조를 힘겨워하는 사람도 있습니다. 승진 기회가 희박하기 때문이죠. 하지만 누구나 어떤 것이든 시도할 수 있습니다. 팀과 개인에게 상당한 책임이 주어지고 어느 한 곳에서 같은 일만 하는 것이 아니라 여러 부서에서 경험을 쌓을 수 있으니 항상 흥미롭고, 고객이 경험하는 여정의 또 다른 부분을 접할 기회도 얻을 수 있죠."

부킹에서는 전 직원을 대상으로 매 분기 업무 평가가 이뤄지며, 관리자와 동료들의 피드백 그리고 자기 평가 등이 평가에 포함된다. 회사 전체 조직은 각 분야의 전문성을 보유한 6~8명으로 구성된 팀으로 나뉘어 있다. 각 팀(예를 들어 청구, 랜딩페이지)에는 팀장의 역할을 하는 PO가 배치되고, PO는 비즈니스적인 관점에서 제품의 로드맵 설정을 담당한다. 나머지 팀원들은 (엔지니어와 설계자 같은) 기술자이며, 코딩과 아이디어의 구현이 주요 업무다. 대체로 프런트엔드 및 백엔드 개발자, 설계자, 카피라이터, 연구원, 데이터 분석가 등이 포함돼 있다. 팀원 중 누구라도 실험을 시작할 수 있지만 수행된 실험의 90퍼센트는 개인이 아닌 팀 단위로 이뤄졌다.

카리니는 이렇게 말했다. "팀 전체의 협업을 통해 실험에 착수하는 것이 일반적입니다. 팀장이 문제점을 제기하고 엔지니어들이 변수를 결정하죠. 올바른 가설과 실행, 반복 등 이후에 이뤄지는 작업은 모든 팀원이 협력합니다. 모든 팀원이 실험에 익숙하기 때문에 협력 과정에서 매우 건설적인 논의가 이뤄질 수 있습니다."

대체로 설계자는 자신의 업무 시간 중 75퍼센트 정도를 실험의 설계에 할애하고 나머지 25퍼센트는 연구와 전문적인 개발 작업에 사용한다. 경력이 많은 고참 직원들은 대부분의 시간을 코칭에 할애한다.

프리스비가 덧붙였다. "저는 재사용 목록 같은 도구를 개발합니다. 설계자라면 누구나, 언제든 사용할 수 있으니 완전히 바닥부터 시작할 필요가 없죠. 대부분 실험은 실패로 끝나기 때문에 설계와 실행에 최소한의 노력과 시간을 투입하면서도 최고의 품질을 확보할 수 있어야 합니다. 부하 테스트(stress-test)를 거쳐 입증된 도구들이 도움이 됩니다."

팀 단위의 실험을 최대한 많이 수행하도록 환경을 조성한 데 대해 프리스비는 이렇게 말했다. "누구나 어떤 것이든 시도할 수 있고, 원하는 것은 무엇이든 조작해볼 수 있습니다. 법률적 제약이나 재원의 공정한 표시와 같은 제한이 있기는 하지만, 그 외에 접근할 수 없는 성역이란 건 없습니다."

비스만도 덧붙였다. "조직에서 제품을 구축하는 데 적절한 방식이고 적합한 메트릭스를 보유하고 있다고 판단했다면 모든 직원에게 자율성을 보장해야 합니다. 팀이 창의성을 발현케 하는 유일하면서도 효율적인 방법이죠. 실험의 성공률이 매우 낮기 때문에 가능한 한 많은 시도를 할 필요가 있습니다. 혁신을 가로막는 고위 관리자의 지시는 프로세스를 느리게 할 뿐입니다. 흡사 무정부 상태와 같아요. 체계화된 혼돈이라고 표현하는 것이 나을 것입니다. 이런 상황에서 KPI와 목표는 직원들에게 무엇을 어떻게 실험할 것인가에 대한 지침을 제공합니다."

카리니가 다음과 명확하게 설명했다. "우리 회사에도 분명히 공유하는 가치가 있습니다. 무엇을 해야 하고 무엇을 하지 말아야 하는지를 규정하는 공식이죠. 따라서 우리 직원들이 불법 콘텐츠를 실시간으로 내보낸다든가 하는 말도 안 되는 행동은 하지 않으리라고 확신합니다. 우리가 공유하는 가치로는 '의사결정은 데이터에 근거한다', '항상 고객을 우선순위에 둔다' 등이 있습니다."(표 5-2 참조)

표 5-2 **부킹의 공유 가치**

가치	정의
우리는 호기심, 실험, 지속적인 학습을 추구한다.	순수한 호기심을 품고 새로운 가능성의 발견으로 동기를 부여받는다. 우리는 현재 상태에 만족하지 않으며 실패를 두려워하지 않는다. 고객의 니즈를 파악하기 위한 끊임없는 실험으로 열정을 불태우며 팀과 제품, 프로세스의 지속적인 개선을 수용한다.
우리는 개인의 목표보다 모두 함께 성공에 도달하는 것에 더 큰 관심을 가진다.	한 사람의 힘으로는 불가능하지만 팀으로 뭉치면 성취할 수 있고, 협력을 통해 모두가 발전한다. 함께 성취할 수 있는 것에 자부심을 느끼며 팀 전체의 성공에 필요한 것을 위해 개인적 야망을 기꺼이 접어둘 수 있다.
우리의 강점은 조직 구성원의 다양성에서 비롯된다는 것을 알기에 우리는 겸손하며 개방적이고 친절하다.	우리의 진정한 적은 교만함이다. 우리는 매일 완벽한 고객 경험을 창출하기까지 아직도 갈 길이 멀다는 사실을 스스로 상기한다. 친절함과 개방적 성향은 필수적이다. (상상할 수 있는 모든 측면에서 나타나는) 조직 내부의 다양성은 곧 고객의 다양성을 반영하는 것이며, 서로 다른 다양한 관점을 통합하는 역량은 우리의 성공에 꼭 필요하다.
개선의 기회를 포용하고 성공은 책임감과 주인의식에서 시작된다는 것을 인지한다.	각자에게 주어진 역할이 있음을 인식하고 자신의 역할을 할 때 주인의식을 가진다. 이것은 각자에게 주어진 책임을 다하는 데 주저하지 않으며, 실수를 인정하고 동료의 발전을 위해 도움을 제공한다는 의미이다. 기꺼이 회사 전체의 이익을 대변하여 행동하며, 회사와 직원의 상호 지원과 도전을 통해 비로소 성공에 도달한다는 사실을 인지한다.
우리는 변화를 통해 발전한다.	진화하는 고객의 요구, 산업 역학과 고도성장에 대응하는 역량을 갖추기 위해 변화에 적응하는 일은 꼭 필요하다. 누군가는 변화에 휘둘리는 삶을 살며 어떻게든 그것을 회피하려고 들지만, 또 다른 누군가는 변화에 대처하며 꿋꿋이 견뎌낸다. 부킹닷컴에서 우리는 변화를 통해 발전한다. 급속한 변화는 곧 기회의 원동력이라고 확신하며 변화가 가져올 결과에 열광한다.

출처: S. Thomke and D. Beyersdorfer, "Booking.com," Harvard Business School Case 619-015(Boston: Harvard Business School Publishing, 2018).

평균적으로 열 번의 실험 중 아홉 번은 실패였다. 다시 말하자면, 선택된 메트릭스가 실험에 영향을 받거나 부정적 효과가 나타날 가능성은 그리 크지 않았다. 그러나 실험이 성공적이지 않았다고 해서 그것이 곧 실패한 실험임을 의미하는 것은 아니었다. 비스만은 실험의 실패가 종종 더 깊이 있는 조사를 하는 데 도움이 됐다고 언급했다. "예를 들면, 우리는 고객들이 객실 내 와이파이(Wi-Fi)의 품질에 민감하게 반응한다고 확신하고 있었습니다. 그래서 와이파이 속도를 1부터 100 사이의 숫자로 표시하는 기능을 실험 대상으로 삼았는데, 고객들은 그런 것에 관심을 보이지 않았어요. 객실 내에서 이메일을 전송하거나 넷플릭스를 시청할 수 있을 정도로 와이파이 신호가 충분히 강하다는 것만 보여주면 고객들은 호의적인 반응을 보였습니다."

실험이 종료된 이후 결과에 대해서는 '중요하다, 보통이다, 약간 형편없다, 형편없다' 등의 네 가지 범주로 팀 단위의 자체 평가가 이뤄진다. 카리니는 이렇게 언급했다. "팀 단위의 자체 평가를 통해 엔지니어건 아니건 상관없이 누구나 신속하게 결론을 끌어낼 수 있습니다. 우리가 수행하는 실험은 100퍼센트의 확실성을 요구하는 것이 아닙니다. 사람의 생명을 구하는 제약회사가 아니니까요. 기껏해야 파란색 버튼이 노란색 버튼과 다른 반응을 얻는지 또는 둘 중 어떤 것이 더 나은지 알아내고자 하는 실험일 뿐이고, 결과에 따라 변화를 주더라도 비용이 발생하지도 않습니다. 물론 고객에게 20달러짜리 상품권을 제공하는 것과 같이 상당한 비용이 발생하는 실험일 때는 더 충실히 근거를 갖춘 자료가 필요하긴 하죠."

실험 결과에 대한 분석을 마친 후 팀에서는 결과물을 영구적 기능으로 설정한 것인지에 대해 의사결정을 하고, 그렇게 결정되면 실험의 결과물이 새로운 기준이 됐다. 조이터는 이렇게 설명했다. "아주 작거나 사소한 개선을 목표로 설정하더라도 상관없어요. 단 1퍼센트의 전환율 상승일지라도 회사 전체의 순이익에 엄청난 영향을 미칠 수 있거든요."

프리스비가 덧붙였다. "팀이 그 자체로 의사결정 단위이기 때문에 모든 과정이 매우 신속하게 진행될 수 있습니다. 실험 책임자의 클릭한 번으로 수백만 명의 고객이 사용하게 될 기능이 활성화되는 것입니다. 다른 조직이라면 결과물을 위원회에 제출해야 하고 의사결정은 위원회의 몫이겠죠. 실험이 순조롭게 진행됐고 적절한 조직 문화가 갖춰져 있다면 그런 안전장치가 더는 필요하지 않습니다."

신입 직원에게도 매우 신속하게 자율성이 보장된다. 수석PO 빌럼 이스브루커(Willem Isbrucker)는 이렇게 회상했다. "입사 초기에 경험한 신뢰의 수준은 저를 당혹스럽게 했습니다. 첫날부터 실험에 필요한 의사결정을 했고, 후속 조치들에 대한 전권을 행사하기까지 일주일밖에 걸리지 않았죠. 웹사이트를 분홍색으로 만들고 싶다고 가정해봅시다. 분홍색 웹사이트가 유저에게 유리하다는 근거만 있다면 즉시 실험해볼 수 있어요. 이전 직장에서는 결코 있을 수 없는 일이었죠. 매일 수백만의 고객을 대상으로 실험할 수 있다는 사실을 알게 됐을 때 저는 더할 나위 없이 만족스러웠습니다."

높은 수준의 자율성에는 도전 과제 또한 수반된다. 자율적인 실험에 수반되는 한 가지 위험 요소는 팀과 개인의 실험 때문에 트래픽이 많은 부킹의 웹사이트 어딘가에서 오류가 발생할 수 있고 결과적으로 충돌이 발생할 수도 있다는 것이다. 더구나 매우 분산적인 상향식 조직이기 때문에 각각의 팀에서는 나름의 방향을 설정하고 해결하고자 하는 유저 문제를 파악해야 한다. 직원들이 상당한 책임감을 져야만 한다는 의미다. 이스브루커가 말을 이었다. "여기서는 숨을 곳이 없어요. 유저 문제와 해결책을 찾아내지 못하거나 심지어 무언가를 망가뜨려도 비난의 화살을 대신 맞아줄 희생양이 없다는 말입니다."

논쟁은 언제나 환영받는다. 의문점이 있거나 의견이 일치하지 않을 때는 누구나 동료들에게 도움을 받을 수 있다. 그런 한편, 어떤 실험이든 누군가에 의해 중단될 수도 있다. 페르메이르의 말이다. "현실적으로 그런 일은 거의 일어나지 않습니다. 문제점이 보이면 대부분은 그 팀과 논의부터 시작하죠. 예를 들면, 전환율 2퍼센트 손실을 인지하고 있는지 그리고 상황을 통제하고 있는지 물어볼 수는 있습니다. 누군가가 진행하고 있는 실험을 강제로 중단시키는 것은 매우 공격적으로 보일 수 있는 극단적인 접근법입니다. 도저히 다른 방법이 없을 때 어쩔 수 없이 중단시킬 수는 있습니다. 늦은 시간까지 혼자 남아 실험하는데 지구 반대편 어딘가에서 실험을 즉각 중단시켜야만 하는 사건이 발생한다든가 하는 경우가 그렇겠죠."

열띤 논쟁을 불러일으킨 한 가지 쟁점은 설득 기법의 사용이었다. 제품 페이지에 포함되는 '지금 예약하지 않으면 기회를 놓칩니다. 수요 급증! 잔여 객실 단 3개' 같은 문구가 한 가지 예다. 이런 문구는 고객에게 객실 예약이 가능한지 어떤지를 안내하는 것이 원래의 목적이지만, 어떤 사람들에게는 객실이 충분치 않으며 시간이 촉박하다는 메시지로 해석될 수 있었다. 비평가들은 이런 메시지가 호텔 전체에서 예약 가능한 객실이 3개밖에 남아 있지 않다고 고객을 오도할 수 있다고 주장했다. 실제로 3개의 잔여 객실은 호텔 측에서 부킹에 할당한 객실 중 예약이 가능한 객실 수를 의미하는데도 말이다. 감독기관이 참여해 논의가 이뤄진 끝에 부킹은 '현재 이 플랫폼에서 예약 가능한 객실의 수는 3개입니다'로 메시지를 수정했다. 이와 같은 설득 기법을 점점 더 많이 사용하는 것이 고객의 이익에 부합하는가에 대한 윤리적 논쟁은 꾸준히 일어났다. 실험의 결과는 (전환율이 상승했으므로) 이런 메시지들이 제대로 작동하고 있으며 실제로 고객들이 긍정적으로 반응했음을 보여준다. 심리적 기법의 활용은 신입 직원들이 신속하게 실험을 성공시킬 수 있는 손쉬운 방법이기도 하다. 란젠디치크는 이렇게 설명했다.

"설득적 요소를 사용하자고 팀에서 요청하면, 제일 먼저 최고의 설득은 최고의 제품이라고 말해줍니다. 그런 요소들이 제대로 작동하는 지점이 어디인지 파악할 필요가 있어요. 예를 들어 숙소 예약 경험이 많은 방문자가 자신이 원하는 호텔을 찾아 이제 막 예약을 진행하려는 순간이 설득 기법이 제대로 작동하는 지점일 것입니다. 반면, 이런 요소들이 불쾌감을 유발할 수 있는 지점이 어디인지도 파악해야 합니다. 특히 처음으로 방문한 고객일 경우에는 더욱 그렇죠. 결국 우리가 원하는 것은 고객이 기분 좋게 원하는 호텔을 예약하고, 앞으로 우리 웹사이트를 자주 방문하는 것이니까요"

고위 경영자들은 이런 논쟁이 페이스북의 직장 협업 플랫폼에서 제공하는 '고객 경험 토론 그룹'과 같은 내부 포럼을 통해 이뤄지도록 권장했다. 비스만은 이렇게 언급했다.

지켜야 할 선을 넘었다고 생각되거나 지나치게 강요하는 듯한 메시지를 전달하거나 고객들에게 완전히 정직하지 못하다고 판단되는 몇 가지 실험 사례들을 제시하고 공개적으로 토론합니다. 하나의 메트릭스, 즉 전환율만을 기준으로 삼는다면 엄청난 이득이 있다는 것을 잘 알고 있어요. 하지만 그건 완벽할 수 없죠. 완벽한 메트릭스는 고객의 충성도일 테지만, 고객의 충성도가 유지되는지 확인하려면 실험하고 측정하기까지 몇 년이 걸립니다. 그래서 우리는 대안을 찾아내야만 했죠. A/B 테스트를 적절히 수행한다면 고객 행동에 영향을 미치는 가장 효과적인 방법을 찾아낼 수 있을 것입니다.

부킹의 모델이 비즈니스의 성장에 가장 지속 가능한 방법인가 아닌가는 더 어려운 질문이다. 비스만은 계속해서 이렇게 말했다.

우리는 여전히 암흑기를 지나고 있습니다. 인터넷이 세상에 나온 지 겨우 25년이 지났을 뿐이에요. 흡사 인류가 처음 불을 발견했을 때와 다를 바 없다는 얘기죠. 고객의 행동을 완전히 이해하기까지는 상당한 시간이 걸릴 것입니다. 물론 누군가가 작정하고 '나쁜 실험'을 실행에 옮기고자 한다면 그럴 수도 있겠죠. 이는 조직 구성원에게 자율성을 보장해주고 거기서 어마어마한 화력을 얻는 데 들어가는 비용이라고 생각해요. 하지만 지금까지 의도적으로 나쁜 실험이 수행된 것도, 정해진 예산 범위 내에서 3성급 호텔을 찾는 고객이 5성급 호텔을 예약하도록 조작하는 것처럼 도덕적으로 의문의 여지가 남는 어떤 것도 본 적이 없습니다. 그래서 저는 감시 활동이나 윤리 심의 위원회와는 거리를 둘 생각입니다. 그것은 측정 가능한 해결책이 아니라 오히려 병목현상을 초래할 뿐입니다. 실험을 감시한다면 직원들이 자신에게 권한이 주어졌다고 생각할 수 없을 테니까요. 저는 잘못이나 실수를 스스로 수정할 수 있는 공동체이기를 바랍니다. 자가치유가 가능한 조직 말입니다.

가설의 파이프라인

부킹의 팀들에는 빠른 속도로 실험할 수 있는 명확한 권한이 부여됐다. 마치 송유관처럼 끊임없이 실험을 공급하는 이른바 실험의 파이프라인을 가동하기 위해 구성원들은 지속적으로 새로운 아이디어와 유저 문제를 제시하고, 요구 사항이 발생하는 지점이 어디인지 파악해야만 한다. 유저와 나눈 대화, 숙소 예약 서비스를 직접 이용해본 경험 그리고 과거 수행됐던 실험 등에서 아이디어가 발굴된다. 팀들은 설문조사, 실험실 테스트, 정성적 연구 등을 요청할 수 있고 고객서비스 담당자들에게 불만 사항과 유저 선호도에 관한 정보를 전달받는다. 다양한 경로와 운영 서비스, 언어의 최적화 등 아이디어를 찾아낼 방법은 얼마든지 있고 그리 큰 문제도 아니다. 각 팀에서는 실험의 파이프라인을 가동하는 데 필요한 아이디어 생성 프로세스를 관리하는 나름의 방식도 갖추고 있다.

2014년 부킹에서 공식적인 실험 프로세스를 도입한 이후부터 각 팀은 가장 먼저 실험 가능한 가설부터 설정해야 했다. 페르메이르는 이렇게 언급했다.

> 이전까지는 명확한 규정이 없었습니다. 제품을 어떻게 개선할 것인가를 생각한 후 A/B 테스트를 거쳐 어느 쪽의 클릭 수가 더 많은가를 확인합니다. 결과물을 실행에 옮기고 다음 실험으로 넘어가는 거죠. 문제는 그 정도로 체계가 없는 상황에서는 실험 자체가 너무나 쉽게 망가질 수 있다는 겁니다. 지금은 제일 먼저 해결하고자 하는 문제점이 무엇인지 문서로 작성하는 일부터 시작합니다. 그런 다음 실험을 위한 가설을 설정하는데 반증이 가능한 문장의 형태, 다시 말해 그것이 틀렸다는 논리적 입증이 가능하도록 설정합니다. 이를 통해 모든 직원이 심사숙고의 과정을 거치게 하는 거죠. 더는 막연한 추측에 의존하지 않고, 증빙 자료를 수집하고 고객의 불편함을 해결할 방법을 학습하게 하는 것입니다.

페르메이르의 그룹에서는 더 나은 가설의 설정을 돕기 위해 템플릿을 만들었다(표 5-3 참조). 여기에서는 좋은 가설은 특정 유저를 위

표 5-3 가설 템플릿

이론	이전 또는 기존의 상태에 근거하여, [유저]를 위한 [변경된 조건]이 유저의 [행동]을 독려할 것으로 판단된다.
검증	[메트릭스]에 나타나는 [효과]를 관찰하면 알 수 있을 것이다.
목표	이것은 고객과 파트너 그리고 우리의 비즈니스에 이익이 될 것이다. [동기부여]
사례	유저 연구를 통해 관찰한 바, 일부 유저가 '지금 예약' 버튼을 쉽게 찾아내지 못했다. 이것은 배경색과 폰트 색상이 뚜렷이 구별되지 않기 때문인 것으로 판단된다. 이 문제점을 해결하기 위해 버튼 색상을 노란색에서 파란색으로 변경할 것이다. 만약 이 해결책이 적절하다면 더 많은 유저가 제품을 구매하게 될 것으로 기대한다.

한 특정 조건이 어떻게 구조를 변화시킬 수 있는지 또는 변화가 제품을 이용하는 유저의 경험을 어떻게 향상시킬 수 있는지에 대한 이론 또는 생각을 설명하는 데서 출발한다는 점을 명시하고 있다. 그중 대부분이 과거 입증 자료들에 근거한 이론이다(예를 들어 노란색 '지금 예약' 버튼 사례의 경우, 색상을 파란색으로 변경했을 때 유저가 그것을 찾아내는 데 얼마나 도움이 되는지에 관한 이론을 도출할 수 있다). 그런 다음, 도출된 이론을 반증하는 데 사용할 메트릭스를 특정하거나 어떤 행동이 실험을 입증할 것인가를 결정한다(예를 들어 더 많은 수의 유저가 마우스를 옮겨 클릭을 실행하는 행동). 마지막으로, 비즈니스 관점에서 변화의 결과를 명시한다.

제품책임자 게르트-얀 그림버그(Geert-Jan Grimberg)는 한 가지 사례를 회상하며 이렇게 말했다.

아랍권 국가의 모바일 전환율은 다른 어느 곳보다 낮게 나타났어요. 하지만 데이터만으로는 왜 그런지 원인을 알 수 없었죠. 데이터 분석을 해본 후에야 우리 회사 모바일 웹사이트의 문자 배열 방향이 '오른쪽에서 왼쪽으로 읽기'를 지원하지 않는다는 사실이 드러났습니다. 아랍어는 오른쪽에서 왼쪽으로 읽어야 하는 언어잖아요. 이 사실에서 출발해 간결한 가설 하나를 세웠습니다. '오른쪽에서 왼쪽으로 읽기가 가능한 모바일 예약 사이트를 제공함으로써 아랍권 여행자들의 편의를 증진시킬 수 있다.' 그런 다음 실험을 설계했고 2주 동안 실험이 진행됐어요. 대조군 A는 텍스트의 방향이 왼쪽에서 오른쪽으로 배열된 아랍어 모바일 웹사이트였고, 실험군 B는 오른쪽에서 왼쪽으로 읽기의 방향만 바뀐 동일한 웹사이트였습니다. 이렇게 양적·질적 조사를 통해 얻는 통찰력이 바로 가설 성립의 출발점이 되는 경우가 많습니다. 우리가 이해하고자 노력하는 일종의 비정상인 셈이죠.

표준 프로세스

실험에 착수하기에 앞서 팀들은 반드시 전자문서를 작성해야 한다. 전자문서는 직원이라면 누구나 접근할 수 있다. 문서의 양식에는 기본적으로 실험의 제목, 목적(직접 작성하거나 드롭다운 메뉴에서 해결책을 요구하는 일반적인 문제점을 선택할 수 있다), 주요 수혜자(예를 들어 고객, 파트너) 등을 명시하게 되어 있다. 그리고 수행하고자 하는 실험의 기초가 되는 과거 실험의 인용, 변경하고자 하는 영역과 변수의 개수(최대

20개), 실험에 사용할 플랫폼(예를 들어 데스크톱)의 특정 등이 포함돼 있다. 기본 시스템 설정은 수년간에 걸쳐 개발된 중앙 표준을 따른다. 페르메이르의 말이다.

"새로운 지침과 표준을 도구에 직접적으로 반영해왔습니다. 실험을 하는 팀들은 설정을 변경할 수 있지만, 반드시 타당한 근거가 있어야 합니다. 그렇지 않으면 동료들에게 반박당하기 쉬우니까요."

중요한 변수는 실험의 성공을 나타내는 임곗값 또는 p 값으로 실험군 B가 대조군 A보다 나은 성과를 보여준다는 결론에 도달한 지점을 의미한다(용어의 의미는 표 3-1 참조). 실험의 p 값은 실험군 B를 승자로 잘못 인식할 확률(거짓 양성) 또한 측정하기 때문에 완벽한 임곗값이란 존재하지 않는다. 임곗값을 더 엄격하게 설정하면 실험의 성공률이 낮아지고, 임곗값 설정에 관대하면 더 많은 거짓 양성이 산출된다. 부킹에서는 대부분의 실험이 통계적으로 유의미하다고 간주되기 때문에 p 값은 0.10 이하(90퍼센트의 신뢰도)로 떨어져야만 한다. 각 실험당 최소 실행 기간은 2주다. 카리니는 최소 실행 기간을 설정한 이유를 다음과 같이 설명했다.

그렇게 해야 '일요일에 벌어지는 월드컵 결승전'처럼 이상값을 수정할 수 있는 1주일과 두 번의 일요일이 속한 계절성 주기를 확보할 수 있고, 의도하지 않은 결과로 이어지는지 확인할 수 있는 시간도 확보할 수 있습니다. 또한 변수마다 특정 방문자 수가 100만 명 이상일 때 가장 이상적이라고 할 수 있는데, 2주는 최소한의 유저 수를 충족할 수 있는 시간입니다. 우리가 수행하는 실험은 대체로 아주 작고 사소한 변경을 위한 것이기 때문에 유의미한 결과를 얻기 위해서는 표본의 규모가 커야 합니다. A/B 테스트는 기존 제품에 작고 연속적인 개선을 한 번에 하나씩 적용해 더 나은 제품을 만들어내는 일에 최적화된 기법이죠. 2주 이상의 실행 기간이 필요할 때는 주 단위로 기간을 늘리도록 권장합니다. 중대한 경영상의 의사결정에 필요한 실험은 5~6주까지 지속하기도 하고, '이탈리아를 방문하는 프랑스 고객'처럼 표본의 크기가 상대적으로 작은 실험은 몇 달 동안 실행할 수도 있습니다.

실험을 위한 설정과 프로세스 중 상당 부분은 자동화됐다. 예를 들면, 고객을 대조군과 1개 또는 그 이상의 실험군으로 구분하는 것은 플랫폼에서 무작위로 이뤄진다. 무작위 배정은 처치와 실험군 사이에서 잔존하는 (인지하지 못할 가능성도 있는) 결과의 잠재적 원인을 균등하게 배분하기 때문에 의식적 또는 무의식적으로 설정된 시스템의 편향성이 실험에 영향을 미치지 않도록 예방해준다. 엥기스트는 이렇게 말했다.

"실험에 관여하는 빈도가 낮은 고객서비스 담당 직원들에게 종종 이런 비유를 들어 설명합니다. 경기장에 사람들이 가득 들어차 있다고 가정하고 그중 절반에게만 비타민C를 나누어줍니다. 사람들에게는 비타민C를 받는 일 말고도 많은 일이 일어나지만, 결과적으로 차이를 만드는 원인은 비타민C밖에 없는 것이죠."

전자문서가 작성되는 중에 시스템은 현재 진행 중인 유사한 실험(예를 들어 동일한 제품 페이지의 동일한 기능에 대한 실험)과 실행 직전 대기 상태에 있는 실험들에 관한 정보를 팀에 전달한다. 이런 정보를 바탕으로 중복이나 상호작용 또는 잠재적 충돌 발생 가능성이 과도하게 클 경우 그 실험을 수정 또는 연기할 것인지 선택하게 한다. 또한 유사한 주제를 다루는 동료 직원들과 초기 단계부터 충분히 의견을 교환하며 실험에 투입되는 시간과 노력을 조율하도록 설계자들을 독려한다. 부킹에서는 동일한 항목에 대한 실험의 수에 제한을 두지 않는다. 페르메이르는 이렇게 언급했다.

"여러 번 요청이 있었지만 제한하지는 않습니다. 제품의 특정 부분을 누군가가 소유한 건 아니거든요. 팀들이 실험을 하는 데 완전한 자율성을 보장해줍니다. 비공식적으로 팀 사이에서 실험의 순서를 정하고 상호 동의할 수는 있지만, 그것도 필요하다고 판단될 때 그렇게 할 수 있다는 것일 뿐 반드시 그렇게 해야만 하는 것은 아닙니다."

부킹 플랫폼은 서로 부딪히는 실험을 자동으로 식별할 수 있다. 카리니의 말이다. "만약 한 팀에서 버튼의 색상을 파란색으로 변경했는데 다른 팀이 배경색을 파란색으로 변경했다면 고객은 어디가 버튼인지 알아볼 수 없겠죠."

실험이 시작된 후 처음 몇 시간 동안 해당 팀은 실행 상황을 면밀히 지켜보다가 자신들이 설정한 1차 또는 2차 메트릭스가 조기에 실패로 돌아가면 실험을 중단할 수도 있다. 그룹의 카리니는 이렇게 덧붙였다. "방법론적 측면에서는 아주 바람직하다고 볼 수 없지만, 상업적 측면에서 보자면 2주라는 실행 기간을 정확히 지키다가 사업 전체가 초토화될 위험을 감수할 수는 없습니다."

프리스비가 말을 이었다. "다른 기업들과 마찬가지로 이 부분을 자동화할 수 있었지만 그렇게 하지 않는 쪽을 선택했습니다. 대신 사무실 벽면을 1초당 예약 건수를 보여주는 게시판으로 사용하죠. 팀원들이 벽면의 수치가 떨어지는 것을 보고 적절한 의사결정을 하리라고 기대합니다. 원인도 더 쉽게 분리할 수 있어요. 월드컵 경기가 개막했다고 가정해보죠. 예약률이 현저히 떨어진 원인이 월드컵 때문이라면 그런 이유로 실험을 중단시키고 싶지는 않다는 말입니다."

부킹 플랫폼은 자동으로 데이터 품질 검사를 수행하고 특이점이 발생하면 경고 메시지를 발송하기도 한다. 파란색 깃발은 단순한 정보의 전달을 의미하고 노란색은 오류 발생 가능성, 빨간색은 오류가 발생했음을 의미한다. 그리고 분홍색 깃발(일명 '비운의 분홍 상자'로 불린다)은 그 데이터가 유효하지 않다는 최악의 경고를 의미한다. 실험 정보는 부킹의 전 직원에게 공개되고, 템플릿에 남겨진 빈칸은 동료들의 즉각적인 질의를 촉발하는 방아쇠가 되곤 한다. 이스브루커는 이렇게 말했다.

"저는 다수의 이메일 보고서를 받습니다. 자기 팀이 수행한 실험의 보고서일 수도 있고 특정인과 관련된 보고서나 특정 메트릭스에 대한 긍정적 또는 부정적 실험에 관한 보고서일 수도 있어요. 그리고 당일 수행된 모든 실험을 훑어볼 수 있는 요약문이 매일 도착합니다. 그중에서 내가 의문을 제기하거나 의견을 나누고 싶은 실험이 있으면 언제든 연락을 취할 수 있습니다. 저는 매일 1시간 정도를 다른 실험들을 검토하는 데 사용합니다. 더 강렬한 인상을 남기는 실험이나 참신한 접근법을 시도한 실험들을 특히 눈여겨보게 되죠. 그런 과정에서 많은 것을 배울 수 있습니다."

그리고 주요한 고장이나 문제를 일으킨 실험이라면, 그게 무엇이든 거기에서 학습한 교훈이 포함된 특별 보고서가 작성돼 공유된다.

B2B 실험

부킹은 공급자 네트워크(파트너 업체들)에서도 실험한다. 여기에는 수많은 도전 과제가 수반되는데, 표본의 규모가 훨씬 작고 비즈니스에 미치는 여파의 불규칙성이 더욱 크다는 것이 대표적인 문제점이다. 대규모 호텔 체인들은 소규모 숙박 업체에 비해 훨씬 큰 비중을 차지하므로 소규모 업체들은 부킹에서 담당해야 했다. 또 다른 문제는 파트너들의 의사결정 과정에 다수의 담당자가 얽혀 있고 복잡한 IT 시스템이 필요했다는 것이다. 실험 참여자들의 행동이 각자 소속된 조직을 반영할 수 있는가? 마지막으로, 파트너들과 부킹 플랫폼 사이에서 이뤄지는 빈번한 상호작용 때문에 더욱 신중하게 실험에 접근해야만 했다. 지나치게 많은 변화는 파트너들의 불만을 야기할 수 있기 때문이다.

파트너 실험은 부킹의 중앙 플랫폼에서 이뤄지며, 200여 건의 실험이 동시에 수행될 정도로 규모가 크다. 실험 수행 기간인 2주 동안 파트너 중 60~70퍼센트가 적어도 한 번은 부킹을 방문하도록 설계된다. 이들 공급자 네트워크의 실험 또한 수행하는 팀이 완전한 자율성을 보장받고 모든 사람에게 공개된다. 또한 파트너 실험에 대한 주간 요약본이 광범위하게 배포된다. 그러나 적절한 메트릭스를 찾아내는 것을 두고 끊임없는 논쟁이 벌어지곤 한다. 최선의 메트릭스는 장기적 관점의 파트너 가치지만 고객 충성도와 마찬가지로 그것은 한 번의 실험으로 도출할 수 있는 결과물이 아니기 때문이다. '추가된 객실의 수'와 같은 단기적 메트릭스는 고객을 대상으로 한 전환 메트릭스에 더 가깝고, '판매된 객실'과 같은 메트릭스 또한 고려의 대상이다. 그림버그는 이렇게 묘사했다.

"활용 가능한 미리 설계된 기능은 극히 소수에 불과했고, 파트너들을 대할 때는 보다 더 신중해야 했습니다. 우리 팀원 중 한 사람은 맞춤형 로그인 기능, 고객 요구 조사, 실물 모형 제작에 몇 달 동안 매달려야 했어요. 코어에서 작업했더라면 그보다 더 신속하게 실험할 수 있었을 겁니다. 아마도 모형 링크를 사용했을 거예요. 고객에게 '지금 가족 계정을 생성하세요'라고 전송한 다음 '죄송하지만 이 기능은 실험 대상입니다. 관심에 감사드립니다'라고 말하면 되니까요."

파트너들과 빈번한 상호작용이 이뤄지기에 부킹은 실험과 관련된 정보도 투명하게 공개한다. 그림버그가 이어서 말했다. "그들이 인지한 변화에 대해 토론합니다. 숙박료나 예약 가능한 객실 수와 같이 중대한 변경 사항에 대한 실험일 경우에는 실험군에 설문조사서를 첨부하기도 합니다. '새로운 모습에 대한 당신 생각을 들려주세요.' 실험이 끝나면 다양한 반응을 접하게 됩니다. 달라진 모습에 매우 만족해하는 일부는 그것이 2주 후에는 사라져버린다는 사실을 알고 실망하기도 하죠."

차별화된 리더십 모델

부킹의 경영진은 진정한 실험조직을 위한 다른 유형의 리더십이 필요하다는 것을 인식하고 있다. 비스만은 이렇게 설명했다.

"이전까지 제가 몸담은 기업들은 창업자 자신이 고객이 무엇을 원하는지 알고 있다는 확신을 바탕으로 모든 의사결정을 혼자서 내리는, 전통적인 하향식 지배구조였습니다. 문제는 그 창업자의 확신이 들어맞지 않는 경우가 더 많다는 것인데, 부킹에서는 누구나 그것을 알고 있습니다. 그래서 이곳에서의 리더십이란 흔히 생각하는 화려함과는 거리가 멀어요. 직원들에게 KPI를 제시하고 그들이 스스로 작업을 수행하게 하는 것이 리더의 역할입니다."

고위 경영진은 기업의 사명과 전략적 목표 설정을 담당한다. 최근 들어 부킹은 숙박시설에 집중하던 것에서 '세계적인 경험 플랫폼'의 구축으로 전략적 목표를 수정했다. 직원들이 '자유롭게 일하게 하기'에 앞서 이 새로운 전략을 투자와 KPI로 변환하여 그들 앞에 제시하는 것이 경영진에게 주어진 과제로 남아 있다. 탄스는 이렇게 덧붙였다.

대다수의 리더에게는 우리 회사와 같은 환경이 불편할 것입니다. 리더의 생각이 언제나 최선이라는 자부심 따위 허락되지 않거든요. 만약 제가 CEO로서 어떤 직원에게 "이렇게 처리해. 왜냐하면 이것이 우리 회사를 위한 결정이기 때문이야"라고 말한다면, 그 직원은 저의 면전에서 이렇게 말할 것입니다. "알겠습니다. 먼저 실험을 통해 사장님의 생각이 맞는지 확인해보겠습니다." 이전 CEO가 미국에서 처음 부임하면서 회사의 새로운 로고를 직원들에게 보여준 일이 있었습니다. 그때도 직원들은 이렇게 말했어요. "아주 좋습니다. 실험을 통해 확인해보겠습니다." 새로 부임한 CEO는 당혹스러웠지만 어쩔 도리가 없었죠. 새로운 로고의 사용 여부를 결정하는 권한이 CEO가 아니라 실험에 있었던 겁니다.

탄스는 CEO로서 자신의 주요 역할은 직원 코칭과 조직 문화 그리고 인재관리에 있다고 생각한다. 그래서 업무 시간 대부분을 구인 활동에 사용한다. 빠르게 성장하는 유일한 방법은 유능한 인재를 가능한 한 많이 데려오는 거라고 생각하기 때문이다. 채용된 이후에는 그들을 적절히 코칭하는 것이 매우 중요하다. 탄스는 이렇게 말을 이었다.

내가 직원들이 성공하도록 돕는다면 회사 전체로 봤을 때 그보다 더 좋을 순 없을 것입니다. 내가 회의에 참여하는 건 잘잘못을 지적하기 위해서가 아니라 그 자리에 모인 직원들에게 도움을 주기 위해서입니다. 결정을 내리지 못하고 고군분투하는 팀이 있다면 그들이 충분히 고민할 수 있도록 돕습니다. 제 역할은 인재들이 최고의 기량을 발휘할 수 있는 환경을 만드는 것입니다. 부킹에서 함께 일하는 시간 동안 직원들이 자부심을 느끼는 것이 저에게는 아주 중요하죠. 우리 직원들이 고객들과 그들이 경험하는 여행을 특별하게 만드는 데 자신이 한몫했다는 자부심을 느끼게 하는 것 말이죠.

직원들이 실험을 위한 실험을 하는 우를 범하지 않게 하는 것 또한 고위 경영진의 일이다. 그러려면 먼저 A/B 테스트의 한계점을 인지할 필요가 있다. 이스브루커가 말했다.

"트래픽이 충분하지 않다면, 다시 말해 유의미한 결과를 도출하기에 충분한 유저의 수가 확보되지 않았다면 A/B 테스트를 해선 안 됩니다. 또한 성공적인 결과물은 어떤 모습일지 잘 모르거나 가설을 명확히 규정할 수 없을 때는 실험도 무용지물이 될 것입니다. 실험을 통해 알 수 있는 것은 '사람들이 무엇을 하고 있는가'일 뿐 그들이 '왜' 또는 '어떻게' 생각하는가에 대해서는 알 수 없습니다. 그것을 알고자 한다면 정성적 연구 과정이 필요하죠. 무엇보다, 실험을 통해 얻는 정보가 '다음 여행지는 어디인가'에 대한 제한적인 통찰에 불과해집니다."

A/B 테스트는 점진적 혁신에 최적화된 도구다. 완전히 새로운 제품을 대상으로 한 실험은 쉽지 않을 뿐만 아니라 불편함을 초래한다. 비교할 수 있는 기준이 없기 때문이다. 동시에 더욱 급진적인 실험은 실험을 하는 팀원들을 최적화가 아닌 무모한 탐험을 시도하게 할 위험이 있다. 다수의 변수가 동시에 변경될 때는 원인과 효과를 구분하는 일이 더 힘들기 때문이다.

수석PO 디팍 굴라티(Deepak Gulati)는 이렇게 언급했다. "기존 제품을 점진적으로 향상시키는 실험 문화가 굳건히 자리를 잡았다면, 최초로 제품을 구축했던 사람은 떠난 후이고 새로운 제품은 과거의 제품과 더는 공통점을 찾아볼 수 없는 시점이 도래하기 마련입니다. 실험을 하는 사람은 고객 전환율과 실험이 주도하는 미세 최적화에 사활을 거는 아주 비용 효율적인 기계처럼 작동하게 되죠. 이는 한편으로 새로운 영역으로 확장하고자 할 때 큰 그림을 볼 수 있는 사람이나 어떻게 하면 되는지 아는 사람이 더는 없다는 의미이기도 합니다."

비스만도 같은 의견이었다. "데이터를 기반으로 작은 변화를 만들어나가는 조직 구성의 단점이죠. 데이터가 없거나 실험의 비교 대상이 될 기준이 없으면 전조등 앞에서 꼼짝없이 얼어붙는 사슴과 다를바 없습니다. 우리 업계에서는 인터넷과 관련해서 기회가 생겼는데 거기에 투자하지 않으면 미래에 위협이 될 수 있습니다."

과감한 혁신을 위한 실험을 하는 데 한 가지 문제점은 부킹 플랫폼이 제한적 실험에 적합하지 않다는 것이다. 모든 실험이 실시간 환경에서 수행되기 때문이다.

프리스비의 말이다. "유저 기반을 제한하더라도, 예를 들어 비즈니스 프로세스를 변경하게 될 무언가를 단 5퍼센트의 유저에게만 노출하도록 제한하더라도, 여전히 1일 거래 건수는 수십만 건에 달합니다. 트래픽을 감소시키면 실험의 동력을 감소시키는 것과 같아요. 때에 따라서는 외부 시제품으로 시작하고 정성적 실험을 활용해 자신감을 쌓는 것이 더 나은 방법일 수 있습니다."

굴라티는 이렇게 덧붙였다. "새롭게 합류한 누군가가 원대한 아이디어를 펼쳐놓았을 때 우리가 점진적 단계를 밟아나갈 것을 강조하는 이유 중 하나는 만약 사소한 것이라도 잘못되면 그 여파가 작지 않기 때문입니다. 또 다른 이유는 여러 가지를 한꺼번에 변경하면 메트릭스를 변화시킨 변수를 분리할 수 없기 때문입니다."

전략적 의사결정에서는 A/B 테스트가 리더십을 대체할 수 없다는 것이 비스만의 생각이다. 그는 이렇게 설명했다.

〔주변 관광명소와 같은 숙박시설 이외의 여행 산업 영역으로 비즈니스를 다각화하는〕 우리의 새로운 전략에 따르면 호텔 예약보다 수익성이 낮은 비즈니스에 투자해야 했습니다. 미래의 어느 시점에는 그 투자에 대한 타당성을 확보할 수 있는 어떤 일이 벌어질 것으로 추정했고, 모든 것은 믿음에 근거를 둔 의사결정이었습니다. 어느 정도의 데이터를 보유하고 있기는 했지만 성공 가능성이 크다고 확신할 만한 데이터는 없었습니다. 그와 같은 '비즈니스 모델의 혁신'은 리더십을 통해서만 가능하며, 점진적 혁신에 초점을 맞추는 제품팀에서 도출될 수는 없죠. 그리고 '조직 내 거부 반응'으로부터 신규 비즈니스를 보호하기 위해서는 코어에서 벗어나 리더십과 직접 연결되고 새로운 메트릭스를 사용하는 소규모의 신규 조직을 만드는 것이 아마도 최선일 겁니다.

궁극적으로 온라인 실험이 가진 힘의 활용은 경영과 조직 문화로 귀결됐다. 비스만은 이렇게 결론지었다.

A/B 테스트는 매우 강력한 도구입니다. 우리 업계에서는 반드시 받아들여야만 하는 사실이죠. 그러지 않으면 필패로 이어질 뿐입니다. CEO들에게 조언할 기회가 있다면 '대규모 실험은 기술적인 것이 아니다. 그것은 온전히 수용해야만 하는 문화다'라고 말할 겁니다. 자신에게 던져야 할 두 가지 중요한 질문이 있습니다. 하나는 '매일 자신이 틀렸다는 사실을 얼마나 기꺼이 직면할 수 있는가?'이고, 다른 하나는 '직원들에게 얼마나 많은 자율성을 보장해 줄 수 있는가?'입니다. 만약 그 질문에 대한 답이 자신이 틀렸다고 입증되는 것을 바라지 않고 제품의 미래를 직원들의 의사결정에 맡겨두기를 원하지 않는 것이라면, 조직의 실험 문화는 제대로 자리 잡을 겁니다. 나아가 실험이 주는 모든 혜택을 거둬들이는 일도 결코 일어나지 않겠죠.

고위 경영진이 원대한 목표와 대규모 실험을 위한 인프라 구축에 집중하고, 다른 직원들과 마찬가지로 동일한 규칙을 준수함으로써 부킹은 새로운 유형의 학습조직으로 거듭났다. 과학적 방법론이 일상적인 의사결정 과정에 깊이 새겨진 학습조직 말이다. 카리니는 실험조직으로 변모해가는 부킹의 여정을 지켜봤다.

인프라와 방법론에서 지금까지 이뤄낸 성과, 특히 지난 2년간의 발전은 매우 의미가 있습니다. 5년 전 제가 처음 합류했을 때만 해도 실험은 주로 백엔드 개발자들의 몫이었고, 수행된 실험의 약 50퍼센트는 치밀함이 부족했습니다. 하지만 지금은 실험을 위한 장벽이 현저히 낮아졌습니다. PO 또는 카피라이터를 포함해 누구나 실험을 할 수 있고, 사실상 아무런 비용도 들지 않습니다. 지각된 손실 또한 감소했습니다. 가설 설정 단계를 거친 이후의 실험은 매우 신속하게 진행할 수 있습니다. 단순한 문구 변경을 위한 실험이라면(예를 들어 '예약'을 '지금 예약'으로 변경하는 실험이라면) 서버 한 대만 있으면 충분합니다. 1시간도 지나지 않아 데이터를 수집할 수 있죠. 43개 언어로 번역된 광고 문구를 실험하고 싶다면 24시간이면 충분합니다. 다중 장치를 추적하고자 할 때는 하루나 이틀 정도면 완료할 수 있습니다. 다른 기업에서였다면 이런 실험에 훨씬 더 많은 시간이 소요됐을 것입니다. 실험 자체를 전문가에게 의뢰해야 할 테고 그 과정에서 업무가 적체되기 때문입니다.

부킹닷컴을 뛰어넘는 실험조직들

지금까지 부킹을 깊이 있게 들여다보면서 대규모 실험을 내포한 통합적 조직이란 어떤 것인지 제대로 알 수 있었다. 또한 이 책 전반에 걸쳐 조직적·문화적 도전 과제를 나름의 방식으로 해결하는 여러 기업을 살펴봤다. 링크드인은 1만 4,000여 명의 임직원을 고용하고 있으며, 등록된 회원 수가 6억 1,000만 명을 넘어서는 전문가들을 위한 글로벌 네트워킹 플랫폼이다.[13] 링크드인의 제품팀에서는 매달 약 1,500~2,000건의 새로운 실험을 생성하고 있으며, 500~1,000건 정도의 실시간 실험이 언제라도 가동 상태에 있다. 2018년에는 2,000명 이상의 직원이 약 2만 건의 실험에 착수했고(각 실험은 주제가 중복될 수도 있다), 회사는 약 6,000개의 메트릭스로 이뤄진 자동화된 KPI 파이프라인을 통해 모든 실험을 평가했다. 다시 말해 방대한 규모의 실험이 수행됐으며, 이는 부킹의 그것과 다르지 않다.

링크드인은 놀라운 실험의 힘을 일찌감치 터득한 기업이다. 회원들이 직접 자신의 이력을 포함한 소개서를 작성하게 한다는 아이디어를 실제로 실험했다. 즉, 실험군에 '당신의 전문성을 더욱 다채롭게 꾸며보세요. 당신에게 소중한 것이 무엇인지를 보여주기만 하면 됩니다'라는 초대 글을 담은 작은 모듈을 노출했다. 모듈에는 유저가 활성화할 수 있는 8개의 상자가 나열됐다(예를 들어 자녀, 시민권, 사회 활동 등). 이 작은 실험은 엄청난 결과로 이어졌다. 유저가 자발적으로 자기소개서를 편집하는 비율이 14퍼센트 증가한 것이다. 또 다른 실험을 통해 프리미엄 서비스의 결제 절차를 간소화함으로써 등록 회원에 비례한 수익은 수백만 달러에 달했고, 환불 요청은 30퍼센트 급감했으며, 무료 체험 주문은 10퍼센트 이상 증가했다.[14]

링크드인 또한 조직 내에서 이뤄지는 실험은 완전히 민주적이어야 한다고 믿는다. 제품팀에서 생성하는 엄청난 수의 가설은 실험의 파이프라인을 가동하는 연료가 됐고, 해당 PO의 승인을 얻고 실험 수행을 위한 내부 지침을 준수하기만 한다면 누구나 새로운 실험을 실시간으로 할 수 있다.[15] 도움이 필요한 직원은 포럼을 통해 의견을 구하거나 엔지니어에게 도움을 요청할 수 있다. 코어 플랫폼에서 일하는 연구자에게 요청해 새로운 방법론을 개발하고 실험의 경계를 확장할 수도 있다. 부킹이 그랬듯이 링크드인 또한 실험 방법을 지속적으로 개선하고 있다. 2015년에서 2018년 사이에 수행된 실험의 수는 2배나 늘어났고, 전사적 도구에 대한 사용자 경험이 향상됐다. 더 나은 실험과 분석적 복잡성(예를 들어 인과관계의 구축)을 수용하는 새로운 방법론 또한 실험에 포함됐다. 그 과정에서 속도에 대한 투자도 지속적으로 이뤄졌다. 3장에서 살펴본 바와 같이 속도는 온라인 고객의 행동에 상당한 영향력을 행사하는 요소다. 개선을 위한 이 모든 노력은 실험 업무의 규모에도 영향을 미쳤다. 현재 링크드인에는 4,000명이 넘는 실험 책임자가 있다. 이는 전 세계 링크드인 임직원 수의 3분의 1에 해당한다.

부킹, 링크드인, 마이크로소프트 같은 기업들은 어디까지 가능한지를 보여주는 극단적인 사례다. 그러나 반드시 염두에 두어야 할 것은 이들 모두 처음에는 아주 작은 실험에서부터 시작했다는 점이다. 또 다른 공통점은 자신들의 플랫폼을 자체 개발했다는 데 있다. 이들이 시작할 당시에는 유저 친화적이면서도 신뢰할 수 있는 제삼자 제공 도구들이 널리 활용되지 않았다. 6장에서는 다양한 조직이 이들과 동일한 여정을 밟아나가는 방법을 학습할 것이다. 어떻게 하면 실험조직이 될 수 있는지 알아보자.

6장

당신의 조직을
실험조직으로

성공이란 실패가 거듭돼도 열정을 잃지 않는 능력이다.

무명씨

EXPERIMENTATION WORKS

수많은 기업이 그 유명한 토요타생산방식(Toyota Production System, TPS)을 모방하는 데 실패한 원인은 무엇일까? TPS는 전 세계 자동차 업계에서 선두 기업의 반열에 올라선 토요타의 성공에 중요한 역할을 한 시스템이며, 토요타 또한 놀라울 정도로 TPS를 공개하였다. 토요타의 생산 공장을 직접 방문한 기업의 고위 경영진만 해도 수백 수천에 이르고, TPS의 작동 방식을 다룬 책과 관련 기사 또한 수없이 많다. 품질관리분임조(quality circles), 적시공급(just-in-time delivery), 지속적 개선 등 실제로 TPS에서 일상적으로 활용되는 실행 방법 중 일부는 이미 우리에게 익숙한 것들이다. 그럼에도 다른 기업들이 토요타의 방식을 모방하는 건 의외로 어려웠다. TPS를 가능케 한 근본적 토대를 이해하지 못했기 때문이다.

스티브 스피어(Steve Spear)와 켄트 보웬(Kent Bowen)은 1990년대 후반 미국과 유럽, 일본의 40여 곳이 넘는 생산 공장에서 TPS의 내부 작동 방식을 연구한 전문가들이다. 두 사람은 자신들의 연구 결과를 이렇게 요약했다.

외부인에게는 TPS가 과학자 집단을 만들어낸다는 점을 이해하는 것이 관건임을 발견했다. 토요타에서 요건을 정의한다는 것은 곧 실험 가능한 일련의 가설을 정립하는 것이다. 다시 말해, 과학적 방법론을 따른다는 의미다. 토요타는 어떤 것이든 변경을 가할 때 엄격한 문제 해결 프로세스를 사용하며, 여기에는 현황에 대한 세부 평가와 개선 계획이 반드시 포함돼야 한다. 사실상 제안된 변경을 실험을 통해 검증하는 것이다. 그와 같은 엄격한 과학적 기준이 없었다면 토요타의 변화는 무작위적 시도와 오류에 지나지 않았을 것이다. 눈을 가리고 세상을 살아가는 것과 다를 바 없었을 것이란 얘기다.[1]

앞서 우리는 엔지니어들이 새로운 제품을 만들어내고 마케팅 담당자들이 고객 경험을 극대화할 때 대규모 실험이 어떻게 도움을 주는지 살펴봤다. 토요타는 세계 곳곳에 있는 생산시설의 네트워크를 가동하는 원동력이 바로 대규모 실험이며, 유의미한 결과를 도출하기 위해 전력을 다하는 실험이 필수적임을 알고 있었다. 생산시설마다 해결해야 할 일상적인 문제들이 수천 건에 이른다. 따라서 모든 일선 작업자와 감독관들(그들이 바로 과학자 집단이다)은 과학적 방법을 신속하게, 그것도 밤낮없이 적용할 필요가 있었다. TPS의 적정 수준을 결정하기 위해 조직은 작업의 표준화, 모든 구성원의 기술과 공유 가치, 실험의 전개 속도 등에 세심한 주의를 기울여야 했다. 조립 라인을 거쳐 완성차 한 대가 생산되고 다음 완성차가 생산되기까지 채 1분도 걸리지 않았다. 즉, 문제 해결이 지연될 만한 여유가 없었다.

제조, 의료, 금융 서비스, 숙박 등 대부분 산업 분야에서 토요타 원칙을 적용하고자 노력해왔다. 표면적으로 이들 산업 분야는 뚜렷한 차이점을 보인다. 그러나 조직 내부를 들여다보면 작동 방식의 유사성을 어렵지 않게 발견할 수 있다. 실제로 분야 간에 현격한 차이가 있지만(디지털 기반의 유무, B2C 산업 또는 B2B 산업), 실험 여정은 놀라울 정도로 유사하다. 이 장에서는 이 중 몇몇 기업을 살펴본 후, 실험의 적정 수준을 결정하기 위해 그들이 어떤 조치를 취했는지를 짚어볼 것이다. 앞으로 보게 될 삽화들과 더불어 모든 실험조직의 공통적 본질을 검토할 것이다.

모든 것은 시스템에서 출발한다

실험조직이 되는 것은 하룻밤 사이에 일어날 수 있는 일이 아니다. 점진적으로 구축돼야만 한다는 뜻이다. TPS를 완전히 이해하지 못했거나 그에 필요한 조직적 역량을 갖추지 못한 상태에서 실행 방법을 적용하는 데에만 몰두했던 일부 기업이 얻은 교훈이 바로 그것이다. 경영진의 의사결정에 따라 무재고 정책을 추진했으나 결국 생산시설 가동이 정지되고 말았던 유럽의 제조 기업이 전형적인 사례다. 무재고 정책을 결정한 경영진은 분명히 원인과 결과를 혼동했을 것이다. 스피어와 보웬이 설명한 바와 같이, 매우 낮은 재고량은 실행 방식의 규모를 결정하고 그것을 이행한 결과물(종속변수)이었다. 경영진이 짐작한 것처럼 작업 효율성 향상의 원인이 되는 변수가 아니었다. 연간 수천 건의 실험을 하도록 지시한다고 해서 빠른 혁신이 이뤄지지는 않는다. 오히려 역효과를 볼 수도 있다. 대규모 실험을 기꺼이 수용할 수 있는 조직을 만들기 위해 관리자들은 먼저 실험을 위한 조직을 만들어야 한다. 그 경지에 도달하기까지의 과정은 혁신적일 수 있으며, 변화의 필요성과 지속성을 인지하고 수용하는 것에서 출발해야 한다. 5장에서 부킹의 사례를 통해 얻은 교훈도 그것이다.

그렇다면 그런 시스템은 어떻게 설계할 수 있을까? 중요한 것은 실험의 운영 및 분석 비용을 획기적으로 감소시킬 신뢰할 수 있는 툴(또는 플랫폼)이 중심에 있어야 한다는 점이다. 실리콘밸리의 마이크로소프트, 핀터레스트(Pinterest), 링크드인, 아마존, 넷플릭스 그리고 부킹닷컴 등은 자체적으로 툴을 개발했다. 자체 툴을 개발할 때는 수년간의 지속적인 투자와 깊이 있는 기술적 전문성 그리고 개발을 전담하

전환의 단계: 거부에서 수용까지

디지털 전환의 5단계

변화는 필요하지 않다.	왜 모든 것이 바뀌고 있는가?	변화해야 한다면 최소한의 변화는 어느 정도인가?	절대 변화할 수 없을 것이다.	우리의 위탁생산시스템(CMO)만 바꾼다면 뭐….
거부	분노	협상	좌절	수용

는 자원이 필요하다. 현재는 옵티마이즐리, 구글옵티마이즈, 어도비 타깃 등 제삼자 툴이 자체적인 솔루션 개발에 관심이 없거나 그럴 만한 자원이 없는 기업들에 A/B 테스트 역량을 제공하고 있다. 각각의 제삼자 툴이 보유한 실험 및 프로그램 관리 기능에 상당한 차이가 있기는 하지만 말이다. 이와 유사하게 기술 기업들 또한 알테어엔지니어링(Altair Engineering), 앤시스(ANSYS), 다쏘시스템(Dassault Systèmes)과 같은 외부 공급 업체의 시뮬레이션 소프트웨어를 사용함으로써 실험의 힘을 활용할 수 있었다.[2]

적절한 툴의 구축 또는 선택은 시작에 불과하다. 훌륭한 툴을 사용하는데도 매달 수행하는 온라인 실험이 고작 10여 건에 불과한 조직이 무수히 많다. 관리자들이 실험에 회의적이기 때문이다. 실험이 비즈니스에 미치는 영향은 단기간에 체감하기 어렵다. 그런 이유로 실험 활동의 확장에 필요한 자원과 지원을 선뜻 투입하려 들지 않는다. 툴이 견인력을 얻기 위해서는 실험이 조직의 핵심에 자리 잡을 수 있게 해야 하며, 7개의 시스템 지렛대에 대한 투자가 이뤄져야만 한다. 7개의 시스템 지렛대는 프로세스(척도, 범위, 속도), 관리(표준, 지원), 문화(공유 가치, 기술) 등 크게 세 가지 범주로 구분할 수 있다(그림 6-1 참조). 이들 시스템 지렛대가 실제 업무 현장에 적용된 사례는 이 책 전반에 걸쳐 살펴봤다. 시스템 지렛대는 상호 보완적이기 때문에 실패를 용납하는 강한 내성(공유 가치)이 뒷받침되지 않는다면 조직 내에서 다수의 실험이 수행될 가능성은 매우 작다(척도). 기본적인 통계 또는 공학적 개념(기술)에 대한 이해력의 부재는 의사결정을 위한 광범위한

그림 6-1 설계자의 관점에서 본 일곱 가지 시스템 지렛대

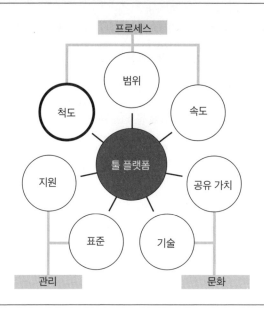

척도(Scale): 주간, 월간 또는 연간 실험의 수
범위(Scope): 소속된 임직원 중 어느 정도까지 실험에 관여하는가.
속도(Speed): 가설 설정부터 실험을 완료하기까지 소요되는 시간
공유 가치(Shared values): 실험을 촉진하는 행동과 판단
기술(Skills): 실험의 설계, 수행, 분석에 필요한 역량
표준(Standards): 신뢰를 만드는 기준, 점검표, 품질 평가 기준
지원(Support): 훈련, 기술적인 도움, 멘토십, 경영적 측면의 뒷받침

실험에 장애물이 된다(범위).

부킹의 높은 척도(연간 2만 5,000건 이상의 실험), 범위(기술 및 제품 부서에서 일하는 1,800명의 직원 중 75퍼센트가 실험 플랫폼을 적극적으로 활용한다), 속도(몇 시간 내에 실험을 설계하고 시작할 수 있다)는 이들 시스템 지렛대가 조화롭게 작동한 직접적인 결과물이다. 전체(시스템)는 부분의 합(시스템 지렛대)보다 크다. 각 부분이 조화롭고 완전하게 배치됐을 때

비로소 지속적인 혁신이 가능한 일상적 운영체계의 동력이 되어줄 것이다. 자동차 생산을 위한 토요타의 전사적 운영체계와 절대 다르지 않다. TPS는 또한 생산 현장에서 생산 과정 중 발생한 문제점이 최종 결과물인 완제품에까지 스며드는 것을 방지하는 보호막을 형성한다. 표준 운영 절차로 자리 잡은 실험은 HiPPO, 즉 고위 경영진의 의견 때문에 실험의 대상이 되어야 할 의사결정이 어느 한쪽으로 치우치는 일도 사전에 방지한다. 5장에서 본, 부킹 CEO가 회사의 로고를 변경하고자 했던 자신의 의사결정에 대해 직원들이 "좋은 생각입니다. 실험을 통해 확인해보겠습니다"라고 반응했을 때 적잖이 당황스러워했다는 사례를 기억할 것이다. 그것이 바로 바람직한 실험 문화다.

실험의 대상이 되지 않아도 되는 직관을 보유한 사람은 아무도 없다. 기술 및 카메라 회사인 스냅(Snap)이 자사의 멀티미디어 메시징 앱인 스냅챗(Snapchat)의 재설계 작업에 착수했을 당시, 공동창업자이자 CEO인 에번 스피걸(Evan Spiegel)은 새로운 사용자 경험에 대한 엄격한 실험을 하고 제품의 출시 시점을 늦추는 데 소극적이었다. 그는 제품 설계 분야의 방대한 경험을 보유한 경영자이기도 했다. 유저 정서가 73퍼센트까지 하락했을 때조차 그는 이렇게 주장했다. "지금 이 불만들은 오히려 [설계] 철학을 강화해줍니다. 고객의 실망감은 오히려 변화를 입증하는 것입니다. 사람들이 적응하기까지 시간이 걸리는 것일 뿐입니다."[3]

결국 유저들이 다른 메시징 앱으로 떠나버리고 회사의 주가가 곤두박질친 후에야 스피걸은 재설계 과정이 '성급했으며' 소규모의 유저 공동체를 대상으로 더욱 광범위한 실험을 거쳐야 했음을 인정했다.[4] 짐작건대, 어느 정도의 실험은 수행됐을 테지만 실험의 임기응변적 특성 그리고 직감과 증거 사이의 불일치가 난관에 봉착한 제품 출시에 기여했을 것이다. 진정한 실험조직이라면 최고 결정권자의 가정일지라도 반드시 실험 대상이 되어야 한다.

실험조직으로 변모하기

이 책 전반에 걸쳐 절제된 실험을 온전히 수용하여 혁신의 동력으로 삼은 주목할 만한 기업들을 살펴봤다. 이들 기업은 매년 수천 건의 실험을 하며 그 결과물은 직원들의 업무수행 방식과 모든 의사결정 과정에 완전히 통합됐다. 중요한 것은 그들이 하루아침에 그만한 경지에 오른 것이 아니라는 사실이다. 지금부터 살펴볼 사례들은 '그 경지에 오르기까지'의 여정을 보여줄 것이다. 그들의 시스템과 '지렛대'들이 점진적으로 개발된 과정을 살펴보자.

스테이트팜: 디지털 기반이 없는 오래된 기업

스테이트팜인슈어런스는 보험 및 금융 서비스 분야에서 69년의 역사를 보유한 대기업이다. 상당한 규모의 데이터 세트를 사용하는 비즈니스의 특성 때문에 직원 중에는 언제나 통계 전문가가 포함돼 있었다. 그러니 디지털 툴의 개발을 위한 투자가 이뤄질 당시 조직 내부의 통계 전문가들이 마케팅과 오프라인 및 온라인 실험을 통한 조사

활동을 지원하는 역할을 담당한 것은 그리 놀라운 일이 아니다.[5] 그렇게 탄생한 3단계 프로세스, 즉 설정 단계(1~2주: 툴은 각각의 변수에 대한 수작업 코딩을 필요로 했다), 운영 단계(2~4주), 그리고 데이터의 수집 및 분석 단계(1~2주)는 아무리 간단한 실험이라도 반드시 거쳐야 하는 프로세스였다. 그에 따라 월평균 1~2건의 실험이 수행됐고 실험의 내용과 결과는 분기마다 이해당사자 및 일부 고위 경영진 사이에서 공유됐다.

이베이(eBay)에서 분석 및 금융 관리자로 재직했으며 현재 스테이트팜의 디지털 부문 부사장인 마헤시 챈드라파(Mahesh Chandrappa)는 이렇게 말했다. "우리가 수행한 소수의 실험은 대부분 학술적인 실험이었고, 사업적 필요에서 추진된 것은 아니었습니다."

스테이트팜이 실험의 척도를 상향시키기로 하면서 실험 시스템의 다른 레버들도 보조를 맞춰 가동돼야만 했다. 첫 번째 단계는 내부적으로 사용하던 실험 소프트웨어를 퇴출시키고 제삼자 실험 툴을 사용하기로 한 것이었다. 제삼자 툴의 사용으로 속도가 현저히 증가했다. 2~4주가 소요되던 설정 및 검토 시간이 1~2일로 단축됐고, 보다 짧아진 운영 시간은 통계학적 원리에 기초하고 있었다. 또한 제삼자 툴의 사용으로 웹사이트의 인터페이스 변경을 위한 간단한 실험에서 벗어나 알고리즘, 콘텐츠, 네이티브 앱(모바일 기기를 포함하여 특정 장치의 운영체제에 최적화된 소프트웨어 프로그램)의 실험까지 할 수 있게 됐다. 고객들의 제품 이용 방식이 기업의 도움이 필요치 않은 셀프서비스 방식으로 점차 이동하면서 유저들이 새로운 제품 기능을 이해하는지도 확인할 수 있었다. 더 폭넓은 조직 범위는 곧 주간 업무 회의를 활용한 실험의 공유와 실험이 주는 비즈니스 차원의 혜택에 대한 교육을 의미했다.

챈드라파가 봉착한 몇 가지 난관은 우리가 앞서 살펴본 것들과 다르지 않았다. 사람들은 자기 아이디어를 적용하고자 조바심을 부렸고, 반복의 힘을 이해하지 못했으며, 실험 결과가 자신의 직감이나 경험에 부합하지 않을 때는 회의적인 태도를 보였다. 문화적 변화의 첫 번째 신호는 실험 결과가 놀라운 통찰력과 더 나은 고객 경험으로 나타났을 때 가시화됐다. 그림 6-2가 그 사례다.

스테이트팜의 보험상품을 구매한 고객이 되면 회사와의 상호작용 대부분은 보험료 납부에 관한 것이다. 실제 사고를 당해 보험금을 청

그림 6-2 스테이트팜의 보험료 납부 실험

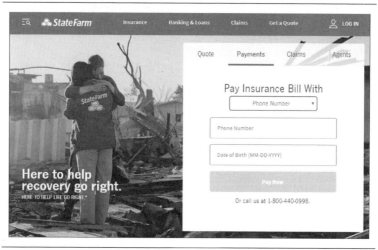

출처: 스테이트팜 제공

구하지 않는 한 그렇다는 말이다. 실험팀은 간단한 질문에서 시작했다. 자동 납부에 등록하지 않은 고객들이 더욱 편리하게 월 보험료를 납부하게 하려면 무엇을 개선해야 할까? 실험 결과에 따르면, 고객에게 자신의 계좌에 로그인하라고 요구하거나 청구서에 기재된 특수 코드의 사용을 요청할 경우 지급 과정을 끝까지 이행하는 비율이 저조한 것으로 나타났다. 그래서 실험팀은 규정에 위반되지 않으면서 더욱 편리하게 보험료를 납부하는 방법에 초점을 맞췄다. 잊어버릴 수도 있는 비밀번호를 사용하는 대신 생년월일과 이름 또는 전화번호만으로 계좌에 접근해 보험료를 납부하게 하는 것이다. 고객 경험은 웹페이지의 문자 콘텐츠, 글자체와 디자인, 페이지의 배치 방법 등에 대한 반복적 실험을 통해 한층 더 개선됐다. 놀랍게도 실험 결과는 전화번호를 사용했을 때 가장 높은 지급 완성률을 보인 것으로 나타났다. 누가 알았겠는가. 챈드라파는 엄격한 실험이 아니었다면 디자인팀이 그 해결책을 찾아낼 수 없었으리라고 말했다. 해결책이 이전의 추정에 반하는 것이었기 때문이다. 과거의 그들에게는 작동하는 것과 그렇지 않은 것을 찾아내고, 그 원인을 규명할 수 있는 철저한 방법이 없었다. 원인과 결과의 진정한 상관관계를 조사하는 이유가 바로 여기에 있다.

2018년 후반, 스테이트팜은 매월 10~15건의 실험을 했으며 2019년까지 월 50건의 실험을 할 수 있을 것으로 기대했다. 그러기 위해서는 공유 가치와 기술 그리고 지원 인프라의 구축 등이 지속적으로 이뤄져야만 했다. 디지털 툴 개발의 여정을 시작하기 이전까지는 대부분 사업

부문에서 실험의 필요성을 이해하지 못했다. 교육과 시연, 정기적인 업무 회의 시간에 이뤄진 (5~10분 분량의) 발표 자료 등을 통해 스테이트 팜의 고위 경영진은 이제 대규모 실험의 가치를 인정하게 됐다. 오히려 스테이트팜 CEO는 속도의 향상을 원했다!

그렇더라도 해결해야 할 문제점은 여전히 남아 있다. 복잡한 실험의 설정과 해석 그리고 중복 실험으로 인한 결과의 혼동과 같은 기술적 문제를 해결할 수 있는 기술은 오직 중앙 실험팀에서만 보유하고 있다. 스테이트팜의 모든 구성원이 좋은 가설과 실험에 수반되는 것이 무엇인지 이해하지 못하고 있으며, 일부는 여전히 실험이 자신이 맡은 일에 어떤 영향을 끼칠지 불안해한다. 스크린샷, 가설, 분석 자료 등이 포함된 중앙 지식 저장소는 큰 도움이 됐다. 누구든 웹 기반의 협업 툴인 셰어포인트(SharePoint)에서 과거의 실험 자료를 학습 도구로 활용할 수 있다.

그러나 직원들에게 실험의 설정과 분석에 필요한 기술과 경험이 없는 한 실험을 위한 우선적 책임은 4명으로 구성된 코어팀의 몫으로 남을 것이다. 코어팀은 회사가 신뢰할 수 있는 결과를 확보할 수 있도록 모든 실험에 대한 지원과 검토를 담당한다. 실제로, 신뢰할 수 있는 시스템은 실험의 결과가 직감이나 경험에 부합하지 않을 때 야기될 수 있는 비판으로부터 챈드라파의 팀을 보호해왔다. 실험의 규모를 늘리는 것은 현재 상태의 조직에 대한 도전이 분명하다. 더 많은 실험은 권한의 분산을 요구할 것이며 제안된 실험의 검토 과정에서 표준화, 가속화, 심지어 폐지가 필요할 수도 있다. 그러나 명확한 사실은 챈드라파가 언급한 바와 같이 "실험의 양적 증가는 스테이트팜의 문화적 변화를 추진하는 기본 토대가 됐다"는 것이다. 때때로 인과관계는 양방향으로 작용할 수도 있다. 즉 문화적 변화가 대규모 실험을 가능하게 하지만, 실험의 규모에 집중함으로써 문화적 변화를 위한 동력을 얻을 수도 있다.

핀터레스트: 디지털 기반을 보유한 신생 기업

2010년에 설립된 핀터레스트는 웹에서 이미지와 동영상을 검색하고 공유하기도 하는 2억 5,000만 명의 적극적 유저들에게 영감을 제공한다. 핀터레스트에서는 매일 수백 건의 실험이 동시에 수행되며 실험은 장단기적 효과를 완전히 이해하기 위해 최소 2주간 계속된다. 실험대상에는 이미지의 배열 방법과 같은 간단한 문제는 물론 알고리즘의 변경, 추천 시스템, 웹페이지의 유용성 등이 포함된다. 실험의 성공 여부를 판단하기 위해 핀터레스트는 '사람들은 더욱 효과적으로 원하는 것을 찾고 있는가?'라는 자사의 궁극적 지향점에 어느 정도까지 도달했는가를 측정하는 메트릭스를 신중하게 추적한다.

핀터레스트의 데이터과학자인 앤드리아 버뱅크(Andrea Burbank)는 회사가 걸어온 실험 여정을 다음과 같이 5개의 기간으로 구분했다.[6]

- 시작 기간: 임직원들이 왜 실험을 하는지 이해하지 못했기 때문에 회사는 엄격한 실험의 기본 체계를 적용했다(A/B 테스트, 무작위 추출법, A/A 테스트를 통한 품질 검사 등). 그러나 실험의 기본 체

계를 활용하는 직원은 극소수에 불과했다.

- 성장 기간: 다수의 직원이 기본 체계를 사용하게 하기 위해서는 핵심 실험팀의 엄청난 노력이 필요했다. 버뱅크의 팀은 기술 강연을 하고 스토리를 전달하는 한편, 새로운 접근법이 절실한 이유도 설명했다. 직원들이 가치를 알아볼 수 있어야 했고 실험팀은 불필요한 저항을 해결해야만 했다(예를 들어 실험의 기본 체계를 쉽게 사용할 수 있도록 만드는 작업). 버뱅크는 그와 같은 접근방식을 이렇게 요약했다. '전도, 교육, 설명 그리고 판매.'

- 개선 기간: A/B 테스트의 활용도가 점차 증가함에 따라 실험의 설계와 이해를 돕기 위한 더 많은 지원이 필요했다. 실험의 성공은 전문가들로 구성된 핵심 팀이 실험 문화의 정착에 오히려 장애물이 됐음을 의미했다. 성공적 실험을 위해 도움을 제공하느라 노하우를 구축하고 실험 역량을 향상할 수 있는 시간적 여유가 거의 없었다.

- 확장 기간: 전문가의 병목현상을 제거하기 위해 핀터레스트는 표준화된 프로세스 개발과 함께 교육에 투자해야 했다. '추진', '운항 중', '착륙' 등 항공 업계의 용어를 차용한 특이한 프로세스 문구가 포함된 사례와 '설정된 가설이 있습니까?', '실험할 수 있습니까?', '충분한 데이터를 가지고 있습니까?'와 같은 일반적 질문을 다루는 체크리스트가 활용됐다. 실험 검토 기능과 사전 설계된 템플릿이 생성됐고 훈련된 지원 인력의 도움을 받을 수 있도록 전용 라인(@experiment-help)을 설치하기도 했다.

- 툴 구축 기간: 실험 업무의 간소화를 위해 핀터레스트는 단순하고 반복적인 절차를 자동화하기로 했다. API, 대시보드, (일반적에러를 찾아내는) 감지 알고리즘 등을 동원한 결과 핀터레스트의 실험은 누구나 사용할 수 있을 정도로 매우 간단해졌다. 이 기간에 지침이 됐던 두 가지 원칙이 있다. 첫째, 툴은 실수하기 어려울 정도로 간단해야 한다. 둘째, 가능한 한 많은 부분을 자동화하여 직원들이 자동화할 수 없는 창의적 사고에 집중할 수 있게해야 한다.

핀터레스트의 실험팀은 실험의 양적 증가는 최첨단 툴의 구축이나 엄격한 기본 체계의 생성만으로 달성될 수 없으며 강력한 방법론, 즉 새로운 고객 경험과 제품, 심지어 비즈니스 모델까지 테스트할 수 있는 '과학적 방법'을 수용하는 전사적 노력이 수반돼야만 한다는 점을 알고 있었다. 지금까지 계속 강조한 '과학적 방법' 말이다. 버뱅크의 말처럼 실험의 기본 체계를 만드는 것은 그리 어려운 일이 아니다. 이미 잘 알려진 과학적·통계적 원칙의 기초 위에서 생성되기 때문이다.[7] 정작 힘든 것은 ('성장 기간'에) 실험의 중요성을 설득하는 일이다. 모두가 의사결정과 제품 출시에 급급하기 때문이며, 이제껏 수없이 목격한 현상이기도 하다. 새로운 제품의 출시를 위한 의사결정이 내려진 이후에는 실험을 거칠 필요가 없다고 생각한다. 물론 출시를 위한 실험이 설계되고 인지되지 않는 한, 유저 참여도의 급격한 변동 '원인'을 밝혀내는 일이 결코 쉽지 않다는 것을 경험으로 터득한 것도 이유일

것이다. 핀터레스트의 실험팀은 지적 겸손도 강조했다. 개발자와 관리자들에게 아무리 간단한 사용 사례일지라도 유저 행동의 예측이 얼마나 어려운 일인지, 직감과 경험에만 의존할 때 얼마나 나쁜 의사결정으로 이어질 수 있는지를 보여주기 위해 프레젠테이션과 교육 과정에는 언제나 실제 사례가 포함됐다.

실험의 양적 증가와 전사적 참여를 끌어내기 위해서는 고위 경영진의 지원이 필수적이다. 핀터레스트에서 경영진의 지원에 변화가 시작된 것은 실험을 통해 주요 제품 출시 과정의 문제점이 발견된 '성장 기간'이었다. 조직 구성원이 실험의 가치를 이해하고 신뢰하게 되면 이후의 모든 노력은 지원 인프라를 적재적소에 배치하는 일에 집중될 수 있다. 버뱅크는 실험을 위한 지원 요청이 급격히 증가하면서 병목 현상이 초래됐고, 혼자 힘으로는 더 이상 모든 지원 요청을 처리할 수 없음을 깨달았다. 이 시점부터 실험 문화가 조직 전반에 걸쳐 광범위하게 자리 잡게 하기 위해 실험을 설계하고 착수할 권한이 개별 구성원에게 주어졌다. 다만 전문 지원 인력의 승인을 득한 표준 검토 프로세스를 충실히 이행해야 했으며, 검토 프로세스의 승인을 담당한 전문가는 대개 실험을 하는 팀원 중에 포함돼 있었다. 경영진에서 유저를 대상으로 하는 엄격한 실험이 웹사이트의 주요 디자인 변경과 같은 중대한 의사결정을 위한 지침으로 작용했으리라고 예측했을 때 문화적 변화는 명확히 가시화됐다.

조직의 변화 5단계

디지털 기반의 유무 또는 고객 경로와 무관하게 실험 툴의 설치가 (비교적) 쉬운 일이라는 것은 대다수의 기업이 터득한 사실이다. 그러나 조직을 변화시키는 일, 다시 말해 기존의 프로세스와 관리 방법, 문화 등을 변화시키는 일은 적잖은 시간과 인내심을 요구한다. 역사학자 윌 듀런트(Will Durant)는 그 변화의 과정을 이렇게 묘사했다. "반복적 행동이 곧 나 자신이다. 그러므로 탁월함은 행동이 아니라 습관이다."[8]

탁월함에 이르기 위해서는 일관된 목표, 빈번한 실습 그리고 잘 설계된 시스템이 필요하다. 그 과정을 설명하기 위해 나는 종종 이런 비유를 사용하곤 했다. "대부분의 조직에서 실험의 수행은 수영장에서 제트스키를 타는 것과 흡사하다."

오늘날의 툴은 온라인 실험을 위한 것이든 기술적 시뮬레이션을 위한 것이든 상관없이 엄청나게 강력하다. 마치 순간적으로 추진력을 발휘하는 제트스키처럼 말이다. 실험 툴은 실험을 하는 데 드는 비용을 사실상 제로로 만들어놓았다. 기업을 수영장에 비유한다면, 제트스키의 잠재적 힘이 완전히 발휘되게 하는 데 고려돼야 할 것은 수영장의 경계와 수심이다. 그것은 점진적 성숙의 과정이며 경영진의 참여도에 따라 인식, 신념, 헌신, 확산, 내재화라는 다섯 단계로 구분할 수 있다. 이른바 ABCDE 성숙도 체계가 그것이다(그림 6-3 참조).[9]

거듭 말하건대 이 장의 시작 부분에서 언급한 바와 같이, 디지털 기반의 유무나 B2C 또는 B2B와 같은 산업 형태와 무관하게 대다수의

그림 6-3 실험조직으로 변모하는 단계별 과정

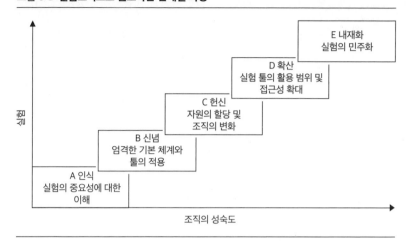

기업이 이와 유사한 변화의 과정을 거쳐왔다. 점진적 성숙 과정의 다섯 단계는 다음과 같다.

- 인식: 기업의 혁신에 실험이 중요한 역할을 담당한다는 사실을 경영진이 인식하는 단계다. '실험한다'라는 말은 일반적으로 '새로운 것을 시도한다'라는 의미로 해석된다. 그러나 프로세스와 엄격한 기본 체계, 실험을 위한 툴은 아직 갖춰져 있지 않다. 직원들은 원인과 결과를 연결하지 못하며 주로 경험과 직감, 관찰에 의존한다.

- 신념: 인과관계를 이해하기 위해서는 더욱 체계적인 접근법이 필요하다는 것을 경영진이 수용하는 단계다. 엄격한 실험의 기본 체계와 툴은 아직 소규모의 특수 집단에서만 활용한다(2장에

서 제기한 질문들이 바로 실험의 기본 체계를 이룬다). 측정 작업이 시작되지만 경영상의 의사결정에 미치는 영향은 미미하다. 고위 경영진에서는 여전히 실험을 전체 조직을 위한 주변 장치로 간주한다.

- 헌신: 경영진이 실험을 학습과 의사결정의 핵심으로 삼겠다고 천명하는 단계다. 실험을 위한 더 많은 자원이 확보되고 일부 혁신을 위한 의사결정과 제품 로드맵은 통제된 실험 결과를 반영해야만 한다("실험 결과를 보여줘"). 비즈니스의 결과에 대한 긍정적 영향을 측정할 수 있다.

- 확산: 경영성과를 획득하려면 대규모 실험이 핵심적 역할을 해야 한다는 점을 경영진이 깨달은 단계다. 전사적 프로그램과 표준을 공식적으로 적용하고 실험을 통한 과학적 접근법이 조직 전체에 전파된다. 직원들은 교육, 체크리스트, 사례 연구 등에 폭넓게 접근할 수 있다.[10] 관리자는 비즈니스의 목표 달성을 위해 실험이 중요하다고 간주하며, 의사결정을 위한 실험을 요청한다.

- 내재화: 통제된 비즈니스 실험이 깊이 뿌리를 내리고 조직 내 누구나 사용할 수 있다. (개인은 물론) 각 업무팀은 실험을 설계하고 수행할 수 있는 권한과 역량을 보유하고 있다. 조직 내 대다수의 임직원이 실험 툴을 활용하며, 실험은 수치 계산만큼이나 일상적인 업무가 되고 실험 역량은 지속적으로 증가한다.

성숙도의 단계는 중첩될 수도 있으나 각기 다른 일련의 행위로 특징지어진다. 실험의 횟수는 조직이 성장할수록 현저히 증가하기 마련이다. 앞서 3장과 5장에서 마이크로소프트와 부킹닷컴의 사례를 살펴봤는데, 모두 성숙도 체계의 내재화 단계에 도달한 기업들이다. 그와 같은 경지에 이르기까지 만만찮은 문화적 난관과 통합의 문제를 극복해야만 하는 조직도 있다.

운송회사인 International Business Delivery(IBD) 사례를 보자(기업의 요청에 따라 가명을 사용했다). IBD는 그보다 훨씬 규모가 큰 Global Express Corporation(GEC)가 인수·합병한 기업이다(이 역시 가명이다). 인수·합병 이전의 IBD는 전 세계 50개 이상의 국가에서 사업을 운영하며 수십억 달러의 매출을 기록하던 기업이었다. 2014년, IBD는 자사 홈페이지를 새롭게 개설했다. 사전에 어떤 실험도 이뤄지지 않았고 의사결정에 반영하기 위한 성과 메트릭스의 특정한 측정법도 없었다. 웹사이트 개설 이후에 온라인 실험을 위한 작업이 시작됐는데, 제품팀이 성과 메트릭스에 대한 측정 작업을 정례화하고 워크플로 내에 실험을 포함하기까지 거의 9개월이라는 시간이 소요됐다. 2018년에 이르러서야 매월 1건에 불과하던 실험이 10여 건으로 증가했고 실험팀은 데이터과학, 분석, 마케팅 등 다양한 부서의 지원을 받았다. 현재 IBD의 모든 제품 출시는 (백엔드에서부터 프런트엔드까지) 풀 스택 실험을 거쳐 이뤄지고 있다.[11]

비즈니스를 위한 운송 앱의 개발은 다수의 도전 과제를 여실히 보여준다. 1만 개로 구성된 소규모의 초기 고객 기반은 오직 IBD와 상호작용을 했고 연간 몇 차례에 불과했으며(나중에 20만 개로 증가했다), 치열한 경쟁과 GEC에 의한 인수·합병 등도 도전 과제에 속했다. IBD를 인수한 GEC는 기능적 프로젝트 조직을 보유하고 있었다. 클라우드 컴퓨팅 환경에서 신속한 반복, 빈번한 실험, 최소한으로 실행 가능한 제품을 추구하는 IBD의 교차 기능적 접근방식이 1~3년이라는 시간을 투입하고 사양에 맞춰 신제품을 개발하며 드물게 실험을 하고 모든 조건이 충족되면 프로젝트가 종료되는 GEC의 보수적인 프로젝트 관리법과 만나게 된 것이다.

IBD의 디지털제품개발책임자는 이렇게 말했다. "앱은 엄청나게 복잡했습니다. 체크리스트가 상당히 길었고 통합 문제도 쉽게 해결될 수 없었어요. 우리는 그것을 아마존에서 책을 구매하는 것만큼 단순하고 쉽게 만들고 싶었습니다. 빈번한 실험과 고객과의 상호작용 중에 이뤄지는 학습이 없었다면 불가능했을 것입니다."

IBD의 앱이 수십억 달러의 연매출 중 개별 고객당 매출을 거의 10퍼센트 가까이 끌어올린 데 반해 모기업인 GEC에서는 실험을 거치지 않은 유사한 제품을 출시한 후 고객만족도가 곤두박질쳤다. 이보다 더 명백히 대조되는 상황도 없을 것이다. IBD는 여기서 그치지 않았다. 조직 내에 자리 잡은 실험 문화는 운송 앱의 출시 이후에도 지속적인 실험과 최적화 작업으로 이어졌다.

실험의 힘을 완전히 활용하고 횟수를 수천 건으로 늘리기 위해서는 IBD의 역량이 조직 규모가 훨씬 큰 모기업 GEC에서 반복될 필요가 있었다. 다시 말해 문화적 측면의 도전 과제를 극복해야 했다는 의미이며, 기업들에는 일상적인 일이다. 외부에서 들어오는 피드백에 실시간으로 대응할 수 있는 조직으로 변모시키는 것은 고위 경영진이 해야 할 일이다. 그리고 그것을 가능케 하는 것은 다름 아닌 대규모 실험이다. 결코 불가능한 일이 아니다. IBM은 불과 3년 만에 연간 실험 건수를 100여 건에서 3,000여 건까지 증가시켰다. 지금부터 그 과정을 살펴보자.

IBM: 실험의 규모를 늘리는 B2B 산업의 거인

2015년까지만 해도 IBM은 실험조직이라고 할 수 없었다.[12] 기능적으로 실험을 할 수는 있었지만 (실험 1건당 수천 달러에 이르는) 높은 비용은 사업단위의 부담으로 돌아갔고, 매우 경직된 실험 프로세스를 준수해야만 했다. 실험의 수행을 허용하는 서비스 용량은 한 명의 실험 전문가에 한정돼 있었으며, 그 실험 전문가는 문지기의 역할도 담당하고 있었다. 말하자면, 한 명의 실험 전문가가 '긍정적 결과'를 보장하는 강력한 후보라고 판단하지 않는 한 모든 실험이 채택될 수 없었다는 의미다. 그 결과, 2015년 한 해 동안 IBM이 수행한 실험은 고작 97건에 불과했다. 한 사람의 전문가에게 집중되는 병목현상, 유저 친화적 실험 툴의 부재, 비즈니스 그룹에서의 저조한 인식 등 실험의 수가 얼마 되지 않았던 것도 그리 놀라운 일이 아니다. IBM의 비즈니스 고객을 실험 대상으로 한정하는 것이 목표였다면 (마케팅 그룹이 이와 같은 툴의 역량에 접근하는 것을 막기 위해) 분명히 일부 관리자에게는 소규모라도 상관없었을 것이다. 문제는 수많은 개구리 중에서 왕자님들을 찾아내기가 너무 어렵다는 데 있었다. 1년에 고작 아흔일곱 번의 키스만 하는데 어떻게 많은 수의 왕자를 찾아낼 수 있느냐는 말이다.

이 모든 것은 IBM의 실험 철학이 CIO(최고정보관리책임자)의 반대에도 불구하고 중앙집권형에서 분산형으로 바뀌면서 변화됐다. 마케팅 분석 부문 부사장이었던 아리 셰인킨(Ari Sheinkin)이 비즈니스 실험의 책임자가 됐고 그에게 지원을 아끼지 않았던 사람은 새롭게 IBM의 CMO(최고마케팅책임자)로 부임한 미셸 펠루소(Michelle Peluso)였다. 셰인킨은 이렇게 공표했다.

"실시간 피드백을 통한 의사결정은 조직을 운영하는 이상적인 방법이며, 그 핵심에는 대규모 실험이 자리 잡고 있어야 합니다."

이 말은 전 세계 5,500여 명의 마케팅 담당자에게 각자의 실험을 하도록 설득하고 권한을 부여한다는 의미였다. 셰인킨이 이끄는 팀은 가변적이면서 사용법이 쉬운 실험 툴을 선택하고 통제된 실험을 할 수 있는 기본 체계를 제시했으며, 온라인 실험을 무상으로 수행할 수 있게 했다. 실험에 드는 비용이 각 사업단위의 부담으로 돌아가는 일이 없게 했다는 얘기다(실험을 지원하는 데 소요된 모든 비용과 소프트웨어의 라이선스 비용은 마케팅 분석 사업부가 중앙 예산에서 지출했다). 2018년까지 12명의 사내 전문 인력이 결집한 팀으로 성장한 탁월성 센터는 마케팅 담당자들에게 실험의 설계와 수행에 필요한 모든 지원을 제공하며, 누구나 어렵지 않게 실험할 수 있도록 도움을 줬다.

셰인킨은 이렇게 설명했다. "우리는 이것이 결과를 도출하기 위한 또 다른 경로가 아니라 업무를 수행하는 새로운 방식이라는 점을 분명히 전달하고자 노력했습니다."

충분한 자원과 조직의 변화, 새로운 툴이 갖춰졌다고 할지라도 더욱 광범위한 참여를 끌어내기 위해서는 창의적 해결책이 필요했다. 전 세계에 흩어져 있는 마케팅팀들이 각자 최초의 실험을 하도록 하기 위해 IBM은 30일 동안 총 30건의 온라인 실험을 하는 행사를 개최했다. 이른바 '실험 대공세(testing blitz)'다. 실험을 하는 팀의 리더들은 이후 더 많은 팀이 참여하는 실험이 진행됐을 때 중요한 역할을 담당하기도 했다. 웹페이지 수정은 색상의 변경, 제목의 텍스트 변경, 버튼의 배치 변경 등 간단한 작업으로 한정되어 구조화됐다. 비록 모든 실험이 통계적으로 유의미한 결과를 도출하지는 못했지만 그중 일부는 엄청난 성공을 거뒀다. 그때까지 엄격한 과학적 기준을 활용한 웹페이지의 최적화가 이뤄진 적이 한 번도 없었기 때문에 KPI들이 100퍼센트 이상 상승했다. 몇몇 팀은 랜딩페이지에 유의미한 실험을 할 수 있을 정도로 충분한 고객 트래픽이 없다는 사실에 주목했고, 이는 다시 가장 중요한 랜딩페이지에 집중하고 트래픽이 저조한 웹페이지들을 통합할 수 있게 했다. 또한 매우 중요한 질문을 던지기도 했다. 방문자가 거의 없는 수백 개의 웹페이지는 과연 IBM에 필요한가?

IBM의 조직 문화를 실험 문화로 재조정하기 위해 경영진은 의례적 절차, 반복, 인식 등으로 구분되는 세 갈래 접근법을 활용했다. 분기마다 개최돼 가장 혁신적이거나 가장 가변적인 실험을 선정하는 경연대회가 창의적 해결책에 포함됐다. 경연대회의 우승자는 사보에 실려 관심의 대상이 됐고, 관련 분야의 유경험자들과 전문가들의 강연을 듣고 직접 소통할 수 있는 콘퍼런스에 참석하는 특전을 누렸다. 그렇게 IBM에서 성장하던 테스트 커뮤니티는 서로 블로그를 팔로우하고 질의응답을 나누며 모든 수준의 전문지식에 대한 교육을 받을 수 있었다. 한마디로, 실험을 하고자 하는 직원이면 누구나 회사의 지원을 받을 수 있었다.

그러나 모든 창의적 해결책에 보상이 포함된 것은 아니다. 때에 따라 행동을 견인하기 위해 정책을 변경하기도 했다. 예를 들어, 마케팅 담당자들은 실험 계획이 수립돼 있지 않을 경우 더는 예산을 지원받을 수 없었다. 심지어 자체적인 광고 예산을 지출할 때조차 실험을 위한 계획을 먼저 수립할 것을 강력하게 권고받았다. 정책의 변경은 실험 건수가 많더라도 그 성격이 일회성이라면 종종 후속 조치와 반복이 결여되기 쉽다는 중대한 통찰의 결과였다. 실험 계획을 수립하는 데에는 가설 간의 상호 관계, 실험이 수행될 사이트, 비즈니스의 결과와 연동된 목표와 메트릭스, 예상되는 표본의 크기, 실험의 수행 단계 등을 모두 고려하는 더 거시적인 접근법이 필요했다. 무엇보다, 좋은 실험 계획은 반복이 허용됐고 실험의 반복은 '온라인 B2B 상호작용에 감정적 요소 더하기'와 같은 더 대담한 주제에 대한 탐구와 최적화로 이어졌다. 모든 실험의 목적이 처리와 성과 변수 간의 인과관계를 형성하는 것일 수는 없었다. 몇몇 실험은 (가능성 있는 소규모 실험에서 최상의 해결책을 찾아내는) 국소적 최적화에서 벗어나 고객 경험 향상을 위한 신선한 접근법을 시도할 수 있었고, 새로운 고객 유형(예를 들어 IBM 제품을 사용해본 경험이 없는 젊은 연령대의 고객)을 실험 대상으로 삼아 추가적 가치를 창출하기도 했다.

실험을 위한 권한을 분산시킨 IBM의 실험 민주화는 성공적이었다. IBM은 전 세계 170개국에 있는 23개 비즈니스 단위에서 활용할 새로운 실험 플랫폼을 출시했다. 2017년 들어 IBM에서는 총 782건의 실험이 수행됐고 전 세계 마케팅 담당자의 4분의 1이 참여했다(표 6-1 참조). 몇몇 실험은 고객 경험을 위한 개별화도 포함했다. 과학적 정밀함을 겸비한 실험의 수행과 개별 고객에 관한 대량 데이터 수집 역량이 날로 발전해감에 따라 이제 IBM에서는 더 작은 규모의 동종 고객 집단을 대상으로 한 맞춤형 고객 경험도 실험할 수 있게 됐다.

2018년, 실험 수는 2,822건으로 급증했으며 수백 명의 마케팅 담당자는 중요한 실험의 주체로 변모했다. 다른 비즈니스 그룹의 실험에 대한 관심 또한 증가했다. 전체 실험의 12퍼센트는 마케팅 이외의 비즈니스 단위에서 이뤄졌다. 그러나 더 많은 노력이 필요하다고 셰인 킨은 말한다.

"대다수 마케팅 담당자의 업무 우선순위에서 실험은 여전히 세 번

표 6-1 **IBM의 온라인 실험 성장률**

연도	범위 (참여 임직원)	척도 (A/B/n 실험)	개별화 (실험)	규모 (합계)
2015	14	97	0	97
2016	37	474	38	512
2017	1,496	631	151	782
2018	2,130	1,317	1,505	2,822

째 정도일 뿐입니다. 첫 번째와 두 번째 우선순위는 대개 큰 회의를 위한 준비 작업 같은 일상적인 업무가 차지하죠. 실험이 첫 번째 우선순위에 올라야 합니다."

현재 진행 중인 조직 문화 측면의 도전 과제는 임직원들이 단순히 경영진의 지시에 따라 실험을 하는 단계를 넘어 진정한 실험 정신을 갖도록 만드는 일이다. IBM은 중간관리자 집단에 실험 문화를 정착시키는 것이 가장 어렵다는 점을 알게 됐다. 경영진의 지시를 행동으로 옮기는 그들의 전통적인 역할이 이 새로운 경영 방식으로 완전히 뒤집혔기 때문이다. 가능하다면 실시간으로 과학적 방법론을 적용하고 실험의 결과에 따라 의사결정을 하는 새로운 경영 방식 말이다.

핵심 열쇠, 실험 툴을 활용하라

앞서 언급한 바와 같이 실험조직으로 변모하는 과정의 핵심은 대규모의 대조실험을 가능하게 하는 툴이다. 그와 동시에 실험 툴은 일상적인 업무와 통합돼야만 한다. 실험 툴만 발전시킨다고 해서 저절로 성공적인 혁신 조직으로 변모하지는 않기 때문이다.

조직의 구성원과 프로세스 그리고 툴의 통합을 위한 일반적인 접근방식은 없다. 따라서 (공식·비공식적인 일상 업무의 결과, 문화, 습관 등) 오랫동안 존재해온 고유한 업무 처리 방식에 지장이 생길 수도 있다. 5장에서 소개한 부킹닷컴의 최고제품책임자 데이비드 비스만은 통합의 문제에 관해 이렇게 말했다.

"A/B 테스트는 정말 강력한 툴입니다. 이 업계에서는 그것을 수용하지 않으면 살아남을 수 없어요. 저는 CEO들에게 이렇게 조언할 것입니다. 대규모 실험은 기술적인 문제가 아니라 조직 문화의 문제이며, 실험 문화는 온전히 수용돼야 한다고 말이죠."[13]

그렇다면, 혁신을 저해하는 것이 아니라 촉진하기 위해 기업은 어떻게 실험 툴을 내재화하고 실험 활동의 규모를 증가시켜야 할까? 가장 효과적인 실험 툴의 사용법에 대한 통찰력을 얻기 위해 자동차 업계의 사례를 다시 한번 살펴보자.

1990년대 후반, 나는 글로벌 자동차 기업들의 제품개발 업무를 조사하고 연구하는 프로그램을 도쿄대학교의 다카히로 후지모토(Takahiro Fujimoto) 교수와 함께 진행했다. 3년 넘게 우리는 전 세계의 대부분 자동차 기업과 연락을 취했고 직접 방문하기도 했다. 그런 노력의 결과, 22개의 개발 프로젝트에 관한 매우 상세한 수준의 데이터가 축적됐다. 프로젝트당 400여 개의 분석 기준점을 설정했고, 그것을 바탕으로 어떤 경영 방식이 (제작 시간과 총 조달 시간 등의) 프로젝트 성과 측면에서 확연한 차이점을 만들어내는지 찾아낼 수 있을 것으로 기대했다.

우리는 컴퓨터 모델링과 시뮬레이션 같은 디지털 툴의 사용을 포함해 다양한 업무수행 방식을 연구했다.[14] 디지털 툴이 엔지니어들의 실험, 문제 해결, 학습, 상호작용 방식을 근본적으로 변화시켰다는 것은 1장에서 이미 살펴봤다. 실제로, 경력이 오래된 R&D 관리자들은 디지털 툴의 발전이야말로 자신이 경험한 가장 중요한 변화라고 말하기도 했다. 그러나 우리 연구는 난제에 부딪히고 말았다. 가장 정교한 도구를 사용한다고 해서 그 기업이 반드시 최고의 성과를 달성하는 것은 아니었다. 조직과 문화의 변화가 수반되지 않는 한 최첨단 툴이라고 할지라도 성과의 기하급수적 도약으로 이어지지 않는다는 점을 알게 됐다. 달리 표현하자면, 기존의 프로세스와 조직 구조, 경영 방식, 문화 등은 새로운 툴의 잠재력을 해제하는 데 걸림돌이 되기 쉽다. 고객 경험의 극대화를 위해 대규모 온라인 실험을 사용한 것을 포함해 다른 기업과 산업 분야의 상황을 통해 내가 터득한 것이 바로 그것이다. 또한 일반적이지만 잘 드러나지 않는 몇몇 위험과 그것을 회피하는 방법도 연구를 통해 밝혀냈다. 위험을 피하는 방법은 이런 것이다.

실험 툴은 단순히 대체재가 아니다

모델링과 시뮬레이션을 위한 새로운 툴을 활용하게 된 초기에, 그것을 지지하는 사람들은 실제로 시제품을 제작하던 것을 가상 시제품 실험으로 대체한다면 수백만 달러의 비용을 절감할 수 있다고 주장했다. 그와 같은 단순 치환으로 비용을 절감했던 것도 분명 사실이다. 그러나 단순한 치환만으로는 저렴한 실험이 제공하는 더 큰 기회를 가치 있게 활용할 수 없었다. 혁신을 위한 연속적 행동에 대한 근본적인 재고와 재편성이라는 기회 말이다. 한 관리자는 출근 시간의 교통체증에 빗대 이렇게 설명했다. 페라리의 운전석에 앉아 출근길에 올랐더라도 그 엄청난 속도를 온전히 활용할 수 있는 새로운 경로를 찾지 못한다면 더 빠른 출근은 불가능하다는 것이다. 마찬가지로, 새로운 툴을 운영할 새로운 방식을 찾아내지 못한다면 툴이 보유한 잠재력을 완전히 발휘하게 할 수 없다.

내가 경험한 한 아날로그 반도체 기업의 프로젝트를 예로 들 수 있다. 그 기업이 제조하는 장비와 집적회로의 상세한 성능 데이터를 지렛대로 활용할 혁신적인 방법을 모색하는 프로젝트로, 고위 경영진과 기술진이 함께 참여했다. 상세한 성능 데이터를 사용해 제조 역량에 관한 정교한 통계 모델을 개발했고, 개발된 통계 모델을 설계와 시뮬레이션 툴에 장착했다. 통계 모델을 장착한 툴은 엔지니어들의 설계 실험에 활용됐다. 이전까지는 엔지니어들이 자신의 장비가 반드시 제조 과정으로 넘어가게 하기 위해 폭넓은 안전마진을 설계에 반영했고, 이는 결과적으로 성능 저하와 비용 상승으로 이어졌다. 제조 역량

모델이 통합된 설계 툴을 사용하게 된 지금은 제조 성과에 대한 시뮬레이션 실험을 통해 안전마진을 현저히 떨어뜨릴 수 있게 됐으며, 이는 제조 수율의 저하 없는 성능 향상과 비용 절감으로 이어졌다.

그러나 새로운 툴의 혜택을 가치 있게 활용하기 위해서는 설계와 제조 부서에도 근본적으로 새로운 협업 방식이 도입돼야만 했다. 첫째, 제조 부서에서는 발생할 수 있는 문제에 선제적으로 대응하는 설계를 할 수 있도록 데이터의 수집과 빈번한 업데이트 작업을 수행해야 했다. 둘째, 설계와 제조 부서 모두 통계 모델을 장착한 툴이 정확하며 산출량 저하로 이어지지 않으리라고 믿어야 했다. 셋째, 제조 부서에서 이뤄지는 행동이 다른 부서들이 사용하는 툴에 영향을 주기 때문에 프로세스의 변경과 같은 변화에 대해 타 부분과 즉각적으로 소통하고 조율하는 작업이 수행돼야 했다.

신뢰를 구축하라

이 분야의 연구를 진행하면서 기술의 변화 속도는 사람들 행동에 변화가 일어나는 속도보다 빠르다는 것을 알 수 있었다. 다시 말해, 조직의 지식 기반은 특정 자료와 툴의 사용 여부에 따라 달라지는 데 반해 엔지니어들이 기존의 지식을 쉽게 부정하거나 과거의 업무수행 방식을 하루아침에 변화시키기는 어렵다는 얘기다. 앞서 사례로 든 반도체 기업의 제품 부서 역시 설계 툴에서 안전마진을 최소화하더라도 생산수율에 영향을 미치지 않는다는 점을 쉽사리 인정하지 않았다. 확실한 것은 새로운 툴의 사용이 조직 전반에 어떤 효과로 나타날지는 알 수 없지만 CEO가 실험의 수행을 원했다는 점이다. 새로운 툴이 제대로 작동하기만 한다면 자사 제품이 경쟁사에 비해 성능 우위를 점할 수 있을 것이기 때문이다(대다수 경쟁사는 제조시설을 보유하고 있지 않기 때문에 자세한 제조 데이터를 확보할 수 없었다). 제조 부서에서 몇몇 설계 프로젝트의 인상적인 결과를 확인한 이후에야 툴 사용에 대한 거부감이 해소됐다.

기술 조직 내에서 시뮬레이션 툴이 사용되는 초기 상황도 이와 유사하다. 이전까지는 물리적 형태의 프로토타입을 제작하고 수년 또는 수십 년의 시간을 투입해 학습할 수 있었던 것을 시뮬레이션 실험의 결과로 대체하는 건 결코 쉬운 일이 아니다. 그와 같은 문제가 전혀 예상치 못한 기이한 결과를 낳은 사례는 4장에서 살펴본 자동차 기업에서 찾을 수 있다. 컴퓨터 시뮬레이션 툴의 도입 이후 제품개발 비용이 오히려 상승하지 않았던가. 그 원인은 비용이 많이 드는 시제품 제작을 대체해야 할 새로운 툴을 신뢰하지 않았고, 시뮬레이션 툴이 내놓은 결과의 정확성을 입증하기 위해 더 많은 시제품을 제작했다. 때에 따라서는 가상 실험이 그리 완벽한 대체재일 수 없다는 점에서 그와 같은 회의적 태도에 충분한 근거가 있을 수도 있다. 그러나 대부분의 경우는 경영진의 신뢰 구축 실패가 자원의 낭비로 이어졌다.

인터페이스를 최소화하라

실험의 수행 과정에는 서로 다른 전문가 집단 또는 업무 부서가 관여할 수 있다. 프로세스의 정상적인 작동을 위해서는 각기 다른 집단 또는 부서의 노력이 조화를 이뤄야만 한다. 서로 다른 분야의 엔지니어들이 각자 맡은 부분을 설계하지만, 그것이 모여 만들어진 제품은 전체로서 기능을 발휘해야만 한다. 한편, 그들에게 필요한 실험 모델(예를 들어 시제품)은 또 다른 집단이 제작한다. 이와 같은 환경에서 반복적 실험이 이뤄지기 위해서는 서로 다른 팀 사이에서 정보가 빠지거나 시간이 지연되는 일 없이 업무가 유기적으로 연계돼야 한다. 정보 누락이나 시간 지연은 종종 조직 내 인터페이스와 연관되어 발생하는 문제점이다. 새로운 디지털 툴은 그 자체로 정보 누락을 줄일 수 있다. 정보의 이동이 원천적으로 줄어들고 표준화되기 때문이다. 그러나 그와 동시에, 디지털 툴이 1장에서 소개한 '실험 바퀴'의 작동을 멈춰 세우는 제동장치가 될 수도 있다.

글로벌 자동차 업계에 관한 연구에서 반복을 억제할 수도 있는 조직 내 인터페이스에 대해 조사했다. 특히 혁신을 위한 업무가 툴 전문가와 엔지니어 사이에서 어떻게 나누어지는가에 대해 연구한 결과 앞서 본 그림 3-3과 같이 조직 구성의 세 가지 모델로 요약됐다. (모델링과 시뮬레이션 등의 과정에서) 전문성을 구축하기 위해 툴 자체에 집중하는 전문가들을 고용한 기업은 전문성의 통합이 제대로 관리되지 않을 경우 문제 해결의 속도가 오히려 떨어질 수 있다는 단점이 있었다. 자동차 기업이 그런 전문가들을 더 많이 고용했을 때 발생하는 문제점이 바로 그것이다. 이들 전문가는 엔지니어에게 지원을 제공하지만 설계 전문가들은 아니었으며, 사실상 엔지니어들을 상세 설계와 툴에서 분리하는 경향을 보였다. 반면 토요타 같은 기업에서는 엔지니어들도 쉽게 접근할 수 있는 보다 단순한 툴을 선호함으로써 조직 내 집단 사이의 장벽을 낮췄다. 높은 성과를 내는 기업일수록 엔지니어들이 스스로 더 많은 시뮬레이션을 수행하며 인터페이스의 수를 효과적으로 감소시켰다. 프로젝트 엔지니어들이 더욱 능숙하게 툴을 사용한다면 개발 중인 제품의 시스템적 측면에 비교적 익숙하지 않은 경향을 보이는 디지털 툴 전문가들과의 통합을 단념하게 될 가능성이 작아진다는 점에 주목할 필요가 있다.

가치 창출을 위한 새로운 방법을 모색하라

툴의 발전은 파트너와의 상호작용에서 새로운 방법을 제시하며 가치를 창출할 수 있다. 구글은 고객들이 분석 툴을 사용할 수 있게 함으로써 광고 비즈니스의 판도를 바꿔놓았다. 애플의 앱 개발 툴은 수많은 유저를 소프트웨어 공급자로 변모시켰으며, 자사가 제어하는 거대한 시장을 창출해 막대한 수익을 거둬들이고 있다. 사실상 혁신과 운영에서 고객과 유저에게 더욱 적극적인 역할을 부여하는 방법을 찾아냄으로써 새로운 가치가 창출될 수 있는 것이다. 이것은 기업이 보유한 고유의 노하우를 툴에 담고 고객에게 설계와 실험, 심지어 자신에게 필요한 솔루션을 '제조'할 수 있는 권한을 부여하여 가치의 창출과 포착을 근본적으로 변화시키는 과정을 통해 이뤄진다. 나는 이미 기술과 소프트웨어 분야에서 그 과정을 지켜봤으며, 지금은 이 분야에서 새로운 툴이 광범위하게 적용되고 있다.[15]

수년 전, 글로벌 금융 기업 크레디트스위스(Credit Suisse)는 고객이 직접 맞춤형 금융상품을 설계할 수 있는 플랫폼을 만들었다. 정기적인 보안 및 견고성 확인 작업을 자동화하고 설계의 권한을 고객에게 이동시킴으로써 상품 설계 비용을 약 95퍼센트까지 급감시키며 수익성이 엄청나게 향상됐다. 또한 거기서 얻은 여유 자원을 실행이 아닌 혁신에 집중시킬 수 있었다. 무엇보다 중요한 것은 매일 수백 가지의 독특한 상품이 생성됐고, 플랫폼상에서 이뤄지는 거래량이 해마다 50퍼센트 이상 증가했다는 사실이다. 새로운 툴을 통해 고객에게 가치를 제공하는 방법에 대한 새로운 접근법을 시도한 결과 크레디트스위스는 고객과 더불어 전례가 없는 솔루션을 창출해내고 있다.[16]

스테이트팜, 핀터레스트, IBM을 비롯해 지금까지 살펴본 기업들을 통해 실험의 양적 증가는 꼭 필요한 여정이라는 교훈을 얻었다. 험난하지만 엄청난 보상이 주어지는 여정이다. 그 과정에서 함께 살펴봐야 할 것이 일상적인 업무수행 방식이다. 실험조직으로 변모하는 험난한 여정을 시작할 때 경계해야 할 것이 있다! 진보를 가로막는 집요한 신화, 그리고 그것을 퍼트리는 전달자들이다. 7장에서는 그 신화들을 파헤쳐보고 어떻게 그 정체가 폭로되는지 알아볼 것이다.

7장

비즈니스 실험의
일곱 가지 그릇된 신화

모든 작용에는 그에 상응하는 반작용이 따른다.

아이작 뉴턴(Isaac Newton), 물리학자 · 수학자

EXPERIMENTATION WORKS

아이작 뉴턴이 운동의 제3 법칙을 발표한 것은 1687년의 일이다. 그가 의도했던 것은 아니겠지만, 공교롭게도 지금의 우리에게 개념적 모델을 제공했다. 물리적인 사물의 운동에 관한 법칙 이상으로 확대되는 개념 말이다. 그로부터 약 300년 후, 경제학자 앨버트 허시먼은 뉴턴의 작용·반작용 원리를 정치적·사회적·경제적 진보에 관한 연구에 접목하여 도발적인 결론을 도출했다.

> 진보의 반작용은 근본적인 성격적 특질에 의해서가 아니라 단순히 주장의 당위성에 의해 형성되는 경우가 많으며 일반적으로 참여자의 개별적 욕구, 성격 또는 신념 등과는 무관하다.[1]

앞서 살펴본 IBM, 마이크로소프트, 부킹닷컴 등을 비롯한 다수 기업의 사례에도 불구하고 일부 고위 경영진이 전면적인 비즈니스 실험에 착수하지 않는 이유가 무엇인지 이해하는 데 허시먼의 이론이 도움이 될 것이다. 포레스터리서치(Forrester Research)에서 2018년 연간 보고서 작성을 위해 현재 온라인 실험에 참여 중인 120명의 유저를 대상으로 설문조사를 했다. 설문에 응답한 사람들은 모두 글로벌 기업의 직원이며, 디지털 기반을 갖춘 기업도 있고 그렇지 않은 기업도 포함됐다.[2] 조사 결과 세 가지 중요한 사실이 드러났다.

첫째, 온라인 실험에 대한 고위 경영진의 참여도가 매우 낮았다. 설문 응답자 중 고위 경영진은 32퍼센트에 불과했다. 한 이커머스 기업의 부사장은 온라인 실험의 중요성에 대해 고위 경영진을 설득하는 일이 실험의 양적 증가를 가로막는 가장 큰 걸림돌이었다고 말하기도 했다. 둘째, 실험을 위한 자원의 부족 그리고 분석 활동과의 통합이 저조한 것이 실험의 성숙도와 규모의 향상을 저해하는 주요 장애물이었다. 응답자 중 3분의 1 정도만 실험을 위한 다수의 전담 직원이 있다고 대답했으며, 나머지는 실험 전담 직원이 단 1명이거나 시간제 근로자에게 주어지는 업무 또는 두 가지를 병행하는 형태였다. 셋째, 자신이 사용하고 있는 온라인 실험 플랫폼이 디지털 상호작용이 이뤄지는 경로와 어떤 식으로든 통합돼 있다고 생각하는 사람은 설문 응답자의 55퍼센트에 불과했다. 온라인 실험을 통해 유저 전환율이 향상된 사례가 90퍼센트에 이르고 주문량과 온라인 등록률 증가와 같은 혜택을 경험했다는 사례도 있다는 점을 고려할 때, 이것은 적잖이 놀라운 결과다.

변화의 속도가 느리다면, 경영진이 대규모로 이뤄지는 과학적 사고와 행동이 가진 힘을 인지하지 못하고 있기 때문이다. 그 외에도 조직의 발전을 저해하는 (수사적 장치로 조직 전체에 퍼져나가는) 일반적인 오해도 있다는 것을 알게 됐다. 이런 일반적 오해들은 먼저 그에 대한 이해와 해결이 필요하며, 그런 다음에는 파기돼야 한다.

허시먼은 진보에 반하는 주장이 대개 세 가지 형태로 표현된다는 결론에 도달했다. 바로 역효과 이론, 무용 이론, 위험 이론이다. 조직을 변화시키고자 할 때 반대파들은 이 세 가지 이론을 들이밀 가능성이 크다. 역효과 이론에 따르면, 시스템의 일부 측면을 개선하고자 하는 노력에는 역효과가 따른다. 개선을 위한 행동이 시작되기 이전보다 훨씬 더 나빠질 것이다(1장에서 사례로 든 JC페니에서 벌어졌던 일이기도 하다). 그러니 아예 행동을 시작하지도 말아야 한다. 무용 이론에 따르면, 조직을 변화시키고자 하는 노력은 어떤 것이든 아무런 효과도 없을 것이다. 그보다 더 깊은 구조적 문제를 해결하지 못하기 때문이다. 어떤 행동도 소용이 없을 것이며 지속해나갈 가치가 없다는 주장이다. 위험 이론에 따르면 제안된 행동, 즉 변화를 위한 노력이 이로운 것일지라도 도저히 수용할 수 없는 리스크와 비용이 수반될 것이다. 이런 점에서 이 이론이 가장 위협적일 수 있다. 비용과 리스크를 특정하는 것은 쉬운 일이다. 그러나 변화를 위한 행동에 따르는 혜택은 명확하지 않을 때가 많다. 특히 행동이 실제로 이뤄지기 전에는 더더욱 그렇다. 슈퍼마켓 체인을 예로 들어보겠다. 각 매장의 리모델링을 하는 데 들어가는 비용을 계산하는 건 어려운 일이 아니다. 그러나 매출에 미칠 영향은 확실치 않다. 리모델링을 마친 후 매장의 영업이 시작되기 전까지는 말이다. 행동하지 않는 것의 원가는 기회비용이다. 그리고 기회비용은 재무제표 어디에도 나타나지 않는다. 위험 이론 지지자들의 가장 강력한 무기는 FUD, 즉 두려움(Fear), 불확실성(Uncertainty), 의심(Doubt)이다.

실험조직으로 변모한다는 것은 필연적으로 갈등을 불러일으킬 것이다. 그 과정에서 행해지는 모든 행동에 반작용이 따를 것이기 때문이다. 내가 지금까지 접해본 반작용의 원인은 타성, 불안, 보상, 자만,

인지 비용, 리스크 등 매우 광범위하다. 또한 모든 경영자가 이 책에서 설명하는 비즈니스 실험의 힘을 인지하고 있는 것도 아니다. 비즈니스 실험이 주는 진정한 혜택을 이해하고 인지하지 못하면 혁신을 저해하는 당사자가 되기 쉽다.

지금까지 내가 경험한 일곱 가지 그릇된 통념을 소개하겠다(표 7-1 참조).

표 7-1 **비즈니스 실험의 일곱 가지 그릇된 신화**

신화	사실
1. 실험이 주도하는 혁신은 직감과 판단을 무력화한다.	직감과 판단은 가설의 원천이 될 수 있으며 실험을 보완할 뿐이다.
2. 온라인 실험은 획기적인 성과 변화가 아니라 점진적 혁신으로 이어질 것이다.	온라인 실험은 탐구 활동과 최적화에 중요한 역할을 담당한다. 성과 달성의 돌파구는 장기간에 걸쳐 많은 고객을 대상으로 운영되는 점진적 혁신의 지속적인 흐름에서 발견할 수 있다.
3. 대규모 실험을 할 수 있는 충분한 가설이 없다.	모든 실험조직은 소규모로 시작하며 시간이 지나면서 점차 개선된다. 연간 수천 건의 실험을 하는 기업은 소수에 불과하다.
4. 전형적인 오프라인 기업은 실험을 수행할 정도로 충분한 거래량을 보유하고 있지 않다.	비즈니스 실험은 거래량이 많고 적음과 무관하며, 오프라인과 온라인 양쪽 모두에서 수행할 수 있다.
5. A/B 테스트를 적용했으나 비즈니스 성과에 미치는 영향은 그리 크지 않았다.	비즈니스 실험에 능숙해지는 것은 비즈니스의 경쟁력 확보에 매우 중요하다. 이를 테면 숨 쉬는 행위에 대한 투자수익률은 어느 정도인가?
6. 빅데이터와 비즈니스 분석의 시대에는 인과관계에 대한 이해를 요구하지 않으므로 실험에 시간을 허비할 이유가 없다.	빅데이터 분석은 상관관계를 이해할 수 있는 통찰력을 제공한다. 통찰력은 인과관계를 밝혀내기 위한 새로운 가설과 실험의 훌륭한 원천이다. 빅데이터와 실험은 상호 보완적이다.
7. 사전 동의 없이 고객을 대상으로 실험을 하는 것은 비윤리적이다.	실험은 반드시 윤리적이어야 하며 고객의 신뢰를 얻어야 한다. 그러나 그보다 더 큰 위험 요인은 기업이 충분한 실험을 하지 않고 혁신을 포기하는 것이다.

신화 1: 실험이 주도하는 혁신은
직감과 판단력을 무력화한다

수년 전, 나는 기업의 고위 경영진과 기업가들이 꽤 많이 모인 자리에서 비즈니스 실험에 관한 프레젠테이션을 한 적이 있다. 당시 청중은 매우 흥미로워했다. 그중 한 사람이 기운 넘치는 목소리로 반대 의견을 피력하기 전까지는 말이다. 전국적인 체인망을 보유한 요식 업체의 창립자이자 CEO인 그는 직원의 아이디어를 엄격한 실험을 거치게 한다는 것에 반대한다고 말했고, 창의성과 자신감 그리고 미래에 대한 전망이 곧 혁신이라는 확고한 신념을 가지고 있다고도 했다. 그는 아주 큰 소리로 이렇게 선언했다.

"스티브 잡스는 자기 아이디어를 한 번도 실험한 적이 없습니다." 역효과 이론에 근거한 그의 메시지는 단호했다. "실험에 무게중심을 두면 역효과를 낳을 것입니다. 훌륭한 아이디어가 너무 이른 시기에 무시될 수 있는 위험에 처할 것이며, 궁극적으로 직감과 판단력을 무력화할 것입니다."

나는 이렇게 반박했다. 직감과 실험은 서로 반대 위치에 있는 것이 아니다. 실제로 이 두 가지는 상호 보완적이다. 직감, 고객 통찰력, 정성적 조사 등은 새로운 가설의 매우 중요한 원천이다. 새로운 가설은 반박될 수도 있고 입증될 수도 있으나, 대개 엄격한 실험을 통해 향상될 수 있다. 전문가들조차 고객 행동을 예측하는 일에 뛰어나지 못하며, 실제로 대부분이 잘못된 예측을 한다는 것을 증거가 보여준다(지금까지 살펴본 것만으로도 충분한 증거가 될 것이다). 제대로 작동할지 아닐지를 일찍 판단하고 가장 유망한 아이디어에 자원을 집중하는 것이 오히려 바람직하지 않겠는가?

일부 청중이 나의 반박에 동의한 이후에 그의 반대 의견도 점차 누그러들었다(재미있게도, 그 기업은 식당 내에서 엄격한 실험을 하는 인기 있는 실험 툴을 사용하는 유저였으며 정작 CEO인 그 자신만 모르고 있었다는 사실을 나중에 알게 됐다). 스티브 잡스에 대한 그의 논평과 관련해서 말하자면, 과연 얼마나 많은 사람이 자신의 직관과 창의성이 잡스의 실적에 필적한다고 믿을 수 있을까?

그건 그렇고, 여기서 불식시켜야 할 또 다른 신화가 생겼다. 잘못 알고 있는 사람들이 있는지 몰라 강조하는데, 애플 역시 실험을 한다.

신화 2: 온라인 실험은 획기적이지 않고 점진적 혁신으로 이어진다

3장에서 경영자는 흔히 투자를 많이 할수록 더 큰 영향력을 보게 될 것으로 생각한다는 점을 짚어봤다. 이것은 역효과 이론의 또 다른 발현이다. 획기적인 비즈니스 성과는 언제나 한 가지 또는 몇 가지 큰 변화의 결과로 얻어지지 않는다. 단기간에 축적되고 장기간에 걸쳐 고객을 대상으로 운영될 수 있는, 작지만 다수의 성공적인 변화가 연속적으로 이어지는 것 또한 비즈니스 성과의 돌파구가 될 수 있다. 점진적 혁신의 문화는 좋은 것이다. 많은 개선, 신속한 실험과 실험의 양적 증가 그리고 과학적 증거에 입각한 인과관계가 형성될 때 그렇다는 말이다. 디지털 세상에서 영향력을 가진다는 것은 작지만 다수의 변화를 적기에 이루고 그것이 수백 또는 수십억 유저에게 전파되게 하는 것도 포함된다.

변화의 규모가 크다면 실시간 실험이 두려울 수도 있다. 무엇보다 실패의 규모 또한 클 것이며, 수백만의 고객이 형편없는 결과에 노출될 수도 있기 때문이다. 트래픽이 많은 온라인 비즈니스의 경우, 유저 전환율의 급격한 하락은 수백만 달러의 손실로 이어질 수도 있다. 또 다른 우려도 있다. 다수의 변화가 동시에 시도됐을 때 메트릭스의 변화 요인을 분리할 수 없다면 조직이 인과관계에서 얻을 수 있는 교훈은 과연 무엇일까? 대규모의 변화는 (새로운 비즈니스 모델 또는 웹 경험과 같은) 새로운 상태로 이동하고자 할 때 가장 효과적이다. 왜냐하면 이미 국소적 최적화, 다시 말해 연속적인 실험의 총량이 수익 체감의 결과로 나타나는 상태에 도달했기 때문이다.

1장에서 살펴본 바와 같이, 또 다른 선체 디자인이라는 새로운 상태에 도달한 팀뉴질랜드의 사례가 대표적이다. 물론 경험이 풍부한 실험자라면 다수의 변수를 동시에 변경하는 혁신적 실험을 운영할 수 있다. 그럴 때는 변화 혐오(변화에 대한 단기적인 부정적 반응)와 같은 행동을 면밀히 관찰한다. 큰 변화에 대한 단기적 반응은 장기적 효과의 지표가 아닐 수도 있다. 모든 혁신에는 불확실성이 포함된다. 그리고 점진적이든 급진적이든 실험은 그 불확실성을 해결하는 데 꼭 필요하다.

신화 3: 대규모 실험을 할 수 있는 충분한 가설이 없다

선도적인 디지털 기업이 매일 수십 건의 새로운 실험을 한다는 소식은 경영자를 두렵게 한다. 연간 1만 건의 실험을 하는 경지에 오르려면 매일 약 40건의 실험이 설계, 승인, 착수, 분석돼야만 한다는 얘기인데 도무지 불가능해 보이기 때문이다. 설상가상으로 아마존, 부킹닷컴, 마이크로소프트 같은 기업들은 이미 저만큼 앞서나가고 있기에 역할 모델로 삼을 수도 없다. 반대론자들은 현재의 조직으로 실행 가능한 소수의 실험으로는 재무 성과에 미치는 영향이 거의 없다고 주장한다. 한마디로, 실험이 무용지물이라는 말이다.

이 책에서 사례로 든 기업 중 어떤 곳도 처음부터 거장의 위치에서 시작하지 않았다. 그들이 성취한 모든 것은 실험 시스템의 신중한 설계와 재설계 그리고 다년간의 실무적 경험을 통해 얻은 것이다. 사실 기업 대다수가 연간 수천 건의 실험을 하지 않는다. 스테이트팜은 연간 100~200여 건의 실험(다수의 변수를 활용한 실험)을 하며 실험 결과에서 상당한 이득을 취하고 있다. 일부 기업은 그보다 더 적은 수의 실험을 하면서도 KPI 메트릭스가 향상되는 결과를 보인다. 시간이 지나면서, 그리고 이 책을 통해 습득한 교훈을 실제로 적용하면서 실험을 양적으로 증가시키고 경쟁사를 앞지를 수 있을 것이다.

A/B 실험 툴의 활용이 중요하다는 것은 그리 놀라운 사실이 아니다. 특히 스타트업 기업에는 더욱 그렇다. 빠른 속도의 실험은 시장과

고객의 변화에 민첩하게 대응하는 역량을 제공하며 마케팅 비용을 절감시켜준다. 2018년 연구에 따르면, 2013년에 설립된 1만 3,935개의 스타트업 기업 중 75퍼센트가 A/B 실험 툴을 사용하는 것으로 나타났다. 그들 조직 내에서 실험 툴이 얼마나 효과적으로 활용됐는지는 명확하지 않다. 다만, 연구 결과는 A/B 실험이 비즈니스 성과에 긍정적인 영향을 끼쳤음을 보여준다.[3]

신화 4: 오프라인 기업은 실험을 할 정도의 거래량을 갖고 있지 않다

비즈니스 실험의 힘을 보여주기 위해 디지털 대기업의 사례를 활용하는 경우에 수반되는 위험은 회의론자들이 즉각적으로 표본의 크기에 초점을 맞춘다는 것이다. 대부분의 비즈니스가 디지털 경로가 아닌 매장 네트워크, 판매 지역, 은행 지점 등 복잡한 유통 시스템을 통해 이뤄진다는 것이 그들의 주장이다. 그런 환경에서 비즈니스 실험은 분석적 복잡성 때문에 고전하게 되고, 무엇보다 표본의 크기가 통계적으로 유의미한 결과를 도출하기에는 일반적으로 너무나 작다는 것이다. 온라인 판매를 위주로 하는 대기업이라면 5만 명의 소비자를 무작위로 선정하고 그들의 반응을 실험 대상으로 삼는 일이 어렵지 않을 것이다. 그러나 가장 규모가 큰 오프라인 소매 기업일지라도 새로운 제품의 홍보를 위해 무작위로 5만 개의 매장을 선택하는 일은 불가능하다. 오프라인 기업에 현실적인 실험 그룹의 규모는 수천 개가 아니라 고작해야 수십 개에 불과하다. 그렇다면, 과연 이들에게 엄격한 비즈니스 실험은 무슨 소용이 있을까?

이와 같은 무용 이론에 반박하기 위해 2장에서 터득한 내용을 되짚어보자.

첫째, 실험에 필요한 표본의 크기는 실험에 사용된 것을 제외한 모든 변수의 효과를 평균적으로 산출할 수 있을 정도면 충분하다. 필요한 표본의 크기는 대체로 기대 효과에 따라 달라진다. 기업이 기대하는 바가 큰 효과를 유발하는 원인이라면 표본의 규모는 더 작을 수 있다. 기대 효과가 작다면 표본의 크기는 더 커야 한다. 그 이유는 기대 효과가 작을수록 원하는 통계적 신뢰도로 주변의 소음과 구별하는 데 필요한 관측치의 수가 더 많아지기 때문이다. 따라서 수백 수천의 고객을 대상으로 실험을 하기 어려운 환경에서 경쟁하고 있다면, 규모가 더 크고 위험도가 높은 실험에 집중하면 되지 않겠는가. 6장에서 살펴본 IBM의 사례와 같이, 표본의 크기에 초점을 맞추면 결과적으로 문제 해결에 도움이 될 수도 있다. 트래픽이 매우 저조한 웹페이지에 투자할 이유가 있을까? 어떻게 하면 트래픽을 증가시키고 표본의 크기를 늘릴 수 있을까? 모든 트래픽을 통합해야 할까?

둘째, 경영자는 종종 표본이 더 크면 자동으로 더 나은 데이터가 나올 것이라고 잘못 생각한다. 실제로 실험에는 많은 관측치가 포함될 수 있지만, 이들이 고도로 무리를 이루거나 서로 연관되는 경우 실제 표본 크기는 매우 작을 수도 있다.

셋째, 표본의 크기가 100개도 되지 않는 환경적 제약을 상쇄하기 위해 다수의 빅데이터 세트와 특수 알고리즘을 조합해 활용할 수 있다(자료 2-2 참조). 그리고 마지막으로, 엄격성의 기준이 높지 않은 실험도 방향 전환을 탐색하는 데는 여전히 유용하다.

디지털 기반이 없는 기업들도 디지털 경쟁의 상황에 노출되는 일이 점점 더 늘어나고 있다. 이들 기업도 고객들과 웹 기반 또는 모바일 경로를 통해 상호작용을 한다면 더 큰 표본 크기를 확보하게 될 것이다. 그때 비로소 경영자는 경쟁에서 뒤지지 않기 위해 고객 경험의 최적화를 위한 실험 역량이 필요하다는 것을 깨닫게 될 것이다.

신화 5: A/B 테스트가 성과에 미치는 영향은 크지 않다

1년 전쯤의 일이다. 온라인 실험에 관해 함께 논의하던 동료가 자신이 한 여행사의 CEO와 나눈 대화를 들려줬다. 그 여행사는 A/B 실험을 활용했는데, CEO의 말에 따르면 "예상된 비즈니스 가치를 창출하지 못했다." 당시 그 조직이 실험의 성숙도 단계 중 인식 또는 신념 단계에 있었는지(아니면 더 발전된 단계였는지) 확실치 않지만, 최고 의사결정권자가 이미 마음의 결정을 내린 것만은 분명해 보였다. 비즈니스 단위 전반에 걸쳐 실험의 규모와 범위, 통합을 확장하는 대신 무용론적 사고방식이 확고했던 것이다. 한 조직에서 수십 건의 실험을 하고, 몇몇 성공적인 결과를 얻은 다음, 그 이니셔티브는 실패작이라고 선언한 것이다.

여기에 무용 이론을 대입해본다면 이런 것이다. '우리는 A/B 실험에 실망했다. 왜냐하면 비즈니스에 미치는 누적 영향력이 예상된 실험 결과의 합계보다 낮기 때문이다.' 어쩌면 경영진이 너무 성급하게 좋은 소식에만 집중했을 수도 있고, 아니면 '성공'적인 실험 결과에 흥분한 팀원들이 지킬 수 없는 약속을 한 것일 수도 있다. 우선, 상호작용의 효과는 결과를 합산하지 않는다.

아주 단순한 예를 들어보겠다. 두 가지 실험이 진행되고 있다고 해보자. 하나는 글자의 색상에 대한 실험이고 다른 하나는 배경색에 대한 실험이다. 각각의 실험은 파란색으로 색상을 변경할 경우 전환율이 1퍼센트 상승한다는 결과를 보여줬다. 그러나 두 가지 모두 동시에 파란색으로 변경한다면 메트릭스가 충돌한다(파란색 배경에 파란색 글자는 좋은 아이디어라고 볼 수 없지 않은가). 그것은 부정적 상호작용이다.

반면, 긍정적 상호작용 효과는 전체 효과를 실험 결과의 합계보다 더 크게 만들 수 있다. 이번에는 글자의 색상 변경 대신 문구를 변경하는 실험이고, 결과가 전환율의 1퍼센트 상승으로 동일하다고 해보자. 이번에는 개선된 문구와 파란색 배경의 조합으로 (1퍼센트와 1퍼센트의 합이 아닌) 3퍼센트 상승이라는 결과를 얻었다. 실험의 결과를 합산할 필요가 없는 이유는 이 외에도 더 있으며(고객 집단의 일부분만 실험 대상으로 선정하여 거짓 양성이라는 결과를 도출하는 것 등), 기대치를 관리하는 일이 중요하다. 상호작용의 효과를 찾아내고 그것을 지렛대로 활용하는 데 특히 적합한 실험의 설계가 도움이 된다.[4]

때때로 나 또한 대규모 실험의 비용을 염려하는 회의론적 입장을 취하기도 한다. 이는 시작도 하기 전에 실험에 투입된 자원에 상응하는 보상, 즉 투자수익률을 알고 싶어 하는 것과 다르지 않다. 모든 새로운 시도에 대한 평가 방법이 바로 투자수익률이기 때문이다. 과거의 나는 인내심을 발휘해 비용과 혜택을 열심히 설명하곤 했다. 그래야만 재무분석 표의 빈칸을 채울 수 있기 때문이다. 그러나 지금까지 살펴본 바에 따르면, 비용은 유형의 것이며 혜택은 맹목적 믿음이 필요한 기회에 가깝다. 그래서 나는 '숨 쉬는 행위에 대한 투자수익률은 어느 정도인가?'라고 되묻기로 했다. 터무니없는 말일 수도 있지만, 실험에 능숙해지는 것이 생존에 대단히 중요하다면 이런 비유법도 그리 황당한 건 아닐 것이다.

신화 6: 빅데이터 시대에는
실험에 시간을 허비할 이유가 없다

이것은 강의실에서 이뤄진 토론 끝에 실제로 한 경영자가 제시한 질문이자 무용 이론에 기인한 또 다른 신화이기도 하다. 그는 (고객의 구매 행위와 같은) 서로 무관해 보이는 변수들 사이의 상관관계를 찾아내는 기업의 스토리를 읽은 적이 있다고 했다. 그 스토리에서 찾아낸 상관관계는 발생 원인에 대한 이해도 없이 기업이 그에 따른 조치를 취한 것이기도 했다. 일례로 아마존에서는 한때 화장실용 두루마리 휴지를 구매한 고객들에게 유기농 엑스트라버진 올리브 오일의 구매를 추천한 적이 있다. 실제로 빅데이터 분석 결과가 그랬다(그에 합당한 인

과적 설명을 찾아내기 위한 회의가 있다면 나도 꼭 참석하고 싶다!).[5]

2장에서 알게 된 바와 같이, 상관관계는 인과관계가 아니다. 그리고 나타나는 현상에 대한 피상적인 이해는 막대한 비용 지출로 이어질 수 있고, 만약 그것이 제약회사의 경우라면 위험한 결과를 초래할 수도 있다. 나는 그 질문을 제시한 경영자에게 실험과 빅데이터의 발전은 상호 보완적이며 서로 대체할 수 있는 것이 아니라고 답했다. 상관관계와 대규모 데이터 세트의 분석을 통해 습득할 수 있는 다양하고도 흥미로운 패턴은 새로운 가설의 훌륭한 원천이며, 그 가설은 인과관계를 밝히기 위해 엄격한 실험을 거쳐야 한다. 앞서 살펴본 바와 같이, 빅데이터는 실험의 효율성을 증가시킬 수 있다. 특히 표본의 크기가 작을 때는 더욱 그렇다.

신화 7: 사전 동의 없는 고객 대상 실험은 비윤리적이다

이 신화는 위험 이론의 산물이다. 그리고 일정 부분 정당한 염려를 다루고 있기도 하다. 기업의 활동은 합법적이어야 하고, 고객의 신뢰를 얻고 그것을 유지하기 위해 윤리적 행동을 보여줄 필요가 있다. 학계에서도 사람을 대상으로 하는 사회과학 분야의 연구자들에게 매우 엄격한 수칙을 따르게 하고 있다. 연구를 시작하기에 앞서 연구 주제는 심의위원회의 승인을 받아야 한다. 의학 분야의 연구에는 그보다 더 높은 기준이 적용되며, 환자가 치러야 할 대가에 비해 실험의 결과로 얻게 될 치료와 복지 측면의 혜택이 어느 정도인지 매우 신중하게 판단한다. 그러나 비즈니스 실험에서는 잠재적 리스크를 지나치게 부각하는 것, 그리고 그에 따르는 진정한 혜택을 축소하는 것은 경계해야 할 일이다.

4장에서 우리는 페이스북의 불명예스러운 감정 전염 실험을 통해 교훈을 얻었다. 정확히 말하건대 잠재적 위험은 경미했으며, 페이스북의 알고리즘이 변경한 내용은 기만적이지 않았다(유저에게 노출된 모든 게시물은 허구가 아니었다). 만약 페이스북이 실험에 앞서 유저들에게 완전히 정보를 전달했다면 편향된 결과를 얻었을 것이다. 그랬다면 우리는 소셜네트워크상에서 실제로 감정 전염이 발생하며 그것이 잠재적으로 위험할 수 있다는 사실을 절대 알 수 없었을지도 모른다.

때에 따라서는 사전 동의가 타당하지 않을 수도 있다. 2장에서 사례로 든 각기 다른 매장 영업시간에 대한 콜스의 실험에서도 알 수 있지 않은가. 페이스북에 대한 비평가 중 일부는 4장에서 설명한 A/B 실험의 착각에 사로잡혀 있는 것이 틀림없다. 사람들은 광고를 비롯한 여러 수단에 감정적으로 조작당하는 현실을 개의치 않는 것처럼 보인다. 그와 같은 미디어에 의한 유해한 효과가 엄격한 실험을 거친 적이 전혀 없음에도 말이다. 그러나 표준 관행에 반하는 대안이 제시되면 비평가들은 즉각적으로 최악을 추정한다. 물론 가장 큰 문제는 엄격한 실험, 즉 과학적 방법이 없다면 인과관계에 대한 지식을 구축하고 조직화하는 것 또한 정체된다는 점이다. 오히려 기업들이 충분한 실험을 하지 않는 것이 문제다.

단언컨대, 지식을 얻고자 하는 기업의 노력이 비윤리적 실험을 자행해도 된다는 허가증은 결코 아니다.[6] 그럼에도 진정한 위험은 통제 불능의 비윤리적 실험을 하는 것이 아니다. 더 큰 위험은 실험을 하지 않는 것이며, 혁신을 위해 필요한 역량을 포기해버리는 것이다. 이 책 전반에 걸쳐 조직 구성원의 윤리적 행동을 강화할 수 있는 실천 사례들을 살펴봤다. 링크드인의 내부 지침에는 '(회사는) 의도적으로 부정적 경험을 전달하거나, 구성원의 기분 또는 감정의 변화를 목적으로 하거나, 기존 구성원의 설정이나 선택을 무효화하는' 실험은 절대 수행하지 않는다고 명시돼 있다.[7] 부킹닷컴의 신입 직원을 위한 인사교육 과정에는 윤리 교육이 포함돼 있다. 또한 실험 전과 이후의 모든 과정에 대한 완전한 투명성을 요구하고 있다. 윤리적 문제에 관한 토론은 모든 임직원에게 열려 있으며, 때때로 격렬한 논쟁이 벌어지기도 한다. 그러나 궁극적으로 지향하는 바는 모든 구성원이 동일하다. 즉, 고객 경험의 향상과 여행을 불편하게 하는 요소의 제거다.

속도감과 엄격함을 갖추고 제대로 작동하는 것과 그렇지 않은 것을 찾아내기 위해서는 모든 것을 실험의 대상으로 삼아야 한다. 부킹닷컴의 전 CEO인 길리언 탄스가 한 말이다. 그 경지에 오르려면 이 장에서 파헤친 일곱 가지 신화를 모두 몰아내고 그 자리에 사실을 채워야 한다.

비즈니스 실험의 미래

> 미래는 이미 와 있다. 단지 고르게 분포돼 있지 않을 뿐이다.
>
> 윌리엄 깁슨(William Gibson), 소설가

영향력 있는 경영 사상가 피터 드러커(Peter Drucker)는 사업을 하는 리더라면 누구나 다섯 가지 필수 질문에 답해야 한다고 말했다.[1] 그중 하나가 '당신의 고객은 무엇을 소중하게 생각하는가?'다. 이것은 기업이 혁신을 도모할 때 다뤄야 하는 가장 중요한 문제다.[2] 그러나 고객의 중점 가치를 이해하기 위해 이용하는 대부분의 연구조사 방법은 정확하지 않고 느린 데다가 확장에 비용이 많이 들어간다. 고객이 무엇을 원하는지(또는 원한다고 생각하는지), 실제로 어떻게 행동할 것인지, 고객이 궁극적으로 무엇을 가치 있게 여길 것인지 예측하려는 시도는 대부분 운에 맡기는 과정이 되고 만다. 그래서 대규모 실험이 필요한 것이다. 고객이 진정으로 가치 있게 여기는 것을 매우 저렴한 비용과 과학적 정확도로 파악하는 방법이 바로 대규모 실험이다.

경영자들이 비즈니스 실험의 놀라운 힘을 발견하면 당연히 열정적으로 관심을 기울이게 된다. 〈월스트리트 저널〉의 모회사인 다우존스 앤드컴퍼니의 제품 최적화 부사장인 피터 존스(Peter Jones)는 이렇게 설명했다.

"〈저널〉과 같은 방대한 디지털 제품의 경우 데이터 기반 실험을 적용하는 것은 플루토늄을 발견한 것과 같은 도약이었습니다. 그것이 지구상에서 가장 강력한 제품개발 도구니까요. 이를 통해 우리는 공격적인 새 변경 사항을 안전하게 테스트해 정확도 높은 비즈니스 결정을 내리며 신속하고 반복적으로 제품을 개선할 수 있습니다."[3]

여기서 교훈은 비즈니스 실험을 위한 기능 구축을 전문 그룹이나 기능 부서에만 맡겨서는 안 된다는 것이다. 진정한 실험조직을 구축하려면 최고위직의 리더십이 필요하다. 그래서 세상의 모든 보스에게 조언을 하나 드린다. 주저 말고 어서 움직이시라!

실험 역량을 빠르게 키워야 하는 또 다른 이유가 있다. 바로 미래를 위해서다. 물론 '예측은 어렵다. 특히 미래에 대해선'이라는 덴마크 속담에 귀를 기울여야 할지도 모른다. 그러나 우리가 실험으로 점들을 연결한다면 비즈니스 세계가 어디로 향하는지 보는 것은 어렵지 않다.

다음은 방대한 실험 역량을 요구하는 세 가지 중요한 사항이다. 첫째, 고객은 점점 더 모바일 기기(스마트폰, 태블릿, 워치 등)를 통해 기업과 상호작용할 것이다. 2018년, 기업들은 15억 개 이상의 스마트폰과 모바일 기기를 출하했다. 출하 대수는 2023년이면 20억 개를 넘어설 것으로 예상된다.[4] 그런데 더 놀라운 것은 이런 기기들의 연산과 네트워킹 능력이다.[5] 현재의 발전 속도가 계속된다면 앞으로 20~30년 후의 고객은 오늘날의 슈퍼컴퓨터(연구원들이 지구의 기상 패턴을 예측하거나 우주의 초기 상태를 시뮬레이션할 때 사용하는)를 주머니에 넣고 다니게 될 것이다. 그로 인해 오늘날 우리가 인식조차 못 하는 행동 방식과 가치 동인을 포함하여 접점이 폭발적으로 늘어나고 고객과의 상호작용이 복잡해질 것이다. 증강현실(AR)의 발전은 고객이 우리에게 무엇을 요구하고 우리가 무엇을 할 수 있는지, 즉 많은 탐색과 최적화가 필요한 완전히 새로운 고객 경험을 엿볼 수 있게 할 것이다.

기업이 이런 급속한 발전을 따라잡으며 효과가 있는 것과 없는 것을 판단하는 유일한 방법은 대규모 실험 프로그램을 가동하는 것뿐이다(덧붙이자면, 더 좋고 더 빠른 도구는 모바일 기기를 더 강력하게 할 것이다). 삼성과 인텔(Intel), 엔비디아(NVIDIA), 브로드컴(Broadcom) 등의 반도체회사가 칩 설계 및 기술의 또 다른 돌파구를 발표할 때마다 그 승리는 연구개발팀의 기술에 대한 증거인 동시에 최신 모델링 및 시뮬레이션 도구의 급속한 발전에 대한 증거도 된다. 이런 진전은 이제 완전한 순환 구조에 들어섰다. 오늘날의(그리고 미래의) 칩은 그것이 개발에 도움을 준 실험 도구 없이는 설계 및 제조가 불가능하다.

둘째, 기업들은 대조실험 없이는 비즈니스 분석 프로그램이 완전해질 수 없다는 사실을 곧 인식하게 될 것이다. 1장에서 우리는 빅데이터를 사용하는 전통적인 분석이 한물갔고, 혁신과 관련해서 심각한 한계에 직면해 있음을 확인했다. 혁신의 참신함이 클수록 신뢰할 수 있는 데이터를 사용할 가능성은 작아진다(사실 신뢰할 수 있는 데이터를 사용할 수 있었다면 누군가가 이미 혁신을 시작했을 것이고 참신하지도 않을 것이다!). 또한 데이터 자체가 종종 상황에 따라 달라지는 것도 문제다(1장의 JC페니의 낭패 사례에서 봤듯이). 어떤 시장의 어떤 회사(애플스토어)에서 효과가 있었다고 해서 다른 시장의 다른 회사(JC페니)에서도 효과가 있는 것은 아니다.

아울러 우리는 회귀분석과 같은 표준 수학적 방법을 사용하여 빅데이터를 분석하면 대개 상관관계에 대한 통찰력은 얻을 수 있어도 인과관계는 알 수 없다는 것도 배웠다. 강한 상관관계를 가진 일부 변수는 직접적인 인과관계를 전혀 보이지 못한다. 의료 개입의 효과에 관한, 인용도가 높은 45개의 임상시험에 대한 연구 사례(2장)를 떠올려 보라. 비무작위 연구의 고작 17퍼센트만이 더 강력히 설계된 후속 연구에서 복제의 유효성이 유지된 것으로 드러나지 않았던가. 과학적 방법에 대한 리트머스 테스트인 셈이다.[6]

나는 이런 의학 연구가 (비무작위이긴 하지만) 우리가 일상적인 비즈니스 결정에서 볼 수 있는 것보다 훨씬 더 엄격한 수준으로 수행된다고 해도 놀라지 않을 것이다.

또한 우리는 정교한 컴퓨팅 기술과 결합한 빅데이터가 매장 네트워크나 은행 지점 등 전통적인 오프라인 비즈니스에서 작은 표본 크기로 어려움을 겪는 실험에 어떻게 도움이 되는지도 살펴봤다. 여기서 교훈은 비즈니스 분석에는 대조실험이 필요하다는 것이다. 특히 혁신의 맥락에서 그렇다.

마지막으로, 대규모 실험 역량을 요구하는 세 번째이자 아마도 가장 중요한 변화는 인공지능(AI)의 부상이다. 더 구체적으로는 머신러닝과 인공신경망의 부상이라고 할 수 있다. 정교한 알고리즘과 생물학에서 영감을 받은 신경망은 대규모 데이터 세트로 훈련돼 고도의 자동화(예를 들어 사용자 문제의 식별, 클러스터링 및 우선순위 지정)로 패턴을 감지할 수 있다. 이론적 혁신 대부분은 수십 년 전에 이뤄졌지만, 오늘날 우리는 마침내 비즈니스의 미래를 바꿀 애플리케이션의 폭발적인 증가를 목도하고 있다.[7]

다음을 상상해보라. AI 기반 방법이 데이터(고객 지원 정보, 시장 조사 등)를 분석하고 수천 개의 증거 기반 가설을 생성할 수 있다면 어떻게 될까?[8] 나아가 그런 알고리즘이 실험을 설계하고 실행하고 분석할 수도 있다고 상상해보라. 경영진의 개입이 전혀 없이 말이다. 폐쇄 루프 시스템을 사용하는 대규모 실험 프로그램이 백그라운드에서 실행될 수 있으며, 당신이 아침에 사무실에 출근하면 모종의 조치를 권장할 수 있다고 해보자. 당신은 그런 조치가 원인과 결과에 대해 과학적으로 검증됐기에 성과를 낳을 것이라는 높은 수준의 확신을 가질 수 있을 것이다.

만약 그 폐쇄 루프 시스템이 더 높은 수준의 기어로 전환하기 위해 당신과 전혀 상의하지 않고 경영 관련 조치를 취한다면 어떻게 될까? 이것은 (비즈니스) 공상과학 소설일까? 사실 이에 필요한 일부 구성 요소는 이미 존재한다. 다음은 엔지니어링 연구조사의 한 예다.

컬럼비아대학교 교수인 호드 립슨(Hod Lipson)은 새로운 무언가를 디자인하는 '창의적인 머신'을 연구하고 있다.[9] 인간의 창의성을 모방하는 것은 결코 쉬운 일이 아니기에 제품의 자동 설계['합성(synthesis)'이라고 함]는 대부분 제품개발자가 달성하기 힘든 도전에 속했다. 그래서 립슨과 그의 연구원들은 인간의 창조 과정을 모방하려고 하기보다 진화의 원리(변이와 자연선택)를 따라 로봇과 아날로그 전기회로 같은 것을 설계하기로 했다(아날로그 회로 설계에는 많은 기술과 경험이 요구된다). 진화적 접근방식의 문제는 규모와 효율성에 있다. 수백만 가지의 변형(실험)이 인간의 독창성에 가까운 솔루션에 도달하기 전에 '적합성' 테스트를 거쳐야 한다. 이것이 바로 시뮬레이션이 필요한 이유다. 진화 알고리즘을 통해 변종 생성을 자동화하고 성능을 시뮬레이션하여 적합성을 평가하면, 사람이 필요 없는 새로운 제품 설계도 가능해진다. 립슨의 독창적인 기계가 완성되면 적층 제조 기술을 사용하여 최고의 디자인이 '인쇄'될 것이다.

오늘날 이미 실현 가능한 이 접근방식은 최고의 인간 설계를 능가하며 앞에서 상상한 폐쇄 루프 시스템과 유사한 양상을 보인다.

그러나 이런 접근방식은 많은 질문을 제기한다. 그중 가장 중요한 것이 자동화된 실험 시스템으로, 설계 및 가치에 대한 결정을 내릴 때 엔지니어와 경영자의 역할을 결정하는 것이다. 그에 대한 답을 알려면, 아니 그런 중요한 질문의 답을 찾는 데 참여하려면 미래로 향하는 여행길에 올라야 한다. 실험조직이 됨으로써 말이다.

오, 놀라워라!

얼마나 많은 훌륭한 피조물이 여기에 함께하는가!

인간은 참으로 아름답도다!

오 멋진 신세계여, 그런 사람들이 모여 사는 곳.

윌리엄 셰익스피어, 《폭풍우》, 제5막 1장

나는 이 책의 집필 과정에서 실로 많은 사람에게서 엄청난 도움을 받았다. 비즈니스 실험에 대한 나의 관심은 25년여 전부터 시작됐으며, 이후 다른 학자들이나 비즈니스 사상가들과 함께 이 분야를 연구하고 영향을 미치는 행운을 누렸다. 그중 다수는 이 책의 개념을 형성하는 데 직간접적으로 도움을 줬다. MIT에서 나의 박사 과정 담당 교수였던 에릭 폰 히펠은 훌륭한 멘토로서 나와 공동으로 책을 쓰기도 했다. 우리는 종종 햄버거와 맥주를 나누며 매혹적인 혁신의 세계를 탐구했는데, 에릭의 창의적인 사고실험은 많은 새로운 아이디어를 불러일으켰다.

과거에 함께 책을 집필한 공저자들에게도 큰 빚을 지고 있다. 돈 라이너스텐은 제품개발에 대기행렬 이론을 적용하는 방법을 내게 알려줬다. 짐 맨지는 샘플의 크기가 작은 소매점에서 오프라인 실험을 하는 방법을 보여줬고, 로니 코하비는 소프트웨어 혁신을 위해 신뢰할 수 있는 온라인 실험을 하는 법을 가르쳐줬다. 이들은 내가 아는 최고의 비즈니스 사상가이며, 이들과 함께하는 작업에서 실로 많은 것을 배웠다.

이 책을 위해 현장 조사를 하는 데 수년이 걸렸고, 수백 명이 참여했다. 그들의 아낌없는 지원이 없었다면 나는 연구조사를 제대로 할 수 없었을 것이다. 그들은 참을성 있게 인터뷰에 응해줬고, 실험이 비즈니스 실무에서 어떻게 작용하는지 이해하는 데 도움을 줬다. 특히 캐시 베이커, 이야프 바지노프, 앤드리아 버뱅크, 마헤시 챈드라파, 스콧 쿡, 사이먼 엘스워스, 마니시 가즈리아, 존 휴글, 제이 라슨, 압둘 뮬리크, 마크 오커스트롬, 찰스 펜시그, 하지에르 포할칼리, 아리 셰인킨, 길리언 탄스, 루카스 페르메이르, 데이비드 비스만, 이야 쉬에게 깊이 감사드린다. 다니엘라 베이예르스도퍼, 알덴 하야시, 아쇼크 님가드 등은 사례 연구와 기사 검토 작업을 함께해줬다. 소로브 고시는 3장에서 논의된 데이터 세트를 열심히 준비하고 함께 분석해줬다. 그 외에도 많은 사람이 이 책의 집필에 기여했지만, 일일이 감사를 전할 공간이 충분하지 않은 점에 대해 양해를 구한다.

나의 연구조사를 지원한 하버드 경영대학원 연구부와 동료들에게도 감사를 표한다. 열정적인 실험자인 니틴 노리아는 이 책을 쓸 수 있도록 나에게 안식년을 마련해줬다. 수닐 굽타는 비즈니스 실험의 한계에 대해 생각해보라는 과제를 부여했고, 제이슨 랜달은 나의 작업에 혁신의 마법을 불어넣었다. 칼리스 볼드윈, 데이비드 벨, 짐 캐시, 클레이 크리스텐센, 킴 클라크, 에이미 에드먼슨, 다카히로 후지모토,

데이비드 가빈, 레베카 헨더슨, 마르코 얀시티, 카림 라카니, 게리 피사노, 마이클 투시먼, 스티븐 휠라이트 등의 교수진은 이 책의 출발점이 된 초기 작업에 도움을 줬다. 또한 연구 의제의 핵심으로 실험을 고려하는 하버드대학교 기술운영관리과의 전현직 동료들에게도 감사드린다. 그들은 내가 하버드 경영대학원에 도착한 날부터 나를 위한 지적인 공간을 마련해줬다.

책을 쓰는 데는 오랜 시간의 고독이 요구된다. 그리고 초고가 완성되면 저자들은 대개 피드백을 원한다. 원고를 개선하기 위해서 말이다. 바버라 페인버그, 버나드 피셔-애펠트, 존 휴글, 하지에르 포칼칼리와 익명의 평론가 네 분이 초고를 읽고 개선 방법을 제안해줬다. 교수로서 나는 수천 명의 MBA 학생과 임원 프로그램 참가자를 대상으로 아이디어와 프레임워크, 사례 연구를 테스트하는 특권도 누렸다. 종합관리프로그램(GMP)과 주도적제품혁신(LPI) 과정, 글로벌고위임원리더십프로그램(SELP), HBS 맞춤형 프로그램, 그리고 다수의 기업 워크숍 등에 참여해서 피드백을 제공한 많은 사람에게 특별한 감사를 표한다. 참가자들은 내 자료를 참을성 있게 읽고, 토론하고, 개선책을 제시해줬다.

엄격하고 전문적이며 많은 독자가 접근할 수 있는 책을 쓰는 것은 큰 도전이 될 수 있다. 바버라 페인버그는 가치를 따질 수 없는 통찰력과 격려로 귀중한 조언을 해준 친구다. 마이클 블랜딩과 모니카 제인시그는 내 글의 일관성과 정확성을 세심하게 확인했다. 톰 피시번은 관대하게도 자신의 비즈니스 만화에 대한 접근권을 내게 부여해줬다.

제프 케호와 앤 스타, 그리고 HBR 출판팀은 책의 출간 과정을 안내하고 책의 개선과 포지셔닝, 홍보를 위한 탁월한 제안을 해줬다.

가족에게도 많은 빚을 졌다. 아내 사비타는 내가 작업실에서 거의 은둔하다시피 하며 가정사를 소홀히 했을 때도 무조건적인 사랑과 지지를 보여줬다. 우리의 아이들 아르준과 비크람, 안자리의 깊은 애정은 나를 계속 나아가게 하는, 무엇과도 바꿀 수 없는 것이다. 늘 그리운 존재인 나의 부모님은 훌륭한 교육 철학과 따뜻한 가정환경으로 무엇보다 가족이 우선이라는 사실을 내게 가르치셨다. 두 분이 계시지 않았다면 이 책은 존재할 수 없었을 것이다.

서문

1. D. Yoffie and E. Baldwin, "Apple Inc. in 2018," Harvard Business School Case No. 718-439 (Boston: Harvard Business School Publishing, 2018).

2. R. Kohavi and S. Thomke, "The Surprising Power of Online Experiments," *Harvard Business Review*, September-October 2017.

프롤로그

1. I. C. MacMillan and R. G. McGrath, in *Discovery-Driven Growth: A Breakthrough Process to Reduce Risk and Seize Opportunity* (Boston: Harvard Business Review Press, 2009). 여기서는 성장 관리의 높은 불확실성을 인정하는, 발견 중심의 계획 접근방식을 옹호한다. 그들은 "발견 중심 계획의 핵심 아이디어는 계획이 전개됨에 따라 이른바 가정 대 지식 비율을 파악하고 줄일 수 있다는 것이다. 가정 대 지식 비율이 높으면 불확실성이 크며, 그럴 때는 가능한 한 가장 낮은 비용으로 빠르게 학습하는 것이 좋다"라고 지적한다. 이 접근방식에서는 테스트의 증거에 따라 행동하는 문화를 창출하는 것이 필수적이다.

2. R. Kohavi and S. Thomke, "The Surprising Power of Online Experiments," *Harvard Business Review*, September-October 2017.

3. 실험적 사고의 기풍은 혁신과 운영에 영향을 미치는 결정을 뛰어넘는다. 헨리 민츠버그(Henry Mintzberg)는 전략조차도 창발적인 학습 프로세스

로 간주해야 한다고 주장한다. 그는 "우리는 행동하거나 확신을 얻기 위해 생각하지만, 생각하기 위해 행동하기도 한다. 우리는 무언가를 시도하는데, 효과적인 실험은 전략이 되는 실행 가능한 패턴으로 점차 수렴된다. 이것이 학습 프로세스로서 전략을 수립하는 것의 핵심이다"라고 말했다. 다음을 참조하라. H. Mintzberg, "The Fall and Rise of Strategic Planning,", *Harvard Business Review*, 1994. 보다 최근의 자료로는 다음을 참조하라. D. Levinthal, "Mendel in the C-Suite: Design and Evolution of Strategies", *Strategy Science* 2, no. 4 (December 2017년): 282-287. 여기서는 '멘델 유형'의 경영진을 의도적인 전략 설계와 다윈식 변형 및 선택 프로세스의 옹호 사이에서 중간 지점을 차지하는 것으로 정의한다. 따라서 그들의 고의성은 제한된다. 이어서 그는 실험이 가장 중요하다고 밝힌다. "앞으로의 특정한 경로를 설계하는 것보다 실험 프로세스를 설계하는 데 더 중점을 두어야 한다." 이 책에서 나는 프로세스 설계를 넘어설 것이다. 또한 실험에 영향을 미치는 조직적·문화적·기술적 문제에 대해서도 알아볼 것이다.

4. C. Crowe (dir.), *Jerry Maguire* (Culver City, CA: Columbia TriStar Home Video, 1999).

5. 물론 그 기초가 되는 과학이 실용적이지 않거나 실현 불가능한 것이라면, 대규모 실험이라고 하더라도 반드시 솔루션을 보장하는 것은 아니다. 아무리 많은 실험을 하더라도 납덩이를 금덩이로 바꾸려는 시도는 성공할 수 없지 않겠는가. 그러나 실용적인 솔루션이 존재했다면 우리가 그것을 발견할 가능성은 훨씬 컸을 것이다.

6. S. Thomke and D. Beyersdorfer, "Booking.com," Harvard Business School Case 619-015 (Boston: Harvard Business School Publishing, 2018).

7. 이 격언은 S. 레이미(S. Raimi) 감독의 영화 〈스파이더맨〉(USA: Columbia Pictures Corporation & Marvel Enterprises, 2002)에서 피터 파커(스파이더맨 역)의 삼촌 벤이 한 대사로 유명하다.

1. D. Mattioli, "For Penney's Heralded Boss, the Shine Is off the Apple," *Wall Street Journal*, February 24, 2013. 기사에 따르면 존슨의 동료가 그의 새로운 전략을 1,100개 매장 전체에 적용하기 전에 몇 개 매장에서 먼저 실험해보라고 제안했다. 그에 대한 존슨의 반응은 "애플에서는 그렇게 하지 않았다"였던 것으로 보인다. 직감에 의존하는 존슨의 방법이 효과가 없음이 명백해진 이후 JC페니 이사회 임원 중 한 명인 콜린 바레트(Colleen Barrett)는 실험을 하지 않은 것이 실수였다는 것을 깨달았다. 그러나 실험을 했다고 하더라도 소규모 표본 환경에서 대조실험을 수행할 역량을 보유한 조직이었는가는 여전히 의문이다. 추정된 실험은 관리 편향으로부터 보호막이 되어줄 엄격함과 문화적 수용력이 부족했을 가능성이 크다.

2. R. Kohavi and S. Thomke, "The Surprising Power of Online Experiments," *Harvard Business Review* 95, no. 5 (September–October 2017).

3. E. Schmidt, 반독점, 경쟁 정책 및 소비자 권리에 관한 미 상원 사법위원회 증언, 2011년 9월 21일.

4. S. Cook, interview with D. Baer, "Why Intuit Founder Scott Cook Wants You to Stop Listening to Your Boss," *Fast Company*, October 28, 2013, https://www.fastcompany.com/3020699/why-intuit-founder-scott-cook-wants-you-to-stop-listening-to-your-boss.

5. S. Thomke, *Experimentation Matters: Unlocking the Potential of New Technologies for Innovation* (Boston: Harvard Business School Press, 2003). 이 장의 내용 중 일부는 이전 저서인 이 책에서 가져왔다.

6. T. Kuhn, *The Structure of Scientific Revolutions* (Chicago: University of Chicago Press, 1962); R. Harré, *Great Scientific Experiments: Twenty Experiments Th at Changed Our View of the World* (Oxford:

Phaidon Press, 1981); and P. Galison, *How Experiments End* (Chicago: University of Chicago Press, 1987).

7. 이후 내용은 P.R. 나야크(P. R. Nayak)와 J. 케터링햄(J. Ketteringham)의 《3M의 포스트잇 노트: 관리에 의한 혁신인가, 우발적인 혁신인가?(3M's Post-it Notes: A Managed or Accidental Innovation?)》에 기초했다. *The Human Side of Managing Technological Innovation: A Collection of Readings*, ed. R Katz (New York: Oxford University Press, 1997).

8. Nayak and Ketteringham, "3M's Post-it Notes," 368.

9. SEC 기록보관소(2016): 2015년 아마존의 CEO 베조스가 주주들에게 보낸 서신.

10. R. Friedel and P. Israel, *Edison's Electrical Light: Biography of an Invention* (New Brunswick, NJ: Rutgers University Press, 1987), xiii.

11. S. McGrane, "For a Seller of Innovation, a Bag of Technotricks," *New York Times*, February 11, 1999.

12. A. Millard, *Edison and the Business of Innovation* (Baltimore: John Hopkins University Press, 1990), 15.

13. R. Kaufman, J. Pitchforth, and L. Vermeer, "Democratizing Online Controlled Experiments at Booking.com," paper presented at the Conference on Digital Experimentation (CODE@MIT), MIT, Cambridge, MA, October 27-28, 2017. 성공과 실패의 중앙 저장소는 부킹닷컴의 실험 플랫폼에 없어서는 안 될 부분이다.

14. F. L. Dyer and T. C. Martin, *Edison: His Life and Inventions*, vol. 2 (New York: Harper & Brothers, 1910), 615-616.

15. C. M. Christensen, *The Innovator's Dilemma: When New Technologies Cause Great Firms to Fail* (Boston: Harvard Business School Press, 1997).

16. C. M. Christensen, S. P. Kaufman, and W. C. Shih, "Innovation Killers: How Financial Tools Destroy Your Capacity to Do New

Things," *Harvard Business Review* (January 2008).

17. J. Pearl and D. Mackenzie, *The Book of Why: The New Science of Cause and Effect* (New York: Basic Books, 2018). 10장에서 이와 같은 제한 사항에 대해 탁월한 논의를 소개한다. 과거의 데이터만으로는 인과적 질문에 대한 답을 절대 찾을 수 없다.

18. 데이비드 가빈(David Garvin)은 새로운 비즈니스 또는 벤처기업이 실험으로 간주될 수 있다고 언급한다. 시장과 직접 접촉하는 일은 탐색과 검증에 반드시 필요하다. 특히 일반적인 지식의 출처가 제한된 통찰력을 제공할 뿐인, 근본적으로 새로운 비즈니스일 때는 더욱 그러하다. 다음을 참조하라. D. Garvin, "A Note on Corporate Venturing and New Business Creation," Note No. 302-091 (Boston: Harvard Business School Publishing, 2002).

19. Christensen, *The Innovator's Dilemma*, 99.

20. J. 레어러(J. Lehrer)의 "진실은 사라진다(The Truth Wears Off)"에서 인용된 바 있다. *The New Yorker*, December 13, 2010.

21. Millard, *Edison and the Business of Innovation*, 19.

22. 이 장에서 언급된 팀뉴질랜드에 관한 모든 정보의 출처는 다음과 같다. M. Enright and A. Capriles, "*Black Magic* and the America's Cup: The Victory," Harvard Business School Case No. 796-187 (Boston: Harvard Business School Publishing, 1996); M. Iansiti and A. MacCormack, "Team New Zealand (A)," Harvard Business School Case No. 697-040 (Boston: Harvard Business School Publishing, 199); M. Iansiti and A. MacCormack, "Team New Zealand (B)," Harvard Business School Case No. 697-041 (Boston: Harvard Business School Publishing, 1997).

23. S. Thomke et al., "Lotus F1 Team," Harvard Business School Case No. 616-055 (Boston: Harvard Business School Publishing, 2016).

24. D. Garvin, *Learning in Action* (Boston: Harvard Business School

Press, 2000). 가빈은 탐색적 실험과 가설 검증 실험을 구분한다. 그에 따르면, 전자는 개방적인 '가정' 유형의 실험인 데 반해 후자는 대안적 설명을 식별하기 위한 것이다.

25. 수년간 실험의 설계에 관한 많은 책이 저술됐다. 몽고메리의 교과서는 매우 접근하기 쉬운 개요를 제공하며 학생과 실무자들 사이에서 널리 사용된다; D. Montgomery, *Design and Analysis of Experiments* (New York: Wiley, 1991). G. 박스, W. 헌터, S. 헌터는 실험 설계의 근본적 통계를 더욱 깊이 있게 다룬다; G. Box, W. Hunter, and S. Hunter, *Statistics for Experimenters* (New York: Wiley, 1978). 로널드 피셔의 원저작물에 관심이 있는 독자라면 농업 과학에 관한 그의 고전적 논문 ["The Arrangement of Field Experiments," *Journal of the Ministry of Agriculture of Great Britain* 33 (1926): 503-513] 또는 실험의 설계에 관한 그의 고전적 저서[*The Design of Experiments,* 8th edition (Edinburgh: Oliver and Boyd, 1966)]를 참조하라.

26. 다른 연구자들도 유사한 학습 모델을 사용했다. 사이먼(Simon)은 연속적인 '생성-실험의 순환'으로 실험의 설계를 연구했다; H. A. Simon, *The Sciences of the Artificial*, 2nd edition (Cambridge, MA: MIT Press, 1969), chapter 5; K. Clark and T. Fujimoto [*Product Development Performance: Strategy, Organization, and Management in the World Auto Industry* (Boston: Harvard Business School Press, 1991)]. S. Wheelwright and K. Clark [*Revolutionizing Product Development* (New York: The Free Press, 1992)] 여기서는 '설계-구축-실험'의 순환을 제품개발 과정의 문제 해결을 위한 기본 틀로 사용했다. 나는 실험의 실행과 분석 과정에서 이루어지는 학습을 개념적으로 분리하고자 '실행'과 '분석'이라는 두 가지의 명시적 단계를 포함해 블록을 수정했다; S. Thomke, "Managing Experimentation in the Design of New Products," *Management Science* 44, no. 6 (1998): 743-762.

27. H. A. 사이먼(H. A. Simon)은 전통적인 엔지니어링 방법이 최댓값과 최

솟값보다 부등식(만족스러운 성능의 사양)을 더 많이 사용하는 경향이 있다고 언급한다. 이런 성능지수는 더 좋은 설계와 더 나쁜 설계를 비교할 수 있게 하지만, 최상의 설계를 결정하는 데 필요한 객관적인 방법을 제공하지는 않는다. 이는 실제 설계 과정에서 흔히 발생하는 현상이므로 사이먼은 '만족'이라는 용어를 도입하여 솔루션이 성능 측정을 최적화하기보다는 만족한다는 의미로 활용했다(see Simon, *The Sciences of the Artificial*).

28. 그런 변화의 사례가 바로 영국 샌드위치에 있는 제약회사 화이자의 연구개발 실험실 과학자들이 처음 발견한 발기부전 치료제 비아그라(Viagra)다. 이 약물의 애초 목표는 협심증의 치료였다. 여러 번의 임상시험을 거치는 동안 이렇다 할 성과를 거두지 못한 연구진은 프로젝트를 보류할 준비를 마쳤다. 예상치 못한 부작용이 관찰되기 전까지는 그랬다는 말이다. 비아그라는 막힌 심장 동맥을 치료하는 데는 효과가 없었지만, 고용량을 투약한 일부 남성에게서 이전보다 발기가 개선되고 횟수도 더 빈번해졌다는 사실이 보고됐다. 이어진 시험과 실험은 모두 성공적이었다. 결과적으로, '실패'로 돌아갈 수 있었던 것이 화이자의 가장 성공적인 약물 중 하나로 탈바꿈한 것이다.

29. Iansiti and MacCormack, "Team New Zealand (A)," 3.

30. 실험의 운영 동인은 서로 배타적이거나 전체를 철저히 포괄하는 데 있지 않다. 그 대신 회사, 집단, 개인이 실험을 통해 학습하는 방식과 그에 다른 관리의 필요성에 영향을 미치는 일련의 요인을 설명하는 것이 목적이다.

31. M. Schrage, *The Innovator's Hypothesis: How Cheap Experiments Are Worth More Than Good Ideas* (Cambridge, MA: MIT Press, 2014).

32. Iansiti and MacCormack, "Team New Zealand (A)," 4.

33. Ibid.

34. O. Hauptman and G. Iwaki, "The Final Voyage of the Challenger," Harvard Business School Case No. 691-037 (Boston: Harvard

Business School Publishing, 1991).

35. 현상에 대한 지식과 관련하여, 자이쿠마(Jaikumar)와 본(Bohn)은 [생산] 지식을 8단계로 분류할 수 있다고 언급했다. 단순히 좋은 프로세스와 나쁜 프로세스를 구별할 수 있는 단계(그 이유는 전문가만이 알 수 있다)에서부터 모든 우발 상황을 예측하고 제어함으로써 생산을 자동화할 수 있는 완전한 프로세스 지식에 이르기까지 다양하다. 실험 모델의 구축은 그 자체로 개발자가 시스템 및 작동 방식에 대한 지식을 명확히 표현하고 발전시켜 더 높은 단계로 끌어올리게 할 것이다. 다음을 참조하라. R. Jaikumar and R. Bohn, "The Development of Intelligent Systems for Industrial Use: A Conceptual Framework," *Research on Technological Innovation, Management and Policy* 3 (1986): 169-211.

36. S. Thomke, M. Holzner, and T. Gholami, "The Crash in the Machine," *Scientific American*, March 1999, 92-97.

37. 가빈을 포함하여 수많은 경영학자가 학습에서 피드백의 중요성을 언급했다. *Learning in Action*; D. Leonard-Barton, *Wellsprings of Knowledge: Building and Sustaining the Sources of Innovation* (Boston: Harvard Business School Press, 1995), P. Senge, *The Fifth Discipline: The Art and Practice of the Learning Organization* (New York: Doubleday, 1990); J. Sterman, "Modeling Managerial Behavior: Misperceptions of Feedback in a Dynamic Decision-Making Experiment," *Management Science* 35 (1989): 321-339; and C. Argyris and D. Schön, *Organizational Learning: A Theory of Action Perspective* (Reading, MA: Addison-Wesley, 1978).

38. Millard, *Edison and the Business of Innovation*, 9-10.

39. Iansiti and MacCormack, "Team New Zealand (A)," 7.

40. 이 부분은 다음에 기초한다. S. Thomke and D. Reinertsen, "Six Myths of Product Development," *Harvard Business Review*, May 2012. 여

기서는 제품개발 대기행렬의 역할을 더욱 심오하게 탐구한다.

41. 대기행렬 시스템의 이런 속성은 대부분의 운영관리 교과서에서 찾아볼 수 있음에도 종종 관리자들을 깜짝 놀라게 한다. 대기행렬 이론에 관한 매우 통찰력 있는 논의를 찾고자 한다면 다음을 참조하라. D. Reinertsen, *Managing the Design Factory* (New York: Free Press, New York, 1997), chapter 3.

42. Box, Hunter, and Hunter, *Statistics for Experimenters*; Montgomery, *Design and Analysis of Experiment*; and Fisher, *The Design of Experiments*.

43. 링크드인 관련 정보는 2019년 3월 18일 연구원인 이아보르 보이노프 (Iavor Bojinov)와 데이터과학 책임자인 야 쉬(Ya Xu)가 제공했다.

44. S. Thomke and D. Beyersdorfer, "Booking.com," Harvard Business School Case No. 619-015 (Boston: Harvard Business School Publishing, 2018).

45. S. Thomke, E. von Hippel, and R. Franke, "Modes of Experimentation: An Innovation Process and Competitive Variable," *Research Policy* 27 (1998): 315-332. 여기에서 저자는 다음과 같은 사고실험을 통해 트레이드오프의 본질을 보여준다. 가치 영역의 지형이 n개의 지점으로 구성된 것으로 알려져 있고 적절한 솔루션을 나타내는 수직 측면의 좁은 타워를 제외하면 평면으로 시각화될 수 있는 매우 단순한 검색을 고려해보자. 순수한 병렬 실험 전략이라면 모든 실험과 테스트가 동시에 수행되어야만 한다. 그러므로 한 가지 실험을 통해 학습한 것을 통합하고 다음 시도에 적용할 수 '없다.' 이 접근방식은 많은 수의 실험(n)을 초래하지만, 모든 시도가 병렬적으로 수행되므로 전체 개발 시간이 크게 단축된다. 따라서 대규모 병렬 실험은 가장 비용이 많이 들지만 동시에 가장 신속한 전략이 될 것이다. 반면 주어진 견본 문제에 적용된 순차 전략은 실험자가 각각의 실험적 시도에서 학습할 수 있게 하며 (이 새로운 지식을 갖춘 이후) 다음 시도를 신중하게 선택할 수 있게 한다. 최소 학습 전

략(예를 들어, 실패한 시도를 반복하지 않는 것)은 평균적으로 필요한 전체 실험 수를 절반으로 줄일 수 있지만, 순수한 병렬 접근방식과 비교하면 전체 개발 시간이 상당히 늘어난다. 당연하게도, 각각의 시도에서 최대 학습의 기회가 있다면 솔루션에 도달하는 데 필요한 실험의 수는 더욱 감소한다(그러므로 전체 실험 시간도 줄어든다). 예를 들어, n개의 시도가 (n개의 각각 다른 압력 설정과 같이) 선형 척도로 배열되고 각 시도 이후 해당 척도에서 위로 이동할 것인지 아니면 아래로 이동할 것인지 학습할 수 있는 매우 유리한 시나리오를 고려해볼 수 있다. 이때 실험자는 각 실험 주기 이후 검색 공간을 50퍼센트 절감할 수 있고, 최적 솔루션에 이르기까지 신속하게 진행할 수 있다. 실험자는 2분의 n(중간 지점)에서 시작해 첫 번째 실험의 결과에 따라 4분의 n 또는 4분의 3n으로 이동할 수 있으며 솔루션을 찾을 때까지 동일한 방식으로 계속 진행한다. 이와 같은 검색 기법의 실제 사례는 시스템 문제를 식별하는 관행에서 찾아볼 수 있다. 매우 숙련된 전자 기술자는 시스템의 중간부터 시작해 잘못된 절반을 찾은 다음 문제가 발견될 때까지 계속해서 검색을 세분화하는 경향이 있다. 이처럼 (설명된 유형의 학습을 포함하는) 직렬적 전략을 사용해 성공에 도달하기까지 예상되는 시도의 횟수를 $\log_2 n$으로 절감할 수 있음을 어렵지 않게 알 수 있다. 비용을 상당히 절감할 수 있다는 말이다. 그러나 전체 개발 시간은 동일한 요소로 순수 병렬 전략을 실행했을 때의 시간을 초과한다.

46. Iansiti and MacCormack, "Team New Zealand (A)," 7.

47. W. M. Blair, "President Draws Planning Moral: Recalls Army Days to Show Value of Preparedness in Time of Crisis," *New York Times*, November 15, 1957, 4.

48. R. Bohn, "Noise and Learning in Semiconductor Manufacturing," *Management Science* 41 (January 1995): 31-42.

49. R. Lewis and J. Rao, "The Unfavorable Economics of Measuring the Returns to Advertising," *Quarterly Journal of Economics* 130, no. 4 (November 2015): 1941-1973.

50. M. Schrage, "Q&A: The Experimenter," *MIT Technology Review* (February 18, 2011).

51. Ibid.

52. Box, cited in Pearl and Mackenzie, *The Book of Why*, 144.

53. Ibid.

2장

1. SEC 기록보관소(2016): 2015년 아마존의 CEO 베조스가 주주들에게 보낸 서신.

2. A. Jesdanun, "Amazon Deal from Whole Foods Could Bring Retails Experiments," *Washington Post*, June 16, 2017.

3. S. Thomke and J. Manzi, "The Discipline of Business Experimentation," *Harvard Business Review*, December 2014. 이 장에서는 앞의 기사에서 제시된 텍스트와 개념, 사례 등을 광범위하게 차용한다. 달리 명시하지 않는 한, 사례는 저자가 행한 관리자 인터뷰에서 나온 것이며 회사가 지정한 담당자의 승인을 얻은 것이다.

4. 명백한 해답이 존재하는 문제에 대해 실험하는 것은 회사 차원에서 아무런 가치가 없다. 예를 들어, 계산대의 수가 줄어들면 가장 혼잡한 시간대의 고객 대기 시간에 영향이 미치느냐 하는 문제에는 이미 명백한 답이 존재한다. 당연히 영향을 미치지 않겠는가. 경영진이 계산대 운영의 세부 비용과 시간 사이의 트레이드오프에 대해 연구하기를 원하는 것이 아니라면 이런 실험을 하는 것은 무의미하다.

5. A. Calaprice, *The New Quotable Einstein* (Princeton, NJ: Princeton University Press, 2005).

6. 가설의 반증, 즉 무언가가 틀렸음을 '증명'하는 능력은 과학적 인식론에서 중요한 개념이다. 과학철학자 카를 포퍼(Karl Popper)가 지지한 이 개념은 과학과 사이비과학을 구별하는 데 사용됐다. 예를 들어 '모든 정치인

은 진실을 말한다'라는 가설은 단 한 번의 거짓말로 반증될 수 있지만, 일반적 사실로 입증될 수도 없다. 반대로, '거짓말하는 정치인은 지옥에 간다'라는 가설은 반박할 수 없고 그렇기에 과학적이지 않다. 포퍼의 견해에 대해 비평이 없었던 것은 아니지만 증거를 통한 검증 가능성의 개념은 경영상의 의사결정에서 기본이 되어야 한다. 다음을 참조하라. K. Popper, *The Logic of Scientific Discovery* (New York: Basic Books, 1959).

7. W. Thomson, *Popular Lectures and Addresses*, vol. 1 (London: MacMillan, 1891), 80.

8. 2018년 2월 29일에 행한 스콧 쿡과의 개인 인터뷰.

9. R. Cross and A. Dixit, "Customer-Centric Pricing: The Surprising Secret of Profitability," *Business Horizons* 48 (2005): 483-491. 상당수의 기업이 필립스와 인튜이트의 사례에서 설명한 것과 유사한 경험을 했다. 고객의 행동이 말과 일치하지 않는 데에는 여러 가지 이유가 있다. 무엇보다 고객들은 시제품을 직접 눈으로 보거나 사용해보는 것 또는 서비스의 상호작용을 직접 경험해보지 않는 이상 제품이나 서비스를 상상하기가 쉽지 않다. 때때로 고객의 선택은 상황에 따라 크게 달라지며, 선택을 좌우하는 상황은 회의실 안에서 이루어지는 포커스그룹에서 포착되지 않을 수 있다. 예를 들어 더운 여름에는 뜨거운 커피보다 차가운 물을 선택하지만, 추운 겨울이 되면 이 선호도는 달라질 것이다. 실험을 하면 단순히 포커스그룹을 운용하거나 설문조사를 하는 것보다 고객의 언행 불일치가 드러날 확률이 훨씬 높아진다.

10. D. McCann, "Big Retailers Put Testing to the Test," CFO.com, November 8, 2010.

11. Thomke and Manzi, "The Discipline of Business Experimentation."

12. Ibid.

13. J. Manzi, *Uncontrolled: Th e Surprising Payoff of Trial-and-Error for Business, Politics, and Society* (New York: Basic Books, 2012), 132-141.

14. 피험자들이 실험군과 대조군에 무작위로 할당된다면 결과의 차이를 가져올 수 있는 모든 가능한 원인이 두 집단 사이에 거의 균등하게 분포되어야 하므로, 어떤 결과의 차이든 치료의 차이를 분명히 보여줄 수 있다. 그러나 결정적으로 실험군과 대조군의 균형은 표본 추출의 오류 탓에 정확하지 않다. 다만, 다른 모든 조건이 동일할 때 집단의 크기가 더 크면 그런 모든 요인을 실험군과 대조군 사이에 균일하게 분포시키기가 더 용이해진다. 적절한 통계 과학은 모집단의 결과 변이(소음)의 일반 수준과 비교하여 실험군과 대조군 간 결과의 차이(신호) 및 집단의 크기(표본의 크기)를 고려해 인과적 추론을 도출하는 확실성의 정도를 평가하도록 설계된다. 따라서 실험의 법칙에 따르면 신뢰성은 표본의 크기와 신호-잡음 비율에서 비롯된다.

15. B. Anand, M. Rukstad, and C. Page, "Capital One Financial Corporation," Harvard Business School Case No. 700-124 (Boston: Harvard Business School Publishing, 2000).

16. H. Landsberger, "Hawthorne Revisited" *Social Forces* 37, no. 4 (May 1959): 361-364.

17. 소비자 비즈니스 실험은 다이렉트 메일과 카탈로그 마케팅 같은 틈새 앱에서 수년 전부터 시작됐다. 경제적으로 실현 가능한 표본 크기로 충분히 강력한 신호-잡음 비율을 달성할 수 있었기 때문이다(과학 및 엔지니어링 분야에서의 실험은 훨씬 길고 풍부한 전통을 보유하고 있다. 1장 참조). 응답률이 1~2퍼센트로 저조하더라도 수만 명의 고객으로 이루어진 실험군 및 대조군의 표본 크기는 통계적으로 유의미하며, 응답률에서도 의미 있는 차이를 식별할 수 있다. 이와 같은 틈새를 넘어서는 앱은 신호-잡음 비율(예를 들어, 다중 채널 실험)이 현저히 낮고 실현 가능한 표본의 크기(예를 들어, 소매 부문)가 더 작으므로 분석하기가 훨씬 더 어려웠다. 오늘날의 온라인 실험은 전통적인 다이렉트 메일 실험 방법과 유사하지만, 비용이 매우 저렴해지면서 '무엇이 살아남는지 확인하기 위해 웹사이트에 모든 것을 던져보는' 행동과 여타의 분석적 복잡성이 초래된다. 이는 변화의

진정한 영향을 과대평가하고 인과관계가 뒤얽히는 어려움으로 이어진다. 소규모 표본을 대상으로 하는 실험에서 유의미한 효율성은 과거의 지출 패턴, 인구 통계 등과 같은 개별 고객의 정보를 활용하고 잠재적인 실험군 및 대조군 고객의 특성을 신중히 일치시킴으로써 확보할 수 있다.

18. Tyler Vigen, Spurious Correlations, http://www.tylervigen.com/ view_correlation? id=2956, accessed April 4, 2018. 더욱더 비논리적이 고 (재미있는) 상관관계의 목록을 보려면 다음을 참조하라. http://www. tylervigen.com/spurious-correlations.

19. J. Pearl and D. Mackenzie, *The Book of Why: The New Science of Cause and Effect* (New York: Basic Books, 2018).

20. 루빈은 조건법적 사고의 딜레마에 대해 더 형식적인 정의를 내렸다. "직 관적으로, 특정 개체 및 T1에서 T2까지의 시간 간격에 대하여 하나의 치 료법 E의 또 다른 치료법 C에 대한 인과관계는 해당 개체가 T1에서 시작 된 E에 노출됐을 때 시간 T2에서 발생했을 무엇과 해당 개체가 T1에서 시 작된 C에 노출됐을 때 시간 T2에서 발생했을 무엇 사이의 차이를 의미한 다. '만약 1시간 전에 물 한 컵 대신 아스피린 2알을 먹었다면 두통은 사라 졌을 것이다.' 또는 '1시간 전에 물 한 컵 대신 아스피린 2알을 먹었기 때 문에 지금은 두통이 사라졌다.'" 다음을 참조하라. D. Rubin, "Estimating Causal Effects of Treatments in Randomized and Nonrandomized Studies," *Journal of Educational Psychology* 66, no. 5 (1974): 688- 701. 물론 문제는 시간 T1으로 돌아가서 동일한 개체에게(이 경우는 두통 이 있는 사람) 물 한 컵 대신 아스피린 2알을 줄 수 없다는 데 있다. 두 가 지 치료를 차례대로 실행하는 것은(첫 번째 물, 그다음 아스피린) 이월 효 과와 다른 변수의 시간 분산과 같은 또 다른 문제점을 일으킨다(예를 들 어, 어떤 개입도 없이 두통이 진정되는 것). 루빈의 논문은 진정한 조건법적 사고가 부재할 경우, 인과관계의 추정에서 무작위화 및 일치가 어떻게 도 움이 되는가를 알 수 있는 탁월한 기술적 입문서다.

21. C. Anderson, "The End of Theory: The Data Deluge Makes the

Scientific Method Obsolete," *Wired*, June 2008. 저자는 이렇게 언급한다. "과학자들은 상관관계는 인과관계가 아니라고 인식해야 하며, 단순히 X와 Y 사이의 상관관계에 근거하여 결론이 도출되어서는 안 된다고 교육받는다(우연의 일치일 수도 있기 때문이다). 대신, 둘 사이를 연결하는 근원적 메커니즘을 이해해야만 한다. (…) 그러나 방대한 데이터 앞에서 (가설, 모델, 실험이라는) 과학에 대한 이 접근방식은 퇴물이 되어가고 있다." 그는 이렇게 결론 내린다. "상관관계가 인과관계를 대체하고 일관된 모델, 통합된 이론 또는 기계적 설명이 전혀 없더라도 과학은 발전할 수 있다."

22. V. Mayer-Schonberger and K. Cukier, *Big Data: A Revolution That Will Transform How We Live, Work, and Think* (Boston: Houghton mifflin Harcourt, 2013).

23. D. Lazer et al. "The Parable of Google Flu: Traps in Big Data Analysis," *Science*, March 14, 2014. 구글 독감 트렌드(GFT)의 정확성에 의문을 제기한 사람이 이 저자들만은 아니다. 레이저(Lazer) 외 공저자들에 따르면, 2013년 〈네이처〉는 "GFT는 미국 전역의 실험실에서 나오는 감시 보고서를 기반으로 하는 질병통제예방센터(CDC)보다 인플루엔자 유사 질병으로 내원하는 비율을 2배 이상으로 예측하고 있다"라고 보고한 바 있다. 다음을 참조하라. D. Butler, "When Google Got Flu Wrong," *Nature* 494 (February 14, 2013): 155-156.

24. R. Kohavi and S. Thomke, "The Surprising Power of Online Experiments," *Harvard Business Review*, September-October 2017.

25. P. Rosenbaum, *Observation and Experiment: An Introduction to Causal Inference* (Cambridge, MA: Harvard University Press, 2017). 이 책은 인과 추론을 찾고자 하는 다양한 방법을 이해하는 데 필요한 탁월한 입문서다.

26. J. Ionnidis, "Contradicted and Initially Stronger Effects in Highly Cited Clinical Research," *Journal of the American Medical Association* 294, no. 2 (July 2005): 218-228. 저자는 1990년부터 2003

년 사이에 세 종류의 일반 의학 저널에 발표된 논문 중 영향력 지수가 가장 높으며 인용 빈도가 매우 높은(인용 횟수 1,000회 이상) 49개의 논문을 연구했는데, 그중 45개에서 개입이 효과적이었다고 주장했다. 비무작위 연구 6건 중 5건에서는 무작위 연구 39건 중 9건(p = 0.008)에 비해 후속 연구에서 모순되거나 더 강력한 효과를 발견했다. 무작위 실험 중에서 모순되거나 더 강력한 효과를 보유한 연구가 복제 또는 무시험 연구보다 적었지만(p = 0.009) 인용에는 차이가 없었다.

27. Kohavi and Thomke, "The Surprising Power of Online Experiments."

28. I bid.

29. S. Ramachandran and J. Flint, "At Netfl ix, Who Wins When It's Hollywood vs. the Algorithm?" *Wall Street Journal*, November 10, 2018.

30. S. Thomke and A. Nimgade, "Bank of America (A)," Harvard Business School Case No. 603-022 (Boston: Harvard Business School Publishing, 2002); S. Thomke and A. Nimgade "Bank of America (B)," Harvard Business School Case No. 603-023 (Boston: Harvard Business School Publishing, 2002).

3장

1. R. Kohavi and S. Thomke, "The Surprising Power of Online Experiments," *Harvard Business Review*, September-October 2017. 이 장에서는 본문과 개념, 사례 등 해당 논문을 광범위하게 차용했다. 마이크로소프트의 사례를 제공한 로니 코하비(Ronny Kohavi)는 온라인 실험에 대한 폭넓은 저술 활동을 이어왔다. 그의 저서는 exp-platform.com에서 읽을 수 있다.

2. Interview with Simon Elsworth, experimentation and analytics

manager, and Abdul Mullick, head of digital transformation, both at Sky UK, March 27, 2019.

3. A/B 테스트에 관한 최근 저서들 중 다음 두 가지를 참조했다. R. King, E. Churchill, and C. Tan, *Designing with Data: Improving the User Experience with A/B Testing* (Sebastopol, CA: O'Reilly Media, 2017); and D. Siroker and P. Koomen, *A/B Testing: The Most Powerful Way to Turn Clicks into Customers* (Hoboken, NJ: John Wiley & Sons, 2015).

4. G. E. P. Box and N. R. Draper, *Empirical Model-Building and Response Surfaces* (New York: Wiley, 1987) and D. Montgomery, *Design and Analysis of Experiments* (New York: Wiley, 1991). 여기서는 실험을 위한 설계와 모델링 기법에 관한 훌륭한 개요를 제공한다.

5. 코하비 등 공저자에게는 유의미한 온라인 실험에 필요한 유저의 수에 대한 경험적 법칙이 있다. 표본의 크기를 산출하는 공식을 어렵지 않게 적용할 수 있으나 저자들은 변수의 뒤틀림(비대칭적 분포)을 고려할 것을 권장한다. 다음을 참조하라. R. Kohavi et al., "Seven Rules of Thumb for Web Site Experimenters," *Proceedings of the 20th ACM SIGKDD International Conference on Knowledge Discovery and Data Mining, New York, August 24-27, 2014,* New York: ACM, 2014.

6. 다수의 고객 대면 실험을 할 때 잠재적 비용 중 하나는 더 길어진 응답 시간이다. 따라서 응답 시간을 단축함으로써 금전적 손익을 정량화하는 것은 회사 전체의 실험 전략에 관한 의사결정에 도움이 된다. 예를 들어, 경영진이 응답 시간을 개선하기 위해 소프트웨어 기술자와 풀스택 실험 솔루션의 도움을 받아 서버 쪽에서 더 많은 실험을 하기로 결정할 수 있다.

7. G. Smith and J. Pell, "Parachute Use to Prevent Death and Major Trauma Related to Gravitational Challenge: Systematic Review of Randomized Controlled Trials," *BMJ*, 327, no. 7429 (2003): 1459-1461.

8. R. Yeh et al., "Parachute Use to Prevent Death and Major Trauma When Jumping from an Aircraft: Randomized Controlled Trial," *BMJ* (2018), 363.

9. 독립변수의 작은 변화가 종속변수의 큰 변화를 초래할 수 있는 고도로 비선형적인 시스템은 예외다. 그런 시스템을 최적화하는 일은 어려울 수 있으나, 경험에 따르면 단일 지점 성능 최적화보다는 몬테카를로 유형의 방법을 통해 견고함을 높이는 쪽이 유망하다(예를 들어, 자동차 충돌 안전의 개선).

10. D. Garcia-Macia, C. Hsieh, and P. Klenow, "How Destructive Is Innovation?" NBER Working Paper No. 22953, 2016.

11. 새뮤얼 홀랜더(Samuel Hollander)는 레이온 생산에서 단위 원가 절감의 80퍼센트가 사소한 기술적 변화에서 비롯된다는 것을 알게 됐다(1965). 케네스 나이트(Kenneth E. Knight)는 디지털 컴퓨터의 성능 변화를 측정하여 유사한 결론에 도달했다. 장비 설계자가 소소한 개선을 다수 진행했을 때 누적된 효과는 매우 크다. 다음을 참조하라. S. Hollander, *The Sources of Increased Efficiency* (Cambridge, MA: MIT Press, 1965); and K. E. Knight, *A Study of Technological Innovation: The Evolution of Digital Computers* (PhD dissertation, Carnegie Institute of Technology, Pittsburgh, 1963).

12. 코르스텐스(Corstjens), 카펜터(Carpenter), 하산(Hasan) 등은 규모가 큰 투자를 줄이고 비교적 작은 규모의 투자에 더 많은 자원을 투입한다면 연구개발 수익률을 개선할 수 있다고 제안한다. 그들은 소비재 기업에 대한 연구를 통해 평균적으로 마케팅 비용은 영업이익과 상관관계가 있지만 연구개발 비용은 그렇지 않다는 점을 알게 됐다. 기업에 대한 심층 분석에 따르면, 일부 기업은 더 작은 규모로 더 정교하게 표적화된 연구개발 투자를 했을 때 연구개발을 통해 상당한 영업이익을 얻을 수 있다. 다음을 참조하라. M. Corstjens, G. Carpenter, and T. Hasan, "The Promise of Targeted Innovation," *MIT Sloan Management Review* (Winter

2019).

13. J. Rivkin, S. Thomke, and D. Beyersdorfer, "LEGO," Harvard Business School Case 613-004 (Boston: Harvard Business School Publishing, 2012).

14. A. Gawande, "Tell Me Where It Hurts," *The New Yorker*, January 23, 2017.

15. S. Spear and K. Bowen, "Decoding the DNA of the Toyota Production System," *Harvard Business Review*, September-October 1999. 여기서 토요타의 공장 근로자들은 토요타를 "무결점, 적시, 낭비가 없는 이상적 경지에 가까워지도록 끊임없이 독려하는, 고도로 단련됐지만 유연하고 창의적인 과학자 공동체"라고까지 묘사한다.

16. Thomke and Beyersdorfer, "Booking.com."

17. 만지(Manzi)는 구글에서 이 성공률을 인용했다. 1장에서 인용된 보다 낮은 성공률(3.9퍼센트)은 클릭 평가와 같은 덜 엄격한 실험을 포함한다. 다음을 참조하라. J. Manzi, *Uncontrolled: The Surprising Pay off of Trial-and-Error for Business, Politics, and Society* (New York: Basic Books, 2012).

18. D. Siroker, "How Obama Raised 60 Million by Running a Simple Experiment," *Optimizely Blog*, https://blog.optimizely.com/2010/11/29/how-obama-raised-60-millionby-running-a-simple-experiment/, accessed November 22, 2018.

19. 2017년에는 40명의 개발자가 실험 플랫폼과 분석 도구 개발 작업을 담당했다. 이에 더하여 30명의 데이터과학자, 8명의 프로그램 관리자, 1명의 일반 관리자, 1명의 관리자가 있다. 아마존, 페이스북, 구글, 링크드인 등에서 근무했던 사람들이 팀에 소속되어 있다.

20. 2018년 12월 11일에 행한 머니슈퍼마켓의 보험 및 홈서비스 제품 책임자 마니시 가즈리아와의 인터뷰.

21. Ibid.

22. 갭의 디지털 수석 부사장 놈 파란스키(Noam Paransky)가 2018년 9월, 네바다주 라스베이거스에서 열린 '옵티콘 콘퍼런스(Opticon Conference)' 기간에 회사의 실험 진행 상황을 설명했으며, 2018년 11월 22일 콘퍼런스의 웹사이트를 통해 영상자료에 접근했다.

23. 기술적으로 수익 변화에 대한 통계적 유의미성을 측정하는 p 값은 (일반적으로 사용되는 임곗값 0.05보다 훨씬 낮은) 0.000000005였다.

24. 로니 코하비와 내가 이 부분의 초안을 작성했지만 〈하버드 비즈니스 리뷰〉에 실린 2017년 기사에는 포함되지 않았다. 물론 수정된 부분의 모든 오류는 전적으로 내 책임이다.

25. S. Goodman, "A Dirty Dozen: Twelve P-Value Misconceptions," *Seminars in Hematology* 45 (2008): 135-140. p 값은 데이터 분석에 널리 사용되지만 제대로 이해되지 않는 경우가 많다. 저자는 실험을 통해 도출된 결론에 중대한 영향을 미칠 수 있는 열두 가지 일반적 오해에 관해 설명했다.

26. 5퍼센트의 p 값에 대해서는 다음을 참조하라. Cowles and C. Davis, "On the Origins of the 0.05 Level of Statistical Significance," *American Psychologist* 37, no. 5 (1982): 553-558. 중요도의 수준을 설정하는 것은 선택 사항이다. 그러나 5퍼센트는 과학적 관행의 오랜 역사에 기반한 것이다. 기업이 온라인 실험에서 흔히 그렇게 하는 것처럼 이 수준을 10퍼센트로 설정한다면 더 낮은 임곗값을 인식할 필요가 있으며, 결과를 사실로 취급하지 말아야 한다.

27. Kohavi et al., "Seven Rules of Thumb" includes the formula; see the authors' rule #2.

28. R. Fisher, "The Arrangement of Field Experiments," *Journal of the Ministry of Agriculture of Great Britai* 33 (1926): 503-513.

29. R. Kohavi and R. Longbotham, "Online Controlled Experiments and A/B Tests," in *Encyclopedia of Machine Learning and Data Mining*, ed. C. Sammut and G. Webb (New York: Springer, 2017).

30. L. M. Holson, "Putting a Bolder Face on Google," *New York Times*, February 28, 2009.

31. D. Bowman, "Goodbye, Google," *Stopdesign* (blog), March 20, 2009, https://stopdesign.com/archive/2009/03/20/goodbye-google.html, 2018년 4월 27일에 접속함.

32. 다음을 참조하라. G. Box, "Robustness in the Strategy of Scientific Model Building," in *Robustness in Statistics*, ed. R. L. Launer and G. N. Wilkinson (New York: Academic Press, 1979), 201-236. 이와 관련된 흥미로운 방법은 실험 설계에 직교 배열을 사용하는 것이다. 이런 배열은 조사 중인 변수의 주요 효과에 중점을 둔다. 변수 간의 상호작용을 포함하며 몇 가지 변수만으로 매우 복잡해지는 완전요인 설계에 비해 정확도는 떨어지지만 마다브 파드케(Madhav Phadke)는 엔지니어링 문제의 2단계 최적화에서 직교 설계의 유용성에 관해 설명했다[다구치 방법(Taguchi method)이라고도 한다]. 다음을 참조하라. M. S. Phadke, *Quality Engineering Using Robust Design* (Engle-wood Cliffs, NJ: Prentice-Hall, 1989).

33. S. Thomke and D. Reinertsen, "Six Myths of Product Development," *Harvard Business Review*, May 2012.

34. R. Koning, S. Hasan, and A. Chatterji ["A/B Testing and Firm Performance" (working paper, October 24, 2018)] 보고서에 따르면, 2008년에 설립된 7,116개 스타트업 기업 중 75퍼센트가 A/B 테스트 툴을 사용하는 것으로 조사됐다(2013년 설립된 기업들의 경우에도 적용률은 유사하다). 특히 약 25퍼센트는 운영을 시작한 초기 1년 이내에 A/B 테스트 툴을 사용했다.

35. 고백하자면, 나는 2018년 1월 이후로 옵티마이즐리의 독립적인 고문으로 활동하고 있다. 그렇지만 이 장에서 설명하는 연구 프로젝트는 나의 자문 역할과 무관하며, 옵티마이즐리로부터 금전적 지원을 받은 바도 없다(프로젝트를 위한 재정적 지원은 하버드 경영대학원 연구부에서 제공했다).

36. 우리는 다음과 같은 각각 다른 측정 지표를 사용했다. (1) 통계적 유의미성에 따라 조건부로 실험된 모든 변화의 최대/최저 상승 정도(대부분의 실험에서 p = 0.1이었다), (2) 통계적 유미의성에 따른 모든 조건부 변화에 의해 생성된 평균 상승 정도, (3) 모든 변화에 대한 통계적 유의미성.

37. Koning, Hasan, and Chatterji ("A/B Testing and Firm Performance"). 여기서는 스타트업 기업이 A/B 테스트 툴을 활용하는 것이 (페이지 조회 수와 유저의 참여도로 측정되는) 높은 성과 및 자금 조달의 성공 여부와 관련이 있음을 발견했다.

4장

1. B. Hindo, "At 3M, a Struggle between Efficiency and Creativity," *BusinessWeek*, June 6, 2007.

2. S. Thomke and D. Reinertsen, "Six Myths of Product Development," *Harvard Business Review*, May 2012.

3. D. Ariely, "Why Businesses Don't Experiment," *Harvard Business Review*, April 2010.

4. S. Thomke, *Experimentation Matters: Unlocking the Potential of New Technologies for Innovation* (Boston: Harvard Business School Press, 2003). 이 장의 일부 섹션은 이 책의 본문, 개념, 사례 등을 차용했다.

5. 레너드 바턴(Leonard-Barton)과 시트킨(Sitkin)은 이런 결과를 지적 실패라고 부른다. 시트킨은 지적 실패의 원인이 되는 다섯 가지 주요 특성을 다음과 같이 나열했다. (1) 신중하게 계획된 행동의 결과, (2) 불확실한 결과, (3) 적당한 규모, (4) 신속한 실행과 반응, (5) 효과적 학습을 허용하는 충분히 친숙한 영역. 다음을 참조하라. D. Leonard-Barton, *Wellsprings of Knowledge: Building and Sustaining the Sources of Innovation* (Boston: Harvard Business School Press, 1995); and S. Sitkin, "Learning through Failure: The Strategy of Small Losses,"

Research in Organizational Behavior 14 (1992): 231-266.

6. 일화의 출처는 다음과 같다. P. Heinrich, "A/B Testing Case Study: Air Patriots and the Results That Surprised Us," *Amazon's Appstore Blogs*, January 16, 2014, https://developer.amazon.com/es/blogs/appstore/post/TxO655111W182T/a-b-testing-case-study-air-patriots-and-the-results-that-surprised-us, accessed November 2, 2018.

7. A. Hirschman, "The Principle of the Hiding Hand," *National Affairs* (Winter 1967): 10-23.

8. Ibid.

9. Details from interview with Manish Gajria, product head of MoneySuperMarket's insurance and home services, on December 11, 2018.

10. S. Sitkin, "Learning through Failure," and F. Lee et al., "The Mixed Effects of Inconsistency on Experimentation in Organizations," *Organization Science* 15, no. 3 (May-June 2004): 310-326, 여기에는 실패를 통한 학습에 대한 논의 및 문헌 조사가 포함되어 있다.

11. SEC archives (2019): 2018 Letter to Amazon Shareholders from CEO Bezos.

12. '실수'와 '실패'라는 단어는 의미상 서로 매우 가깝다. '실패'는 일반적으로 행동에 따른 결과에서 만족스러운 성과가 없는 상태를 말한다. 그에 비해 '실수'는 잘못된 판단, 부주의 또는 단순한 무지에서 비롯된 그릇된 행동이며 학습의 목표가 없다. 나는 의도적으로 그 차이를 과장하는데, 가설 혹은 질문의 형태인 학습 목표에 따라 행동에 동기가 부여된다면 실패는 긍정적일 수 있다.

13. D. Reinertsen, *Managing the Design Factory* (New York: The Free Press, 1997). 여기에서도 두 가지 유형의 실패, 즉 정보를 생성하는 실패와 생성하지 않는 실패를 구분함으로써 같은 주장을 한다. 전자는 설계에 매

우 유용하지만 후자는 아무런 이득도 없이 시간과 자원을 소비할 뿐이다.

14. M. L. Tushman and C.A. O'Reilly III, *Winning through Innovation: A Practical Guide to Leading Organizational Change and Renewal* (Boston: Harvard Business School Press, 1997).

15. 다음에서 인용했다. W. Bennis and B. Nanus, *Leaders: The Strategies for Taking Charge* (New York: Harper & Row, 1985), 70.

16. A. C. Edmondson, "Learning from Errors Is Easier Said Than Done: Group and Organizational Influences on the Detection and Correction of Human Error," *Journal of Applied Behavioral Science* 32, no. 1 (1996): 5–32.

17. 조사 연구의 전체 결과는 다음에서 볼 수 있다. Lee et al., 2004, "The Mixed Effects of Inconsistency on Experimentation."

18. S. Thomke and A. Nimgade, "Bank of America (A)," Harvard Business School Case 603–022 (Boston: Harvard Business School Publishing, 2002); and "Bank of America (B)," Harvard Business School Case 603–023 (Boston: Harvard Business School Publishing, 2002).

19. 뱅크오브아메리카 애틀랜타 지점의 창구 직원들은 연간 2만 달러의 수익을 올린다. 연간 이직률은 평균 50퍼센트이며, 창구 직원에서 승진하면 영업사원이 된다. 이들은 저축 또는 당좌예금 계좌 개설, 주택담보대출 신청, 문서의 공증 등과 관련해 고객에게 도움을 주고 새로운 서비스로 고객을 유인하는 업무를 담당한다. 실험이 진행된 지점에서 일부 직원은 호스트의 역할도 할 수 있어서 지점장의 개입이 없더라도 많은 의사결정을 할 수 있었다.

20. 다음에서 인용했다. Thomke and Nimgade, "Bank of America (A)," 11.

21. Thomke and Nimgade, "Bank of America (A)," 11.

22. "I. Semmelweiss," Wikimedia Foundation, last modified July 29,

2019, https://en.wikipedia.org/wiki/Ignaz_Semmelweis, accessed April 17, 2018.

23. J. Lehrer, "The Truth Wears Off ," *The New Yorker*, December 13, 2010.

24. G. Linden, "Early Amazon: Shopping Cart Recommendations," *Geeking with Greg* (blog), April 25, 2006, http://glinden.blogspot. com/2006/04/early-amazon-shopping-cart. html, 2018년 6월 1일에 접속했다.

25. R. Kohavi, R. Henne, and D. Sommerfield, "Practical Guide to Controlled Experiments on the Web: Listen to Your Customers, Not to the HiPPO," paper presented at the SIGKDD Conference on Knowledge Discovery and Data Mining, San Jose, CA, August 12-15, 2007. "HiPPO"라는 용어의 유래에 관해서는 다음을 참조하라. "HiPPO FAQs," https://exp-platform.com/hippo/, accessed April 17, 2019.

26. "HiPPO FAQs," 2019년 4월 17에 접속했다.

27. F. Bacon, *The Advancement of Learning* (1605; rep. Philadelphia: Paul Dry Books, 2000).

28. D. Kahneman, *Thinking, Fast and Slow* (New York: Farrar, Straus and Giroux, 2011), 117.

29. M. Shermer, in *The Believing Brain: From Ghosts and Gods to Politics and Conspiracies—How We Construct Beliefs and Reinforce Them as Truths* (New York: Times Books, 2011), 여기서는 우리 인간 조상들이 인지의 제1형 오류(거짓 양성)를 범할 만한 강력한 인센티브를 보유했다고 주장한다. 풀밭의 바스락거리는 소리는 위험한 포식자일 수 있으나, 그것이 단지 바람에 의한 것이라면 인간에게 해를 끼치지 않는다는 결론을 내린다. 그러나 제2형 오류(거짓 음성), 즉 바람이 이는 원인이 포식자라면 치명적 실수가 될 수 있다. 따라서 유전학은 제1형 오류를 범

하는 인간을 선호했으며, 셔머(Shermer)가 주장한 바와 같이 인간의 두뇌는 진화를 통해 형성된 신념의 엔진(belief engine)이다.

30. U. Sinclair, *I, Candidate for Governor: And How I Got Licked* (New York: Farrar & Rinehart, 1935; repr. University of California Press, 1994), 109.

31. R. Raffaelli, J. Margolis, and D. Narayandas, "Ron Johnson: A Career in Retail," Video Supplement 417-704 (Boston: Harvard Business School, 2017).

32. Lehrer, "The Truth Wears Off."

33. D. Hand, "Never Say Never," *Scientific American,* February 2014. 23명 이상이 한 방에 모여 있을 때, 생일이 같은 두 사람이 있을 가능성이 크며 확률은 51퍼센트다. 수학적으로 계산해보면 이렇다. n명이 한 방에 있을 때, 생일을 공유할 수 있는 사람의 수는 모두 'n × (n - 1)/2' 쌍이다. n이 23일 때 253개의 조합이 생성되며 그중 한 쌍만 생일이 같으면 된다. 그럴 가능성이 얼마나 될까? 두 사람의 생일이 같지 않을 확률은 364/365다. 세 사람의 생일이 같지 않을 확률은 '364/365 × 363/365'일 것이다. 이렇게 계속해나가면, 생일이 같은 사람이 없을 확률은 '364/365 × 363/365 × 362/365 × ⋯ × 343/365'이며 이 수식의 답은 0.49다. 따라서 사람들 중 일부가 생일이 같을 확률은 '1 - 0.49 = 0.51'이 된다. 사람들은 대체로 이 결과에 놀라워한다.

34. M. Meyer, "Two Cheers for Corporate Experimentation: The A/B Illusion and the Virtues of Data-Driven Innovation," *Colorado Technology Law Journal* 13 (2015): 273-331.

35. 단언컨대, 페이스북은 뉴스피드를 통해 유저에게 노출될 내용을 결정하는 알고리즘을 조정했을 뿐이다. 그런 알고리즘 검열은 유저에게 가장 관련성이 크고 매력적인 콘텐츠를 제공하기 위한 노력의 일부라는 점에서 뉴스피드의 두드러진 기능이다. 페이스북의 실험이 다른 점은 알고리즘이 뉴스를 필터링하기 위해 일시적으로 부정적 또는 긍정적으로 들리는 단어

를 사용했다는 것이다.

36. A. Kramer, J. Guillory, and J. Hancock, "Experimental Evidence of Massive-Scale Emotional Contagion through Social Networks," *Proceedings of the National Academy of Sciences of the United States of America* 111: (2014): 8788-8790.

37. R. Albergotti, "Facebook Experiment Had Few Limits," *Wall Street Journal*, July 2, 2014.

38. T. Weiss, "Amazon Apologizes for Price-Testing Program That Angered Customers," *Computerworld*, September 28, 2000.

39. Meyer, "Two Cheers for Corporate Experimentation."

40. M. Meyer et al, "Objecting to Experiments That Compare Two Unobjectionable Policies or Treatments," *Proceedings of the National Academy of Sciences of the United States of America* 116 (2019): 10723-10728.

41. S. Thomke, *Experimentation Matters: Unlocking the Potential of New Technologies for Innovation* (Boston: Harvard Business School Press, 2003), 여기서는 새로운 시뮬레이션 및 모델링 도구들이 R&D 분야에 혁신을 가져올 가능성과 이를 성공적으로 통합하기 위해 관리자가 해야 할 일이 무엇인지를 보여준다.

42. Thomke, *Experimentation Matters*, 4.

43. S. Thomke, "Capturing the Real Value of Innovation Tools," *MIT Sloan Management Review* 47, no. 2 (Winter 2006): 24-32.

44. 에릭 브리뇰프슨(Erik Brynjolfsson)과 로린 히트(Lorin Hitt)의 연구에서 주장하는 바는 산업 수준의 분석이 IT 투자와 생산성 증대 사이의 실질적 관계를 완전히 설명하지 못한다는 것이다. 그들의 기업 수준 연구에서는 긍정적 관계가 드러났고, 그들은 조직 및 업무 관행, 상호 보완적 투자 등과 같이 고려되어야 할 다른 요소도 지적했다. 다음을 참조하라. E. Brynjolfsson and L. Hitt, "Paradox Lost? Firm-Level Evidence

on the Returns to Information Systems Spending," *Management Science* (April 1996).

45. McKinsey Global Institute, *How IT Enables Growth: The US Experience Across Three Sectors in the 1990s* (San Francisco: McKinsey Global Institute, November 2002).

46. Kinsey Global Institute, *Productivity Growth and Information Technology*.

47. J. March, "Exploration and Exploitation in Organizational Learning," *Organization Science* 2, no. 1 (1991): 71-87; Tushman and O'Reilly, *Winning Through Innovation*.

48. A. Millard, *Edison and the Business of Innovation* (Baltimore: John Hopkins University Press, 1990), 200.

49. 다음에서 인용했다. Millard, *Edison and the Business of Innovation*, 201.

50. SEC 기록보관소(2019): 2015년 아마존의 CEO 베조스가 주주들에게 보낸 서신.

51. 고백하자면, 2007년에 나는 오스트리아마이크로시스템스의 컨설턴트로 일하며 회사의 혁신·제조·마케팅 활동을 지원했다.

52. Hindo, "At 3M, A Struggle Between Efficiency and Creativity."

53. Scott Cook, video interview with Larry Kanter, "Make decisions by experiment, not Power Point," February 2014, https://www.inc.com/larry-kanter/scott-cook-intuit-run-experiments-not-powerpoints.html, accessed January 19, 2019.

54. 학술 연구에서 통계적 유의미성을 찾기 위해 데이터를 채굴하는 관행을 'p-해킹(p-hacking, 주장하는 바를 입증하기 위해 원하는 p 값을 도출하는 행위)'이라고 한다. p 값이 10퍼센트로 설정됐다면 일부 가설이 유의미성을 보이는 것은 시간문제일 뿐이다. 충분한 수의 가설이 실험되고 단지 우연에 의해서만 실험된다는 전제하에 그렇다는 얘기다. 그러나 여기에는

상당한 오해의 소지가 있다. 7월 4일에 태어난 세 사람 사이에 존재하는 수백 가지의 유사점을 검토한다고 상상해보자. 분석가가 세 사람이 똑같이 땅콩 알레르기가 있다는 사실을 발견했다. 그렇다면, 7월 4일에 태어난 사람들은 땅콩 알레르기 때문에 고통받을 확률이 높다는 가설을 설정할 수 있지 않겠는가. 심지어 기존의 데이터가 그것을 뒷받침하기까지 한다. 물론 이것이 통제된 복제 실험에서도 유효할 가능성은 매우 희박하다.

5장

1. S. Thomke et al., "Lotus F1 Team," Harvard Business School Case No. 616-055 (Boston: Harvard Business School Publishing, 2016).

2. Thomke et al., "Lotus F1 Team."

3. 이 장에서 사용한 자료는 기업의 고위 경영진을 대상으로 한, 디지털 실험을 통한 경쟁력 우위 확보 방법에 관한 하버드 경영대학원 강의 자료 중 사례 연구 및 다음의 문헌에서 광범위하게 도입했다. S. Thomke and D. Beyersdorfer, "Booking.com," Harvard Business School Case No. 619-015 (Boston: Harvard Business School Publishing, 2018).

4. 온라인 여행 산업은 근본적으로 여행 전자상거래와 리뷰 사이트로 구성됐다. 여행 전자상거래 사이트는 고객들이 호텔, 항공, 렌터카 등의 여행 상품을 여행사의 웹사이트(예를 들어, 루프트한자)를 통해 직접 구매하거나 중개자 역할을 하는 온라인 여행사(OTA)를 통해 구매할 수 있게 했다. OTA는 호텔을 비롯한 여타의 여행 상품 공급자들과 계약을 맺고 그들의 재고 목록 중 일부를 일괄 구매한 다음, 고객들이 자사의 웹사이트 또는 모바일 앱을 통해 해당 제품을 예약할 수 있게 했다. 트립어드바이저(TripAdvisor)와 같은 여행 리뷰 웹사이트는 호텔 숙박을 평가하는 방법 등을 통해 여행 상품에 대한 고객의 경험을 공유할 수 있게 했으며, 자사 웹사이트에 광고를 유치하여 수익을 창출하기도 했다. 전 세계 여행자들이 여행 상품을 예약할 때 리뷰 사이트에 의존하는 일이 점점 많아

지고 있다. 2017년 현재, 전 세계 온라인 여행 산업은 6,300억 달러의 매출을 기록했고(2016년 대비 11.5퍼센트 증가했다), 2020년이면 8,180억 달러에 이를 것으로 예상됐다. 익스피디아 그룹, 프라이스라인 그룹, 중국의 씨트립(Ctrip)이 예약 및 판매 부문에서 세계 최대의 여행사다. 그리고 유저 수는 트립어드바이저가 가장 많다. 이들 4개 기업은 시장점유율을 확대하기 위해 OTA 통합을 추진해왔으며 지금은 호텔과 같은 직접 공급자들과 경쟁하고 있다. OTA는 에어비앤비와 같은 P2P 사이트, 거대 검색 엔진 구글과 같은 신규 진입자들의 도전에 부딪혔다. 구글은 2011년 호텔파인더(Hotel Finder) 도구를 출시했는데, 2016년 현재 본격적인 호텔 검색 서비스로 성장했다. 항공사의 웹사이트로 연결되는 항공편 검색 기능도 추가하여 여행자들이 OTA를 거치지 않고도 항공편과 숙소를 비교하고 예약할 수 있게 했다. 고객 트래픽의 상당 부분을 구글에 의존하던 OTA는 광고비 지출을 늘리는 방식으로 반격에 나섰다. 분석가들은 여행 부문으로 진출할 다음 기업 중 하나로 전자상거래의 거인 아마존을 꼽았다.

5. M. Sorrells, "Booking Holdings Reveals 12.7B Revenue, Goes Lukewarm on Airbnb Threat." *Phocuswire*, February 28, 2018, https://www.phocuswire.com/Booking -Holdings-earnings-full-year-2017, 2018년 7월에 접속했다.

6. Ibid.

7. J. Panyaarvudh, "Booking a Niche in the Travel World" *The Nation on the Web*, June 18, 2017, http://www.nationmultimedia.com/news/Startup_and_IT/30318362, 2018년 7월에 접속했다.

8. 이 사례는 부킹에서 실험한 변경 사항 중 하나일 뿐이다. 그 외 다른 변경 사항에는 인근의 관광지 위치가 포함된 지도, 산책하기에 좋은 이유에 대한 설명 또는 호텔에 대한 접근성 향상을 통한 보행성이 어떻게 시간을 절약할 수 있게 했는지에 대한 환경영향평가 등이 포함될 수 있었다. 일반적으로 실험 대상이 된 단일 변경 사항이 성급한 결론으로 이어지는 것을 배

제하기 위해 가설의 여러 변형('보행성 정보는 고객 전환율을 증가시킨다')을 실험하는 것이 좋은 방법이다.

9. Panyaarvudh, "Booking a Niche in the Travel World."

10. T. Pieta, "5 Ways to Listen to Your Customers," *Booking.design*, 2016년 10월 24일, https://booking.design/5-ways-to-listen-to-your-customers-8d06b67702a6, 2018년 7월 6일에 접속했다.

11. 부킹은 1년에 얼마나 많은 수의 실험을 하는지 밝히지 않지만, 간단히 계산해보더라도 엄청날 것으로 보인다. 이를 추정하기 위해 리틀의 법칙(Little's Law), 즉 '생산량(OR) = 진행 중인 작업(WIP)/리드타임(LT)'을 적용해보자. 만약 LT가 약 2주이고 WIP가 대략 1,000건이라면, 매주 500건 또는 연간 2만 6,000건의 실험이 이뤄진다고 볼 수 있다. 실험의 지속 기간을 평균 3주로 잡더라도 생산량이 연간 1만 7,333건으로 여전히 높은 수치다.

12. S. Gupta et al., "Top Challenges from the First Practical Online Controlled Experiments Summit," *SIGKDD Explorations* 21 (June 2019).

13. 2019년 3월 18일에 행한 이아보르 보이노프 및 야 쉬와의 온라인 인터뷰.

14. Y. Xu et al., "From Infrastructure to Culture: A/B Testing Challenges in Large Scale Social Networks." *Proceedings of the 21st ACM SIGKDD International Conference on Knowledge Discovery and Data Mining (KDD)* '15, Sydney, Australia, 2015, New York: ACM, 2015.

15. 일부 지침은 온라인상에 개재됐다. https://engineering.linkedin.com/ab-testing/ xlnt-platform-driving-ab-testing-linkedin, accessed March 21, 2019.

6장

1. S. Spear and K. Bowen, "Decoding the DNA of the Toyota Production System," *Harvard Business Review*, September–October 1999.

2. S. Thomke and D. Beyersdorfer, 2010, "Dassault Systemes," Harvard Business School Case No. 610-080 (Boston: Harvard Business School Publishing, 2010).

3. J. Constine, "Why Snapchat's Redesign Will Fail and How to Save It," *TechCrunch*, May 11, 2018, https://techcrunch.com/2018/05/11/how-snapchat-should-work, 2018년 11월 14일에 접속했다.

4. M. Moon, "Snap CEO Evan Spiegel Admits App Redesign Was 'Rushed,'" *Engadget*, October 5, 2018, https://www.engadget.com/2018/10/05/snap-evan-spiegel-app-redesign-rushed, 2018년 11월 14일에 접속했다.

5. Personal interviews with Mahesh Chandrappa, November 8 and 19, 2018.

6. 핀터레스트의 데이터과학자인 앤드리아 버뱅크가 2017년 4월 스웨덴 스톡홀름에서 열린 '데이터 이노베이션 써밋(Data Innovation Summit)'에서 이 성숙도 모델을 발표했다. 나는 2018년 11월 7일 프레젠테이션 영상 자료에 접속했다. 개념의 요약 과정에 오류가 있다면 전적으로 내 책임이다.

7. 2018년 11월 13일에 행한 앤드리아 버뱅크와의 대면 인터뷰.

8. 인용문의 전문은 다음과 같다. "탁월함은 훈련과 습관화를 통해 획득한 기술이다. 우리에게 미덕이나 탁월함이 있어서 올바른 행동을 하는 것이 아니라 올바르게 행동했기 때문에 그것을 보유하게 된 것이다. 이런 미덕은 사람의 행동을 통해 형성된다. 반복적 행동이 곧 나 자신이다. 그러므로 탁월함은 행동이 아니라 습관이다." 다음을 참조하라. W. Durant, *The Story of Philosophy* (New York: Simon & Schuster, 1926).

9. 저자들은 마이크로소프트에서의 관찰에 기초한 실험 진화 모델을 따르라고 기업들에 제안한다. 연구진은 성숙도 모델을 '기기', '걷기', '뛰기', '날기' 등 4단계로 구분하고 각 단계의 진화 과정을 기술(기술적 초점, 플랫폼의 복잡성, 침투성), 조직(팀의 자급자족 역량, 조직), 비즈니스(전반적인 평가 기준) 등의 세 가지 범주로 나눴다. 그들은 마이크로소프트가 실험의 규모를 극적으로 확대하면서 플랫폼과 도구들이 더욱 정교해졌고, 실험 활동이 조직 전반으로 침투하게 됐으며, 각 팀의 독립성이 더욱 증가했다는 점을 발견했다. 마지막 '날기' 단계는 실험이 해탈의 경지에 도달한 것과 다름없다. 연구자들에 따르면, "대조실험은 회사의 포트폴리오상에 있는 모든 제품의 모든 변화에 적용하는 표준이다." 다음을 참조하라. Fabijan et al., "The Evolution of Continuous Experimentation in Software Product Development," International Conference on Software Engineering (ICSE), Buenos Aires, Argentina, May 2017.

10. 온라인 실험의 실행을 위한 사전점검표의 사례는 다음을 참조하라. A. Fabijan et al., "Three Key Checklists and Remedies for Trustworthy Analysis of Online Experiments at Scale," presented at the Conference on Software Engineering, Montreal, Canada, May 2019.

11. 2019년 4월 11일에 행한 IBD 디지털 제품개발 책임자와의 인터뷰.

12. 2019년 2월 15일에 행한 IBM 마케팅 분석 부사장 아리 셰인킨(Ari She-inkin)과의 인터뷰.

13. S. Thomke and D. Beyersdorfer, "Booking.com," Harvard Business School Case No. 619-015 (Boston: Harvard Business School Publishing, 2018).

14. 이 연구에 대한 상세한 논의 및 연구의 결과는 다음에서 찾을 수 있다. S. Thomke, Experimentation Matters: Unlocking the Potential of New Technologies for Innovation (Boston: Harvard Business School Press, 2003), chapter 4.

15. S. Thomke and E. von Hippel, "Customers as Innovators: A New

Way to Create Value," *Harvard Business Review*, April 2002.

16. 2015년 3월 16일과 6월 8일에 행한 크레디트스위스 재무 및 은행 솔루션 담당자 앙케 브리지(Anke Bridge)와의 인터뷰.

7장

1. A. Hirschman, *The Rhetoric of Reaction* (Cambridge, MA: The Belknap Press, 1991), 10.

2. J. McCormick, "Elevate Your Online Testing Program with a Continuous Optimization Approach," *Forrester Research*, February 15, 2018.

3. R. Koning, S. Hasan, and A. Chatterji, A/B Testing and Firm Performance" (working paper, October 24, 2018). 성과 측정에는 유저의 참여도, 초기 자금 조달의 가능성, 자금 조달의 횟수, 이미 자금 조달에 성공한 스타트업 기업에 조달된 금액 등이 포함됐다.

4. D. Montgomery, *Design and Analysis of Experiments* (New York: Wiley, 1991), 여기서는 선택할 수 있는 다양한 실험의 설계를 소개한다. 물론 상호작용의 효과를 추정하려면 더 복잡한 설계와 더 많은 실험이 필요할 것이다.

5. 마이크로소프트의 로니 코하비는 이 사례를 프레젠테이션에 사용한다. 2003년에는 아마존에서 데이터 채굴과 개인화 작업을 주도했다.

6. M. Meyer, "Ethical Considerations When Companies Study—and Fail to Study—Their Customers," in *The Cambridge Handbook of Consumer Privacy*, ed. E. Sellinger, J. Polonetsky, and O. Tene (Cambridge, UK: Cambridge University Press, 2018), 고객을 대상으로 한 실험 및 제품 검증에서 법적 및 윤리적으로 고려해야 할 점에 대한 신중한 논의를 포함하고 있다. 4장에서 언급한 바와 같이, 더 많은 실험을 위한 윤리적 사례는 비평가들의 말보다 훨씬 더 강력하다.

7. Ya Xu, "XLNT Platform: Driving A/B Testing at LinkedIn," August 22, 2014, https://engineering.linkedin.com/ab-testing/xlnt-platform-driving-ab-testing-linkedin, accessed March 21, 2019.

에필로그

1. P. Drucker et al., *The Five Most Important Questions You Will Ever Ask about Your Organization* (San Francisco: Jossey-Bass, 2008).

2. 나머지 4개의 질문은 다음과 같다. 우리의 사명은 무엇인가? 우리의 고객은 누구인가? 우리의 결과는 어떤 것인가? 우리의 계획은 무엇인가?

3. S. Hyken, "You Cannot Downsize Your Way to Profit: Newspapers' Lesson in Customers' Changing Habits," *Forbes Online*, https://www.forbes.com/sites/shephyken/2018/10/14/you-cannot-downsize-your-way-to-profit/122f6ea225ab, accessed October 14, 2018.

4. Frost & Sullivan, "Global Smartphones and Mobile OS Market, Forecast to 2023," February 15, 2018, https://store.frost.com/global-smartphones-mobile-os-market-forecast-to-2023.html.

5. 2018년 출시된 애플의 A12 바이오닉 GPU(그래픽처리장치) 칩의 연산 용량은 500기가플롭으로 추정된다. 이는 2016년 출시된 A10 퓨전 성능의 2배에 달한다. 마찬가지로, A10의 성능은 2015년 출시된 A9보다 2배 향상된 것이다. 진정으로 놀라운 것은 A12의 원시 성능이 1990년대 중반에 만들어진 대형 슈퍼컴퓨터에 필적한다는 점이다.

6. J. Ionnidis, "Contradicted and Initially Stronger Effects in Highly Cited Clinical Research," *Journal of the American Medical Association* 294, no. 2 (2005): 218-228.

7. J. Somers, "Is AI Riding a One-Trick Pony?" *MIT Technology Review*, November-December 2017, 여기서는 신경 네트워크의 역사

에 관한 개요를 제공한다. 오늘날 다수의 딥러닝 앱이 역전파라는 수학적 기술을 기반으로 하고 있으며, 나는 1980년대 후반 대학원 시절 그에 관해 연구했다. 역전파는 방대한 양의 데이터와 연산 능력이 있을 때 가장 잘 작동한다.

8. 이런 기능은 일부 영역에서 이미 존재한다. 컴퓨터 시스템 '왓슨(Watson)'을 생각해보라. IBM에 따르면 왓슨은 "자연어 분석, 출처의 식별, 가설의 검색 및 생성, 증거 탐색 및 기록, 가설의 합병 및 등급 부여 같은 작업을 수행하는 데 100가지 이상의 기술을 사용한다." 이를 응용한 프로그램은 건강 관리에서부터 일기 예보, 패션, 세무 작업, 영업 예비 고객 명단 작성 등에 이르기까지 매우 광범위하다. 더 나아가 자율적 행위자(인공지능 '로봇')는 이미 고객 전환율을 높여줄 가능성이 큰 광고 캠페인 변수를 결정하고 최적의 광고 캠페인 조정 작업을 자동으로 수행하고 있다. 다음을 참조하라. B. Power, "How Harley-Davidson Used Artificial Intelligence to Increase New York Sales Leads by 2,930%," hbr.org, March 30, 2017, https://hbr.org/2017/05/how-harley-davidson-used-predictive-analytics-to-increase-new-york-sales-leads-by-2930, accessed September 13, 2019.

9. H. Lipson, "Curious and Creative Machines," presentation at Altair Technology Conference, Paris, France, October 16-18, 2018.

Albergotti, R. "Facebook Experiment Had Few Limits." *Wall Street Journal*, July 2, 2014.

Anderson, C. "The End of Theory: The Data Deluge Makes the Scientific Method Obsolete." *Wired*, June 2008.

Anand, B., M. Rukstad, and C. Page. "Capital One Financial Corporation." Case 700-124. Boston: Harvard Business School Publishing, 2000.

Argyris, C., and D. Schön. *Organizational Learning: A Theory of Action Perspective*. Reading, MA: Addison-Wesley, 1978.

Ariely, D. "Why Businesses Don't Experiment." *Harvard Business Review,* April 2010.

Bacon, F. *The Advancement of Learning*. 1605. Reprinted with an Introduction by Jerry Weinberger. Philadelphia: Paul Dry Books, 2000.

Bacon, F. *Novum Organum.* 1620. Reprinted, Newton Stewart, Scotland: Anodos Books, 2017.

Banerjee, A., and E. Duflo, *Poor Economics: A Radical Rethinking of the Way to Fight Global Poverty.* New York: Public Affairs, 2011.

Bennis, W., and B. Nanus. *Leaders: The Strategies for Taking Charge.* New York: Harper & Row, 1985.

Blair, W. M. "President Draws Planning Moral: Recalls Army Days to Show Value of Preparedness in Time of Crisis." *New York Times,* November 15, 1957.

Bohn, R. "Noise and Learning in Semiconductor Manufacturing." *Management Science* 41 (January 1995): 31-42.

Bowman, D. "Goodbye, Google." *Stopdesign* (blog). March 20, 2009. https://stopdesign.com/archive/2009/03/20/goodbye-google.html, accessed April 27, 2018.

Box, G. "Robustness in the Strategy of Scientific Model Building." In *Robustness in Statistics,* edited by R. L. Launer and G. N. Wilkinson, 201-236. New York: Academic Press, 1979.

Box, G. E. P., and N. R. Draper. *Empirical Model-Building and Response Surfaces.* New York: Wiley, 1987.

Box, G., W. Hunter, and S. Hunter. *Statistics for Experimenters.* New York: Wiley, 1978.

Box, J. F. R. A. *Fisher: The Life of a Scientist.* New York: Wiley, 1978.

Brynjolfsson, E., and L. Hitt. "Paradox Lost? Firm-Level Evidence on the Returns to Information Systems Spending." *Management Science 42* (April 1996).

Butler, D. "When Google Got Flu Wrong." *Nature* 494 (February 14, 2013): 155-156.

Calaprice, A. *The New Quotable Einstein.* Princeton, NJ: Princeton University Press, 2005.

Christensen, C. M. *The Innovator's Dilemma: When New Technologies Cause Great Firms to Fail.* Boston: Harvard Business School Press, 1997.

Christensen, C. M., S. P. Kaufman, and W. C. Shih. "Innovation Killers:

How Financial Tools Destroy Your Capacity to Do New Things." *Harvard Business Review,* January 2008.

Clark, K., and T. Fujimoto. Product Development Performance: Strategy, Organization, and Management in the *World Auto Industry*. Boston: Harvard Business School Press, 1991.

Constine, J. "Why Snapchat's Redesign Will Fail and How to Save It." *TechCrunch*. May 11, 2018. https://techcrunch.com/2018/05/11/how-snapchat-should-work, accessed November 14, 2018.

Cook, S. "Make Decisions by Experiment, Not PowerPoint." *Inc.* February 2014. https:// www.inc.com/larry-kanter/scott-cook-intuit-run-experiments-not-powerpoints.html, accessed January 19, 2019.

Cook, S. "Why Intuit Founder Scott Cook Wants You to Stop Listening to Your Boss." *Fast Company*. October 28, 2013. https://www.fastcompany.com/3020699/why-intuit-founder-scott-cook-wants-you-to-stop-listening-to-your-boss, January 1, 2018.

Corstjens, M., G. Carpenter, and T. Hasan. "The Promise of Targeted Innovation." *MIT Sloan Management Review* (Winter 2019).

Cowles, M., and C. Davis. "On the Origins of the 0.05 Level of Statistical Significance." *American Psychologist* 37, no. 5 (1982): 553-558.

Cross, R., and A. Dixit. "Customer-Centric Pricing: The Surprising Secret of Profitability." *Business Horizons* 48 (2005): 483-491.

Crowe, C. (dir.). *Jerry Maguire*. Culver City, CA: Columbia TriStar Home Video, 1999.

Drucker, P., et al. *The Five Most Important Questions You Will Ever Ask about Your Organization*. San Francisco: Jossey-Bass, 2008.

Durant, W. *The Story of Philosophy*. New York: Simon & Schuster, 1926.

Dyer, F. L., and T. C. Martin. *Edison: His Life and Inventions,* vol. 2. New

York: Harper &Brothers, 1910.

Edmondson, A. C. "Learning from Errors Is Easier Said Than Done: Group and Organizational Influences on the Detection and Correction of Human Error." *Journal of Applied Behavioral Science* 32, no. 1 (1996): 5-32.

Enright, M., and A. Capriles. "*Black Magic* and the America's Cup: The Victory." Case 796-187. Boston: Harvard Business School Publishing, 1996.

Fabijan, A., P. Dmitriev, H. Holström Olsson, and J. Bosch. "The Benefits of Controlled Experimentation at Scale." Paper presented at the Conference on Software Engineering and Advanced Applications (SEAA), Vienna, Austria, August 2017.

Fabijan, A., et al. "The Evolution of Continuous Experimentation in Software Product Development." Paper presented at the International Conference on Software Engineering (ICSE), Buenos Aires, Argentina, May 2017.

Fabijan, A., et al. "Three Key Checklists and Remedies for Trustworthy Analysis of Online Experiments at Scale." Paper presented at the Conference on Software Engineering, Montreal, Canada, May 2019.

Fisher, R. "The Arrangement of Field Experiments." *Journal of the Ministry of Agriculture of Great Britain* 33 (1926): 503-513.

Fisher, R. *The Design of Experiments,* 8th edition. Edinburgh: Oliver and Boyd, 1966.

Friedel, R., and P. Israel. *Edison's Electrical Light: Biography of an Invention.* New Brunswick, NJ: Rutgers University Press, 1987.

Frost & Sullivan, "Global Smartphones and Mobile OS Market, Forecast to 2023." February 15, 2018. https://store.frost.com/global-smartphones-mobile-os-market-forecast-to-2023.html, accessed December 20, 2018.

Galbraith, J. *Designing Complex Organizations*. Reading, MA: Addison-Wesley, 1973.

Galison, P. *How Experiments End*. Chicago: University of Chicago Press, 1987.

Garcia-Macia, D., C. Hsieh, and P. Klenow. "How Destructive Is Innovation?" Working Paper 22953, NBER 2016.

Garvin, D. *Learning in Action*. Boston: Harvard Business School Press, 2000.

Garvin, D. "A Note on Corporate Venturing and New Business Creation." Note 302-091. Boston: Harvard Business School Publishing, 2002.

Gawande, A. *The Checklist Manifes to: How to Get Things Right*. New York: Picador, 2011.

Gawande, A. "Tell Me Where It Hurts." *The New Yorker*, January 23, 2017.

Goodman, S. "A Dirty Dozen: Twelve P-Value Misconceptions." *Seminars in Hematology* 45 (2008): 135-140.

Gupta, S. *Driving Digital Strategy: A Guide to Reimaging Your Business*. Boston: Harvard Business Review Press, 2018.

Gupta, S., et al. "Top Challenges from the First Practical Online Controlled Experiments Summit." *SIGKDD Explorations* 21 (June 2019).

Hand, D. "Never Say Never." *Scientific American*, February 2014.

R. Harre', *Great Scientific Experiments: Twenty Experiments That Changed Our View of the World*. Oxford: Phaidon Press, 1981.

Hauptman, O., and G. Iwaki, "The Final Voyage of the *Challenger*." Case

691-037. Boston: Harvard Business School Publishing, 1991.

Heinrich, P. "A/B Testing Case Study: Air Patriots and the Results Th at Surprised Us." *Amazon's Appstore Blogs.* January 16, 2014. https://developer.amazon.com/es/blogs/appstore/post/TxO655111W182T/a-b-testing-case-study-air-patriots-and-the-results-that-surprised-us, accessed November 2, 2018.

Hindo, B. "At 3M, a Struggle between Efficiency and Creativity." *BusinessWeek,* June 6, 2007.

Hirschman, A. "The Principle of the Hiding Hand." *National Aff airs* (Winter 1967):10-23.

Hirschman, A. *The Rhetoric of Reaction.* Cambridge, MA: The Belknap Press, 1991.

Hollander, S. *The Sources of Increased Efficiency.* Cambridge, MA: MIT Press, 1965.

Holson, L. M. "Putting a Bolder Face on Google." *New York Times,* February 28, 2009.

Hyken, S. "You Cannot Downsize Your Way To Profit: Newspapers' Lesson in Customers' Changing Habits." *Forbes Online.* October 14, 2018. https://www.forbes.com/sites/shephyken/2018/10/14/you-cannot-downsize-your-way-to-profit/#122f6ea225ab,accessed October 14, 2018.

Iansiti, M. *Technology Integration: Making Critical Choices in a Dynamic World.* Boston,MA: Harvard Business School Press, 1997.

Iansiti, M., and A. MacCormack. "Team New Zealand (A)." Case 697-040. Boston: Harvard Business School Publishing, 1997.

Iansiti, M., and A. MacCormack. "Team New Zealand (B)." Case 697-041. Boston: Harvard Business School Publishing, 1997.

Ionnidis, J. "Contradicted and Initially Stronger Effects in Highly Cited Clinical Research." *Journal of the American Medical Association* 294, no. 2 (July 2005): 218-228.

Jaikumar, R., and R. Bohn, "The Development of Intelligent Systems for Industrial Use: A Conceptual Framework." *Research on Technological Innovation, Management and Policy* 3 (1986): 169-211.

Jesdanun, A. for the Associated Press. "Amazon Deal from Whole Foods Could Bring Retail Experiments." *The Washington Post,* June 16, 2017.

Kahneman, D. *Thinking, Fast and Slow.* New York: Farrar, Straus and Giroux, 2011.

Kaufman, R., J. Pitchforth, and L. Vermeer. "Democratizing Online Controlled Experiments at Booking.com." Paper presented at the Conference on Digital Experimentation (CODE@MIT), MIT, Cambridge, MA, October 27-28, 2017.

King, R., E. Churchill, and C. Tan. *Designing with Data: Improving the User Experience with A/B Testing.* Sebastopol, CA: O'Reilly Media, 2017.

Knight, K. E. *A Study of Technological Innovation: The Evolution of Digital Computers.* PhD dissertation. Carnegie Institute of Technology, Pittsburgh, PA, 1963.

Kohavi, R. "Pitfalls in Online Controlled Experiments." Paper presented at the Conference on Digital Experimentation (CODE@MIT), MIT, Cambridge, MA, October 14-15, 2016.

Kohavi, R., et al. "Online Controlled Experiments at Large Scale." *Proceedings of the 19th ACM SIGKDD International Conference on*

Knowledge Discovery and Data Mining (KDD '13), Chicago, August 11-14, 2013. New York: ACM, 2013.

Kohavi, R., et al. "Seven Rules of Th umb for Web Site Experimenters." *Proceedings of the 20th ACM SIGKDD International Conference on Knowledge Discovery and Data Mining (KDD '14), New York, August 24-27, 2014.* New York: ACM, 2014.

Kohavi, R., R. Henne, and D. Sommerfield. "Practical Guide to Controlled Experiments on the Web: Listen to Your Customers, Not to the HiPPO." Paper presented at the SIGKDD Conference on Knowledge Discovery and Data Mining, San Jose, CA, August 12-15, 2007.

Kohavi, R., and R. Longbotham. "Online Controlled Experiments and A/B Tests." *In Encyclopedia of Machine Learning and Data Mining,* edited by C. Sammut and G. Webb. New York: Springer, 2017.

Kohavi, R., D. Tang, Y. Xu. *Trustworthy Online Controlled Experiments: A Practical Guide to A/B Testing.* Cambridge, UK: Cambridge University Press, in press.

Kohavi, R., and S. Thomke. "The Surprising Power of Online Experiments." *Harvard Business Review,* September-October 2017.

Koning, R., S. Hasan, and A. Chatterji. "A/B Testing and Firm Performance." Working paper, October 24, 2018.

Kramer, A., J. Guillory, and J. Hancock. "Experimental Evidence of Massive-Scale Emotional Contagion through Social Networks." *Proceedings of the National Academy of Sciences of the United States of America* 111 (2014): 8788-8790.

Kuhn, T. *The Structure of Scientific Revolutions.* Chicago: The University of Chicago Press, 1962.

Landsberger, H. "Hawthorne Revisited." *Social Forces 37* , no. 4 (May 1959): 361-364.

Lazer, D., et al. "The Parable of Google Flu: Traps in Big Data Analysis." Science, March 14, 2014.

Lee, F., et al. "The Mixed Effects of Inconsistency on Experimentation in Organizations." *Organization Science* 15, no. 3 (May-June 2004): 310-326.

Lehrer, J. "The Truth Wears Off ." *The New Yorker*, December 13, 2010.

Leonard-Barton, D. *Wellsprings of Knowledge: Building and Sustaining the Sources of Innovation.* Boston: Harvard Business School Press, 1995.

Levinthal, D. "Mendel in the C-Suite: Design and the Evolution of Strategies." *Strategy Science* 2, no. 4 (December 2017): 282-287.

Lewis, R., and J. Rao. "The Unfavorable Economics of Measuring the Returns to Advertising." *Quarterly Journal of Economics* 130, no. 4 (November 2015): 1941-1973.

Linden, G. "Early Amazon: Shopping Cart Recommendations." *Geeking with Greg* (blog). April 25, 2006. http://glinden.blogspot. com/2006/04/early-amazon-shopping-cart.html, accessed June 1, 2018.

Lipson, H. "Curious and Creative Machines." Paper presented at the Altair Technology Conference, Paris, France, October 16-18, 2018.

Loch, C., C. Terwiesch, and S. Thomke. "Parallel and Sequential Testing of Design Alternatives." *Management Science* 47, no. 5 (May 2001).

Manzi, J. *Uncontrolled: The Surprising Payoff of Trial-and-Error for Business, Politics, and Society.* New York: Basic Books, 2012.

March, J. "Exploration and Exploitation in Organizational Learning."

Organization Science 2, no. 1 (1991): 71-87.

Mattioli, D. "For Penney's Heralded Boss, the Shine Is Off the Apple." *Wall Street Journal,* February 24, 2013.

Mayer-Schönberger, V., and K. Cukier. *Big Data: A Revolution Th at Will Transform How We Live, Work, and Think.* Boston: Houghton Miffl in Harcourt, 2013.

McCann, D. "Big Retailers Put Testing to the Test." CFO.com. November 8, 2010. https://www.cfo.com/technology/2010/11/big-retailers-put-testing-to-the-test-2/, accessed November 4, 2019.

McCormick, J., et al. "Elevate Your Online Testing Program with a Continuous Optimization Approach." Forrester Research Report, February 15, 2018.

McGrane, S. "For a Seller of Innovation, a Bag of Technotricks." *New York Times,* February 11, 1999.

McGrath, G. R., and I. C. Macmillan. *Discovery-Driven Growth: A Breakthrough Process to Reduce Risk and Seize Opportunity.* Boston: Harvard Business Review Press, 2009.

McKinsey Global Institute. *How IT Enables Growth: The US Experience across Three Sectors in the 1990s.* San Francisco, CA: McKinsey Global Institute, November 2002.

Meyer, M. "Ethical Considerations When Companies Study-and Fail to Study-Their Customers." In *The Cambridge Handbook of Consumer Privacy,* edited by E. Sellinger, J. Polonetsky, and O. Tene. Cambridge, UK: Cambridge University Press, 2018.

Meyer, M. "Two Cheers for Corporate Experimentation: The A/B Illusion and the Virtues of Data-Driven Innovation." *Colorado Technology Law Journal* 13 (2015): 273-331.

Meyer, M., et al. "Objecting to Experiments That Compare Two Unobjectionable Policies or Treatments." *Proceedings of the National Academy of Science of the United States of America,* 116 (2019): 10723-10728.

Millard, A. *Edison and the Business of Innovation.* Baltimore: John Hopkins University Press, 1990.

Mintzberg, H. "The Fall and Rise of Strategic Planning."*Harvard Business Review,* January- February 1994.

Montgomery, D. *Design and Analysis of Experiments.* New York: Wiley, 1991.

Moon, M. "Snap CEO Evan Spiegel Admits App Redesign Was 'Rushed.'" *Engadget.* October 5, 2018. https://www.engadget.com/2018/10/05/snap-evan-spiegel-app-redesign-rush, accessed November 14, 2018.

Narayandas, D., J. Margolis, and R. Raff aelli. "Ron Johnson: A Career in Retail." Case 516-016. Boston: Harvard Business School Publishing, 2017.

Nayak, P. R., and J. Ketteringham. "3M's Post-it Notes: A Managed or Accidental Innovation?" *In The Human Side of Managing Technological Innovation:* A Collection of Readings, edited by R. Katz. New York: Oxford University Press, 1997.

Nonaka, I., and H. Takeuchi. *The Knowledge-Creating Company.* New York: Oxford University Press, 1995.

Panyaarvudh, J. "Booking a Niche in the Travel World." *Daily Nation.* June 18, 2017. http://www.nationmultimedia.com/news/Startup_and_IT/30318362J, accessed July 2018.

Pearl, J., and D. Mackenzie. *The Book of Why: The New Science of*

Cause and Effect. New York: Basic Books, 2018.

Petroski, H. *To Engineer is Human: The Role of Failure in Successful Design.* New York: Vintage Books, 1992.

Phadke, M. S. *Quality Engineering Using Robust Design.* Englewood Cliffs, NJ: Prentice-Hall, 1989.

Pieta, T. "5 Ways to Listen to Your Customers." Booking. design. October 24, 2016. https://booking.design/5-ways-to-listen-to-your-customers-8d06b67702a6, accessed July 6, 2018.

Pisano, G. *The Development Factory.* Boston: Harvard Business School Press, 1997.

Polanyi, M. *Personal Knowledge: Towards a Post-Critical Philosophy.* Chicago: University of Chicago Press, 1958.

Popper, K. *The Logic of Scientific Discovery.* New York: Basic Books, 1959.

Power, B. "How Harley-Davidson Used Artificial Intelligence to Increase New York Sales Leads by 2,930%," *Harvard Business Review.* March 30, 2017. https://hbr.org/2017/05/how-harley-davidson-used-predictive-analytics-to-increase-new-york-sales-leads-by-2930, accessed September 13, 2019.

Raimi, S. (dir.). *Spider-Man.* USA: Columbia Pictures Corporation & Marvel Enterprises, 2002.

Raff aelli, R., J. Margolis, and D. Narayandas. "Ron Johnson: A Career in Retail." Video Supplement 417-704. Boston: Harvard Business School Publishing, 2017.

Ramachandran, S., and J. Flint, "At Netflix, Who Wins When It's Hollywood vs. the Algorithm?" *Wall Street Journal,* November 10, 2018.

Reinertsen, D. *Managing the Design Factory*. New York: Free Press, 1997.

Ries, E. *The Lean Start-up: How Today's Entrepreneurs Use Continuous Innovation to Create Radically Successful Businesses*. New York: Crown Business, 2011.

Rivkin, J., S. Thomke, and D. Beyersdorfer. "LEGO." Case 613-004. Boston: Harvard Business School Publishing, 2012.

Rosenbaum, P. *Observation and Experiment: An Introduction to Causal Inference*. Cambridge, MA: Harvard University Press, 2017.

Rubin, D. "Estimating Causal Effects of Treatments in Randomized and Nonrandomized Studies." *Journal of Educational Psychology* 66, no. 5 (1974): 688-701.

Schmidt, E. Testimony before the Senate Committee on the Judiciary on Antitrust, Competition Policy, and Consumer Rights. September 21, 2011.

Schrage, M. *The Innovator's Hypothesis: How Cheap Experiments Are Worth More Than Good Ideas*. Cambridge, MA: MIT Press, 2014.

Schrage, M. "Q&A: The Experimenter." *MIT Technology Review*. February 18, 2011. https://www.technologyreview.com/s/422784/qa-the-experimenter, accessed October 30, 2019.

SEC Archives. 2015 Letter to Amazon Shareholders from CEO Bezos, 2016.

SEC Archives. 2018 Letter to Amazon Shareholders from CEO Bezos, 2019.

Senge, P. *The Fifth Discipline: The Art and Practice of the Learning Organization*. New York: Doubleday, 1990.

Shannon, C., and W. Weaver. *The Mathematical Theory of*

Communication. Chicago: University of Illinois Press, 1963.

Shermer, M. *The Believing Brain: From Ghosts and Gods to Politics and Conspiracies–How We Construct Beliefs and Reinforce Them as Truths.* New York: Times Books, 2011.

Simon, H. A. *The Sciences of the Artificial,* 2nd edition. Cambridge, MA: MIT Press, 1969.

Sinclair, U. *I, Candidate for Governor: And How I Got Licked.* New York: Farrar & Rinehart, 1935. Reprinted with an introduction by James N. Gregory. Berkeley, CA: University of California Press, 1994.

Siroker, D. "How Obama Raised $60 Million by Running a Simple Experiment." *Optimizely Blog.* https://blog.optimizely.com/2010/11/29/how-obama-raised-60-million-by-running-a-simple-experiment/, accessed November 22, 2018.

Siroker, D., and P. Koomen, *A/B Testing: The Most Powerful Way to Turn Clicks into Customers.* Hoboken, NJ: John Wiley & Sons, 2015.

Sitkin, S. "Learning through Failure: The Strategy of Small Losses." *Research in Organizational Behavior* 14 (1992): 231–266.

Smith, G., and J. Pell. "Parachute Use to Prevent Death and Major Trauma Related to Gravitational Challenge: Systematic Review of Randomized Controlled Trials." *BMJ* 327, no. 7429 (2003): 1459–1461.

Somers, J. "Is AI Riding a One-Trick Pony?" *MIT Technology Review,* November–December 2017.

Sorrells, M. "Booking Holdings Reveals $12.7B Revenue, Goes Lukewarm on Airbnb Threat." *Phocuswire.* February 28, 2018. https://www.phocuswire.com/Booking-Holdings-earnings-full-year-2017, accessed July 2018.

Spear, S., and K. Bowen, "Decoding the DNA of the Toyota Production System." *Harvard Business Review*, September–October 1999.

Sterman, J. "Modeling Managerial Behavior: Misperceptions of Feedback in a Dynamic Decision-Making Experiment." *Management Science* 35 (1989): 321–339.

Thomke, S. "Capturing the Real Value of Innovation Tools." *MIT Sloan Management Review* 47, no. 2 (Winter 2006): 24–32.

Thomke, S. *Experimentation Matters: Unlocking the Potential of New Technologies for Innovation.* Boston: Harvard Business School Press, 2003.

Thomke, S. "Managing Experimentation in the Design of New Products." *Management Science* 44, no. 6 (1998): 743–762.

Thomke, S., and D. Beyersdorfer. "Booking.com." Case 619-015. Boston: Harvard Business School Publishing, 2018.

Thomke, S., and D. Beyersdorfer. "Dassault Systemes." Case 610-080. Boston: Harvard Business School Publishing, 2010.

Thomke, S., et al. "Lotus F1 Team." Case 616-055. Boston: Harvard Business School Publishing, 2016.

Thomke, S., M. Holzner, and T. Gholami. "The Crash in the Machine." *Scientific American* (March 1999): 92–97.

Thomke, S., and J. Manzi. "The Discipline of Business Experimentation." *Harvard Business Review*, December 2014.

Thomke, S., and A. Nimgade. "Bank of America (A)." Case 603-022. Boston: Harvard Business School Publishing, 2002.

Thomke, S., and A. Nimgade. "Bank of America (B)." Case 603-023. Boston: Harvard Business School Publishing, 2002.

Thomke, S., and D. Reinertsen. "Six Myths of Product Development."

Harvard Business Review, May 2012.

Thomke, S., and E. von Hippel. "Customers as Innovators: A New Way to Create Value." *Harvard Business Review,* April 2002.

Thomke, S., E. von Hippel, and R. Franke. "Modes of Experimentation: An Innovation Process and Competitive Variable." *Research Policy* 27 (1998): 315-332.

Thomson, W. *Popular Lectures and Addresses,* vol. 1. London: MacMillan, 1891.

Tushman M. L., and C. A. O'Reilly III. *Winning through Innovation: A Practical Guide to Leading Organizational Change and Renewal.* Boston: Harvard Business School Press, 1997.

Vigen, T. Spurious Correlations. https://www.tylervigen.com/spurious-correlations, accessed November 4, 2019.

Vincente, W. *What Engineers Know and How They Know It.* Baltimore: John Hopkins University Press, 1990.

von Hippel, E. *Democratizing Innovation.* Cambridge: MA: MIT Press, 2005.

von Hippel, E. *The Sources of Innovation.* New York: Oxford University Press, 1988.

Weiss, T. "Amazon Apologizes for Price-Testing Program Th at Angered Customers." *Computer world,* September 28, 2000.

Wheelwright, S., and K. Clark. *Revolutionizing Product Development.* New York: The Free Press, 1992.

Xu, Y. "XLNT Platform: Driving A/B Testing at LinkedIn." LinkedIn Engineering. August 22, 2014. https://engineering.linkedin.com/ab-testing/xlnt-platform-driving-ab-testing-linkedin, accessed March 21, 2019.

Xu, Y., et al. "From Infrastructure to Culture: A/B Testing Challenges in Large Scale Social Networks." *Proceedings of the 21st ACM SIGKDD International Conference on Knowledge Discovery and Data Mining (KDD '15), Sydney, Australia, August 10-13, 2015.* New York: ACM, 2015.

Yeh, R., et al. "Parachute Use to Prevent Death and Major Trauma When Jumping from an Aircraft: Randomized Controlled Trial." *BMJ* (2018): 363.

Yoffie, D., and E. Baldwin, "Apple Inc. in 2018." Case 718-439. Boston: Harvard Business School Publishing, 2018.

Zaltman, G. *How Customers Think: Essential Insights into the Mind of the Market.* Boston: Harvard Business School Press, 2003

옮긴이 **안진환**

경제경영 분야에서 활발하게 활동하고 있는 전문번역가. 1963년 서울에서 태어나 연세대학교를 졸업했다. 주요 역서로 《전쟁의 기술》, 《넛지》, 《부자 아빠 가난한 아빠》, 《디즈니만이 하는 것》, 《스틱!》, 《스티브 잡스》, 《하드씽》, 《괴짜경제학》 등이 있으며, 저서로는 《영어 실무 번역》, 《Cool 영작문》 등이 있다.

하버드 경영대학원 교수가 찾은 최고 기업들의 혁신 비결
실리콘밸리의 실험실

제1판 1쇄 인쇄 | 2023년 1월 25일
제1판 1쇄 발행 | 2023년 1월 30일

지은이 | 스테판 H . 톰키
옮긴이 | 안진환
펴낸이 | 오형규
펴낸곳 | 한국경제신문 한경BP
책임편집 | 박혜정
교정교열 | 공순례
저작권 | 백상아
홍보 | 이여진 · 박도현 · 하승예
마케팅 | 김규형 · 정우연
디자인 | 지소영
본문디자인 | 디자인 현

주소 | 서울특별시 중구 청파로 463
기획출판팀 | 02-3604-590, 584
영업마케팅팀 | 02-3604-595, 562   FAX | 02-3604-599
H | http://bp.hankyung.com   E | bp@hankyung.com
F | www.facebook.com/hankyungbp
등록 | 제 2-315(1967. 5. 15)

ISBN 978-89-475-4875-5   03320